Ensayos InterAmericanos

Volumen 2

Editores | Herausgeber

Wilfried Raussert
Center for InterAmerican Studies, Universidad de Bielefeld
Olaf Kaltmeier
Center for InterAmerican Studies, Universidad de Bielefeld

Olaf Kaltmeier

Nationalparks von Nord bis Süd

Eine transnationale Verflechtungsgeschichte von Naturschutz und Kolonialisierung in Argentinien

kipu Verlag

Center for InterAmerican Studies

Nationalparks von Nord bis Süd
Eine transnationale Verflechtungsgeschichte von
Naturschutz und Kolonialisierung in Argentinien.

Autor: Olaf Kaltmeier
Ensayos InterAmericanos, Vol 2
Bielefeld: Kipu-Verlag, 2020

ISBN Print: 978-3-946507-41-3
ISBN E-Book: 978-3-946507-42-0

SPONSORED BY THE Federal Ministry of Education and Research

Diese Publikation wurde unter Verwendung der vom Bundesministerium für Bildung und Forschung (BMBF) bereitgestellten Mittel veröffentlicht.

Cover Image: Maria Tomeczek

Kipu-Verlag
c/o
Center for InterAmerican Studies (CIAS)
Universität Bielefeld
PF 101131
33501 Bielefeld, Deutschland
http://www.uni-bielefeld.de/cias/

Inhaltsverzeichnis

Nationalparks von Nord bis Süd

Die imposanten Wasserfälle des Iguazú, die pittoresken Seelandschaften rund um den Nahuel Huapi in Nordpatagonien, der ikonische, von Araukarienwäldern gesäumte Vulkan Lanín und die Gletscherkante des ewigen Eises des Perito Morenos prägen unsere Landschaftsimaginarien von Argentinien und ziehen jährlich tausende naturbegeisterte Touristen an. Allein im Jahre 2017 besuchten 3,7 Millionen Touristen diese Nationalparks, womit sich die Besucherzahlen zwischen 1990 und 2017 verfünffacht haben. (Herman 2018)

Dabei ist die Genealogie der Naturschutzgebiete in Argentinien höchst bemerkenswert, handelt es sich doch um die ersten Nationalparks, die in Lateinamerika eingerichtet wurden. Es stellt sich die Frage, aus welchen Gründen die Nationalparkidee sich gerade in Argentinien so nachhaltig etablieren konnte. Die geographische Imagination der Nation, die auf diesen zum Großteil ästhetisch präsentierten Naturlandschaften und Naturwundern in den Nationalparks beruht, war Ende des 19. Jahrhunderts kaum absehbar. Hier hatten Intellektuelle in Anschluss an Domingo Faustino Sarmiento noch entlang der Trennlinie von Zivilisation und Barbarei, die Wüste oder Pampa dem urbanen, europäisch-orientierten Argentinien entgegengestellt. Die zu Beginn des 20. Jahrhunderts entstehenden Nationalparks – vor allem der 1922 eingerichtete Nationalpark des Südens (ab 1934: Nahuel Huapi) und der geplante Nationalpark des Nordens (ab 1934: Iguazú) – hatten entscheidenden Einfluss daran, die peripheren Landschaften zum integralen Bestandteil der Nation zu machen. (Silvestri 2011) Mit dem moralischen Imperativ „Das Vaterland kennenzulernen, ist eine Pflicht“ (Conocer la patria es un deber)[1] als Leitspruch, brachte die 1934 eingerichtete Nationalparkbehörde die Argentinier dazu, ihre Nation kennenzulernen und gleichzeitig ausländische Touristen ins Land zu locken. In der herkömmlichen Erzählung klingt die Einrichtung der Nationalparks wie folgt: 1903 gibt es den Gründungsakt des ersten Nationalparks am Nahuel Huapi-See,

---

1 Fremdsprachige Zitate wurden vom Verfasser ins Deutsche übersetzt.

durch eine Schenkung des berühmten Geographen und Entdeckers Francisco P. Moreno. Danach existierten die Nationalparks aber über Jahrzehnte hinweg nur auf dem Papier. Erst mit der Verabschiedung eines landesweiten Nationalparkgesetzes und der damit verbundenen Gründung einer zentralen Nationalparkbehörde begann die wahre Geschichte der Nationalparks in Argentinien. Diese Erzählung ist im Wesentlichen auch von Exequiel Bustillo, dem Gründungsdirektor der Nationalparkbehörde, selber in seiner autobiographischen Schrift *El despertar de Bariloche* zum Mythos stilisiert worden. Doch bei genauerer Betrachtung hat diese Erzählung viele Lücken und ignoriert sowohl die lokalen als auch globalen Verflechtungsdynamiken, die in der argentinischen Nationalparkdebatte von höchster Relevanz waren.

Für eine kritische, transnationale Verflechtungsgeschichte der Genealogie der Nationalparks in Argentinien werden in diesem Buch deshalb drei fundamentale Perspektivwechsel vorgenommen. Erstens wird die Geschichte der Nationalparks in Argentinien in einem transnationalen Verflechtungsraum analysiert. Zwar liegt es allein aus Gründen der Semantik nahe, die Geschichte der Nationalparks in einem nationalen Untersuchungsrahmen zu erzählen. Parallel zu dieser Erzählweise hat sich im interamerikanischen Kontext auch eine andere Erzählung etabliert, die wir hier als interamerikanisches Transfernarrativ bezeichnen wollen. Die Idee der National Parks wird gemeinhin als ursprünglich US-amerikanische Erfindung betrachtet, die ganz im Geiste des Paradigmas des US-amerikanischen Sonderwegs steht. Und in der Tat wurden die ersten Nationalparks – wie 1872 der Yellowstone-Nationalpark – auch in den USA eingerichtet. Aus interamerikanischer Perspektive lag es also nahe, die nachfolgenden Gründungen von Nationalparks in Lateinamerika als einfachen Export des US-amerikanischen Modells zu betrachten. Doch greifen beide Ansätze – das nationale und das interamerikanische Narrativ – insofern zu kurz, da sie die komplexen transnationalen Zirkulationen von Ideen zu Naturschutz und Parkkonzepten, den Austausch von Experten und die Adaptation von Biota und Einbrigung von Artefakten nicht im Blick haben. Anhand der Nationalparks und

Schutzgebiete, die zu Beginn des 20. Jahrhunderts im Cono Sur eingerichtet wurden, zeigt sich aber, dass die Transferthese zu einfach ist. Nicht alle Debatten lassen sich auf unilaterale, interamerikanische Ströme reduzieren. Stattdessen ist die Einrichtung von Nationalparks ein offener Prozess, in einem transnationalen Kräftefeld, in dem es unterschiedliche Einflüsse gibt. Diese reichen von der französischen Landschaftsarchitektur über belgische Park-Ideen bis hin zur preußischen nachhaltigen Forstwirtschaft und dem deutschen Modell der Naturdenkmäler. Carl Curt Hosseus, einer der weniger bekannten Protagonisten der Nationalpark-Bewegung in Argentinien, verweist in einer 1916 erschienenen Broschüre zum Nationalpark des Südens explizit auf europäische Erfahrungen aus Deutschland, Belgien, Dänemark, Frankreich, England, Italien, den Niederlanden, Norwegen, Österreich-Ungarn, Russland, Schweden und der Schweiz, zudem werden die USA, Kanada, Japan und die niederländische Kolonie Java als Stichwortgeber für Nationalparks genannt. (1916: 34-35)

Zweitens wird in diesem Buch eine lineare Geschichtsschreibung verworfen, nach der – ausgehend von den heute realexistierenden Nationalparks – eine einfache stringente Erzählung hin zu den Ursprüngen eben dieser Parks konstruiert wird. Diese Linearität ist in Argentinien gerade auf Grund der von Bustillo erzählten Entwicklungsgeschichte, die ihren krönenden Abschluss in dem eigenen Werk der Nationalparkgesetzgebung und der erfolgreichen Institutionalisierung der Nationalparkbehörde findet, sehr präsent. Stattdessen wird hier eine rhizomatische Geschichtsschreibung angewandt, die auch den nicht realisierten oder historisch wieder verschwundenen Parks nachspürt. Dabei wurde den in den Quellen angelegten Spuren gefolgt und versucht, Verflechtungen herauszuarbeiten. Dabei handelt es sich um eine „follow the"–Geschichte, die – an aktuelle Debatten in der sozialanthropologisch-historischen Transnationalisierungsforschung (Clifford 1997) anschließend – eben den Personen, den Artefakten, den Biota und den Ideen folgt. Für den Geschichtswissenschaftler heißt dies, nicht nur mit einem in einem Archiv fest angelegten Quellenkorpus zu arbeiten, sondern bei seiner detektivischen Verfolgung der Spuren des Vergangenen quer durch die verschiedensten Archive zu jagen. Bei einem solchen Unterfangen rücken vermeintliche Nebenfiguren ebenso ins Blickfeld wie die lokalen Akteure, die vor Ort die Parkidee umsetzten und die es zum Teil auch vermochten, aus ihren lokalen Kontexten heraus die nationale Debatte zu beeinflussen.

Drittens ist die integrale Verbindung von Nationalpark und Kolonialisierung zu analysieren, um die Bedeutungsmächtigkeit des Nationalparks in der argentinischen Geschichte des ausgehenden 19. und beginnenden 20. Jahrhunderts zu erfassen. Argentinien hatte sich Ende des 19. Jahrhunderts die – zum Teil von indigenen Völkern kontrollierten und bewohnten – Randgebiete im Norden und Süden angeeignet und stand nun vor der Aufgabe der nachhaltigen Kolonisation und Kontrolle dieser Regionen. Dabei erwies sich – so Bustillo – der „Nationalpark als wahres Instrument der Kolonialisierung". Dies findet seinen Ausdruck in der Unterwerfung der indigenen Völker, vor allem der Mapuche im Süden, Projekten der Agrarkolonisation und dem Entwurf vollständig neuer, moderne Städte als integraler Bestandteil des Nationalparkregimes. Parallel dazu erweisen sich die Nationalparks auch als wahrhafte Verteilerstellen für die Zirkulation von Neobiota – vom Rothirsch und dem Bison über die Regenbogenforelle bis hin zur Douglasie und Weinrose.

Mit diesen drei Perspektivverschiebungen trägt dieses Buch zu einem besseren und komplexeren Verständnis von Nationalparks bei, ohne dass die heutigen Nationalpark-Definitionen der International Union for the Conservation of Nature rückwirkend auf andere historische Konstellationen projiziert werden. Stattdessen kommt zum Ausdruck, wie offen und auch umstritten das Nationalparkkonzept in Argentinien zwischen 1902 und 1943 war. Während einige naturschutzbewegte Wissenschaftler mit dem Parkkonzept auf die Vorwehen des Anthropozäns reagierten, sahen andere geopolitisch oder ökonomisch orientierte Akteure die Parks als Instrumente territorialer Kontrolle und Entwicklungsmotoren des internationalen Tourismus. Ein Spannungsfeld, das auch heute nichts an seiner Aktualität verloren hat.

Abb. „Nationalparks in Argentinien, 1937“, DPN. 1937. Nuevos Parques Nacionales. Buenos Aires

Iguazú – Der Nationalpark im Norden

Die Geschichte der Nationalparks in Argentinien beginnt 1897 im Süden Brasiliens. Edimundo Barros, der Kommandant der 1888 eingerichteten brasilianischen Militärkolonie Iguazú, stellte an der Grenze zu Argentinien in der unmittelbaren Nähe der Iguazú-Wasserfälle an einem stattlichen Baum ein Holzschild mit folgender Aufschrift auf: „Parque Nacional. Março 1897. Edimundo Barros." Dies war ein performativer Akt par excellence. Frei nach dem Motto, der erste, der ein Schild aufstellt und proklamiert: Dieses Naturareal wird von unserem Staat geschützt, ist der Erfinder des Nationalparks. Doch wäre dieser performative Akt inmitten des subtropischen Regenwalds wohl von den Termiten und Bakterien bald in die geschichtliche Bedeutungslosigkeit befördert worden, wenn nicht der deutsch-argentinische Expeditionsreisende Carlos Burmeister[2] im Juni 1899 auf das besagte Schild gestoßen wäre. Burmeister war von der Direktion für Landwirtschaft und Viehzucht beauftragt worden, das bis dahin kaum erschlossene Gebiet von Misiones im nordöstlichsten Zipfel Argentiniens – vor allem auch in Hinblick auf den Mate-Tee Anbau – zu erkunden. Beim Anblick des Nationalparkschildes konnte Burmeister sein Erstaunen kaum verbergen. In seinem Bericht räsoniert Burmeister: „Es scheint, dass dieser Herr Barros, Kapitän der brasilianischen Armee, beabsichtigte, ein Gebiet rund um die Wasserfälle für einen Nationalpark, ganz wie in den Vereinigten Staaten von Nordamerika, zu reservieren." (1899: 22)

Diese Anekdote des Burmeister-Berichts muss indes für die geopolitischen Erwägungen des argentinischen Staates alarmierend gewesen sein. Gerade die nördliche Grenze zeichnete sich durch ungelöste Grenzziehungen zwischen Brasilien und Paraguay aus, die immer wieder auch zu Scharmützeln führten, die erst mit dem Laudo Arbitral unter der Kommission von US-Präsident Stephen Grover

---

2 Hier muss es sich um den ältesten Sohn des in Argentinien hoch angesehenen deutschen Naturwissenschaftlers Carl Hermann Conrad Burmeister (1807-1892) handeln, der 1861 nach Argentinien übersiedelte, um dort die Leitung des öffentlichen Museums zu übernehmen.

Cleveland 1895 definitiv geregelt und 1898 vertraglich anerkannt wurden. Während der Burmeister-Bericht erstmals das Konzept des Nationalparks – über den brasilianischen Umweg – in die Sphäre der nationalen Politik Argentiniens brachte, so arbeitete parallel der langjährige Gouverneur von Misiones (1896-1895), Juan José Lanusse, an der Regionalentwicklung durch Agrarkolonisation und vor allem auch durch Tourismus. Lanusse hatte die Wasserfälle 1898 selber zusammen mit seiner Familie besucht, und in seine Fußstapfen folgten viele Abenteuer-Reisende, die zum Teil umfangreiche und mit Fotografien und Zeichnungen bebilderte Reiseberichte verfassten. Dabei entwickelte sich die Schilderung der Bootsfahrt über den Río Paraná bis hin zu den Iguazú-Fällen als Kulminationspunkt fast zu einem eigenen literarischen Genre.[3] 1901 fuhren dann die ersten Dampfschiffe – España und Iberá – auf dem Paraná gen Iguazú. Im gleichen Jahr gab es die erste organisierte touristische Expedition zu den I-guazú-Wasserfällen. Doch auf Grund der schlechten Verkehrsinfrastruktur konnten nur drei der zweiundzwanzig Teilnehmer den grandiosen Blick auf die Wasserfälle genießen. Eine der Teilnehmerinnen, die porteñer Aristokratin Victoria Aguirre, veranlasste dies dann dazu, 3.000 Pesos für die Erstellung von Wegen zu den Wasserfällen und für den Bau eines Landestegs zu spenden. Letzteres gilt als Ursprung der ersten rudimentären Siedlung in der Region nach den Jesuiten-Missionen, die zu Ehren der Spenderin Puerto Aguirre genannt wurde. (Thays 1912) Weitere Investoren beteiligten sich daran, die Tourismus-Infrastruktur weiter auszubauen, so dass es 1922 ein erstes einfaches Hotel in der Nähe der Wasserfälle gab.[4]

Diese lokale und regionale Entwicklungsdynamik verband sich mit dem nationalstaatlichen Bestreben, die geopolitische Kontrolle über die periphere Region zu gewinnen und über einen Nationalpark in die Nation zu integrieren. Um diese Integration voranzutreiben,

3 Siehe beispielsweise Bernárdez (1901) und Pusso (1912).

4 Für eine Diskussion der Regionalentwicklung rund um die touristischen Iguazú-Fälle und zur Einrichtung des Iguazú-Nationalparks siehe Ferrero und Pyke (2017: 99-126; 2016), Wilde (2007), Freitas (2018) sowie für die brasilianische Seite Freitas (2014)

beauftragten die Gobernación del Territorio de Misiones und das Innenministerium den renommierten Landschaftsarchitekten und Botaniker Carlos Thays, nach Iguazú zu reisen und dort die touristischen und landschaftsästhetischen Aspekte zu erkunden. (Berjman 2002: 30) Der belgisch-französische Landschaftsarchitekt war 1898 nach Córdoba gekommen, um dort Parkanlagen zu bauen. Dann wurde er in Argentinien heimisch und ließ sich in Buenos Aires nieder, wo er von 1891 bis 1920 das Amt des *Director de Parques y Paseos* (Direktor für Parks und Spazierwege) der Stadt bekleidete sowie als Gründungsdirektor den Botanischen Garten der Stadt konzipierte.

Am 6. April 1902 brach Thays zusammen mit seiner Frau von Buenos Aires in Richtung Misiones auf. Die Fahrt auf dem Paraná führte ihn über Posadas nach Puerto Aguirre, dem Eingangstor zu den Iguazú-Fällen. Dabei benennt er die fehlende Infrastruktur als zentrales Hindernis für die touristische Entwicklung: „Ein großes Hindernis für die Nutzung und Popularisierung dieser herrlichen subtropischen Region sind die schwierigen Zugangsbedingungen, die noch langwierig und mangelhaft sind. Vor nicht allzu langer Zeit waren zehn Schifffahrtstage erforderlich, um den Iguazú zu erreichen, eine Reise, die fast so lang ist wie die Übersetzung nach Europa!“ In Puerto Aguirre angekommen, suchte Thays – in Abstimmung mit dem Gouverneur des Territorio Nacional de Misiones (ab 1953 Provinz Misiones), Lanusse, – den geeigneten Ort für ein Chalet-Hotel aus, um den Tourismus an die Wasserfälle zu fördern, die „auch wenn sie keinen so reichlichen Wasserfluss haben wie die Niagara-Fälle, so übertreffen sie diese doch durch ihre natürlichen Eigenschaften und ihre höchst malerische Erscheinung.“ (Thays 1902: 44).

Über seine Reise nach Misiones verfasste Thays in der tonangebenden Zeitschrift *Caras y Caretas* einen mit Fotografien reichlich bebilderten, öffentlichkeitswirksamen Bericht. Dieser diente somit nicht nur der Dokumentation der Reise, sondern vor allem auch der Etablierung der Iguazú-Wasserfälle als Magneten für den nationalen und internationalen Tourismus.

EL INGENIERO THAYS INDICANDO LA UBICACIÓN DEL CHALET-HOTEL

Abb. Thays 1902. *Caras y Caretas* „Der Ingenieur Thays bestimmt den Standort des Chalet-Hotels"

Breitenwirkung entfaltet der mehrseitige Bericht vor allem über die spektakulären Landschaftsfotografien, die wohl Thays' US-amerikanischer Begleiter Frank W. Bicknell aufgenommen hatte. Bicknell war 1902 von US-Präsident Theodore Roosevelt zum *Special Agent for Agricultural Research* ernannt worden, dessen Aufgabe die Erforschung der argentinischen Landwirtschaft war. Obwohl er selber sich mit Viehwirtschaft und Weizenanbau in Argentinien beschäftigte, wurde er später in den USA als Landschaftsfotograf in North Carolina bekannt. (Bicknell, PC)

In dieser Reportage wird nun die Einrichtung eines Nationalparks nicht explizit erwähnt, doch hat Thays den argentinischen Behörden einen detaillierten Plan zur Nationalparkgründung, die den Aufbau von Infrastruktur beinhaltet, vorgelegt. Der schweizerisch-argentinische Naturforscher Eugène John Benjamín Autran, der ab

1908 das Amt des *Inspector de Agronomía de la Dirección de Agricultura* in Buenos Aires bekleidete, schreibt Thays in seinem Beitrag „Les Parcs Nationaux Argentins. Le Parc National de l'Iguazú. Le Parc National du Nahuel Huapí et sa florule", der in dem *Boletín del Ministerio de Agricultura* 1907 veröffentlicht wurde, die Ausarbeitung eines Plans zur Einrichtung des Nationalparks Iguazú zu:

> Nachdem er (Thays, O.K.) einige Zeit in der Gegend der Wasserfälle verbracht hatte, entwarf er ein umfassendes Projekt, das von der Regierung im Juli und 1902 genehmigt wurde und umgesetzt werden soll. (Autran 1907: 4)

Auf der Grundlage dieser Ideen arbeitete der Ingenieur Pedro Ezcurra, Unterstaatssekretär des Landwirtschaftsministeriums, einen Plan zur Umsetzung des Iguazú-Nationalparks aus. (Autran 1907: 5) Doch gab es Probleme bei der Landzuweisung für den Park. Diese lösten sich erst 1909, als ein nationales Gesetz zur Förderung von Misiones erlassen wurde, bei dem die Naturlandschaft rund um die Iguazú-Fälle explizit geschützt wird und die Exekutive ermächtigt wird, Ländereien in Gebieten des geplanten Nationalparks durch Tausch oder Kauf zu erwerben. Ziel war laut dem Gesetz 6721

> die Einrichtung eines großen Nationalparks und weiterer Arbeiten zur Verschönerung der unmittelbaren Umgebung des großen Wasserfalls sowie der Zufahrtswege zu den Wasserfällen. (Gesetz 6721, 29.9.1909)

Die dazu notwenigen Ländereien wurden von dem Staat von dem Großgrundbesitzer Gregorio Lezama in einer öffentlichen Versteigerung erworben. Lezama maß dem Gebiet keinen hohen Wert bei und beschrieb es nüchtern als ein „Urwaldgebiet, das an einige Wasserfälle angrenzt". (zitiert in Prat 2017) In Buenos Aires dagegen gab es intensive politische Diskussionen rund um die Einrichtung des Nationalparks. Der Abgeordnete Candioti, Sprecher der Kommission für Öffentliche Arbeiten in der Abgeordnetenkammer, bewertet die Einrichtung des Iguazú-Parks als einen Meilenstein:

> Das von der Regierung zu erwerbende öffentliche Land wird für die Landwirtschaft und die Bildung eines Nationalparks genutzt. Das ist völlig neu. Ein Park, der 10.000 Hektar Fläche in der Nähe der Iguazú Wasserfälle umfassen wird, um ein Werk im Geiste des Yellowstone Parks in den Vereinigten Staaten zu verwirklichen. (Diario de Sesiones de la Cámara de Diputados, 29.09.1909: 771-772).

Um die konkrete Nutzung des Nationalparks zu definieren und die Planung voranzutreiben, wurde erneut die Expertise von Carlos Thays eingeholt. Und so unternahm Thays – zehn Jahre nach seiner ersten Erkundung der Iguazú-Fälle – eine weitere Reise nach Misiones. Daraus ergab sich ein ausführlicher und mit Fotos reich bebilderter Bericht mit dem Titel *Parque Nacional de Iguazú*, den der berühmte Landschaftsarchitekt dem Landwirtschaftsminister Adolfo Mujica im März 1912 vorlegte. Dabei revidierte er einige seiner bereits 1902 ausgearbeiteten Ideen zur Parkgründung, deren Kernstück ein städtebauliches Projekt für das Dorf Iguazú und die Militärkolonie darstellten. (Freitas 2018: 108-110, Berjman 2002: 30)

In diesem Bericht geht Thays dann explizit auf das Nationalpark-Projekt ein, das er ganz im Geiste der Rooseveltschen Nationalparks in den USA sieht. Konkret zieht Thays den Vergleich zu den Niagara-Fällen, einem der zentralen kosmopolitischen Reiseziele. Dabei geht Thays auf die vielfach geäußerte Kritik der Touristifizierung und des Verlusts von *wilderness* an den Niagara-Fällen ein. Dieser Diagnose stellt er die Iguazú Fällen entgegen, diese seien noch in „einem unberührten Zustand, den die Niagara-Fälle bereits vor vielen Jahren verloren haben." Die Intervention von Präsident Theodore Roosevelt zum Schutz der Niagara-Fälle, die als Heldentat stilisiert wird, dient im argentinischen Naturschutzdiskurs als Vorbild für den Schutz der Iguazú Fälle:

> Später intervenierte Präsident Roosevelt, angesichts der Tatsache, dass die New York State Legislature mehreren Industrieunternehmen die Ausbeutung der von den Wasserfällen generierten Wasserkraft gewährt hatte, höchst persönlich und mit all seiner Autorität, um die vollständige Zerstörung der natürlichen Schönheit dieser Wasserfälle zu verhindern.

Die jetzige frühzeitige Intervention in Argentinien zum Schutz von Iguazú lässt Thays in dem gleichen Licht des heldenhaften Einsatzes für die Bewahrung von Weltwundern als nationales Erbe erscheinen:

> Glücklicherweise sind die Iguazú-Fälle und die umliegende Region noch immer in ihrer wilden und malerischen Pracht erhalten, und dank der rechtzeitigen Intervention der nationalen Regierung werden sie geschützt, bevor es an der Zeit gewesen wäre, nur die geschehene Zerstörung zu beklagen und vergeblich zu versuchen, die entstandenden Schäden zu reparieren. (Thays 1912)

Gleichzeitig schreibt Thays Argentinien in die aufkommende Globalgeschichte der Nationalparks ein. Dabei sieht er die Etablierung des Yellowstone 1872 zwar als markanten Referenzpunkt, verweist gleichzeitig aber auch auf weitere Initiativen in den USA, der Schweiz (Valle Cluoza, Engadina), Australien (Parque Illowa), Deutschland und England. Dabei geht er allerdings kaum auf die konkreten Ansätze der unterschiedlichen Nationalparkregime ein. Thays selber tritt hier jedoch kaum als Vorkämpfer für Wilderness und Conservation auf. Die Argumente für Naturschutz kommen nur vermittelt durch den Mund Roosevelts.

Beredeter wird Thays, wenn es um den Beitrag des Parks zur Regionalentwicklung, den „Fortschritt des Territoriums", geht. Hier ist der Ausbau der Verkehrsinfrastruktur – von der Eisenbahn bis zur Dampfschifffahrt – ebenso wichtig wie der Ausbau der Unterkunftsmöglichkeiten. Kernelement des Berichts ist allerdings die Gründung einer neuen Stadt Iguazú, mitsamt einer Schule für Forstwirtschaft, einer meteorologischen Station, einer landwirtschaftlichen Versuchsfarm, Versuchsfeldern und einer zoologischen Station. Diese Installationen nehmen in dem Plan allein 6.300 des insgesamt 25.000 Hektar großen Nationalparks ein. Auch die restlichen 18.700 Hektar sollen mit Wasserkraftwerken, Eisenbahn und Straßen erschlossen werden, wobei in unmittelbarer Umgebung der Wasserfälle ein Hotel und ein Kasino gebaut werden sollen. Die ästhetische Erfahrung der imposanten Wasserfälle soll durch ein Fußwegenetz mit Stegen, Brücken und Aussichtsplattformen garantiert werden.

In seinen Planungen geht es Thays immer wieder darum, „die zwei vorgestellten Anliegen auszugleichen, namentlich: die Ästhetik und die Industrie“ – wie er in Hinblick auf mögliche Wasserkraftprojekte betont – ohne die bei den Niagara-Fällen gemachten Fehler zu wiederholen. (Thays 2002 [1912]: 332) Naturschutz selber spielt kaum eine Rolle. Der zentrale Wirtschaftszweig, der verspricht, Landschaftsschutz und ökonomische Interessen zu vereinen, ist der Tourismus. Doch scheint Thays nicht allein darauf vertrauen zu wollen. Und so dient ihm die geplante Eisenbahnlinie eben nicht nur dem Transport der Touristen, sondern auch dem Export von Mate-Tee und Tropenholz:

> Die neue Eisenbahnlinie erlaubt, jenseits ihrer strategischen Bedeutsamkeit, die Ausbeutung der immensen Araukarienwälder, die in der gesamten zentralen Region von Misiones vorkommen, den einfachen Export des Mate-Tees und die Gründung neuer Zentren mit industriellem landwirtschaftlichen Anbau. (2002 [1912]: 325).

Neben dieser zweifelhaften Harmonisierung landschaftsästhetischer und ökonomischer Interessen spielen geopolitische Erwägungen im Dreiländereck des Iguazú eine wesentliche Rolle für die Etablierung des Nationalparks. So verweist Thays darauf, dass Brasilien seit vielen Jahren eine Militärkolonie am Ufer des Oberen Paranás betreibt – weswegen nun auch auf der argentinischen Seite auf 1.500 Hektar des geplanten Nationalparks ebenfalls eine Militärkolonie gegründet werden soll.

Diese Pläne des berühmten Landschaftsarchitekten waren höchst ambitioniert. Gerade auch die städtebauliche Vision von Carlos Thays steht in einer Reihe mit einer langen Liste von modernen Stadtneugründungen in tropischen und subtropischen Regionen, deren ambitioniertes Beispiel vielleicht die Gründung der brasilianischen Hauptstadt Brasilia darstellt

Abb. Thays (1912). Carlos Thays vor dem Lanusse-Wasserfall.

Die reale Umsetzung des Nationalparks indes ging langsam voran. 1928 kaufte die argentinische Regierung weitere 75.000 Hektar im Umland der Iguazú-Fälle auf. Das entscheidende Datum, das Argentinien dann endgültig in die internationale Avantgarde der auf Naturschutz bedachten Länder katapultierte, war der 29. November 1934. An diesem Tag wurde das Gesetz 12.103 erlassen, das gleichzeitig den heutigen Iguazú-National Park und den Nationalpark Nahuel Huapi einrichtete. Brasilien zog – trotz der frühen Anstrengungen von Barros – fünf Jahre später nach und gründete auf der brasilianischen Seite der weltberühmten Wasserfälle am 29. Oktober 1939 den Iguaçu Nationalpark.

Nahuel Huapi – Der Nationalpark des Südens

Ein zweiter Hotspot für die Einrichtung von Nationalparks in Argentinien liegt im abgelegenen und kaum erschlossenen Süden des Landes, genauer gesagt in einer Region, die erst wenige Jahre zuvor im Rahmen der sogenannten *Campaña del Desierto* von der indigenen Bevölkerung der Mapuche erobert worden war, und die zudem – ähnlich wie Misiones – von massiven geopolitischen Grenzstreitigkeiten geprägt war. Um die gegensätzlichen Gebietsansprüche zwischen Chile und Argentinien völkerrechtlich zu klären, wurde eine wissenschaftliche Kommission eingerichtet, um die 4.000 km lange Grenzlinie zu klären. Unter der Vermittlung Großbritanniens wurde dann 1881 der heute noch gültige Grenzvertrag von beiden Ländern unterzeichnet. Die Zentralfigur für die Vermessung auf argentinischer Seite war der Sachverständige, auf Spanisch „Perito", Francisco Pascasio Moreno. Moreno kannte Patagonien wie kein anderer Wissenschaftler und Forschungsreisender seiner Zeit. Seit 1875 hatte Moreno Patagonien – das zu der Zeit noch von den Mapuche kontrolliert wurde – bereist und erforscht. Der spätere Intendant des Nationalparks des Südens Emilio Frey, als junger Argentinier mit schweizerischer Abstammung Mitarbeiter von Moreno, schreibt diesem auch die Ehre zu, am 20. Januar 1876 die erste Nationalfahne in der Region gehisst zu haben. Als Belohnung für seine Dienste als Sachverständiger im Grenzstreit wurde Moreno von der argentinischen Regierung mit einer Landschenkung im östlichen Teil des Nahuel Huapi-Sees belohnt. Und Moreno seinerseits schenkte einen Teil dieses Gebiets – um genau zu sein, eine Fläche von „tres leguas cuadradas" – wieder an den argentinischen Staat zurück, mit der Auflage, hier einen Nationalpark einzurichten. In einem Brief vom 3. November 1903[5] an den Landwirtschaftsminister Wenceslao Escalante begründet Moreno seine Schenkung vor allem mit dem Vergleich zu den Nationalparksgründungen in den USA:

5 Bezüglich der genauen Datierung gibt es Unklarheiten. In einem Zeitungsartikel aus *La Nación* vom 8. November 1903 wird der Brief von Francisco Moreno abgedruckt und auf den 6.11.1903 datiert. Im Nachlass von

> Während der Exkursionen, die ich in diesen Jahren im Süden unternommen habe, bewunderte ich dort die außergewöhnlich schönen Orte. Dies motivierte mich dann später zu der Schenkung. Mehr als einmal habe ich die Überzeugung geäußert, dass die Nation das Eigentum einiger zum besten Nutzen der gegenwärtigen und zukünftigen Generationen reservieren müsste, ganz dem Beispiel der Vereinigten Staaten und anderer Nationen folgend, die hervorragende Nationalparks haben. (Brief Moreno an Escalante, 3.11.1903, MP, Colección Moreno, Caja 7)

Moreno wünschte sich, dass die Region rund um den Nahuel Huapi „als öffentlicher Nationalpark geschützt sei". (Brief Moreno an Escalante, 3.11.1903, MP, Colección Moreno, Caja 7) Wenige Monate später, am 1. Februar 1904, nahm der Präsident der Republik, Julio Argentino Roca, die Schenkung an und erklärte das Gebiet zum Nationalpark. In Argentinien und ganz vor allem in Patagonien gilt diese Schenkung Morenos vielerorts als Gründungsakt von Nationalparks. 1907 wurde der Park dann durch ein Präsidialdekret von José Figuero Alcorta um 43.000 Hektar erweitert. Francisco Moreno hatte die Schenkung zeitlich hervorragend abgepasst. Am 8. Januar 1903 wurde in Argentinien das Gesetz 4167 erlassen, das – solange kein explizites Ley de Bosques existiert – auch den Schutz von Wald auf öffentlichen Ländereien regelte.

Auch schon die zeitgenössischen Quellen zeigen die Wertschätzung der Geste des „Peritos" an. *El Diario* titelt am 8. Februar 1904 bereits „Der Nahuel Huapi-Park [...] Ein wichtiges internationales Werk", dabei besteht der Artikel vornehmlich aus Fragmenten des Gründungsbriefs von Moreno, die die Wichtigkeit des Nationalparks

---

Moreno in Bariloche dagegen findet sich ein Brief datiert auf den 3.11.1903. Neben der unterschiedlichen Datierung gibt es hier auch minimale, aber entscheidende Unterschiede in der Bezeichnung. Während der Brief vom 3.11. die Bezeichnung „Nationalpark" verwendet, wird in dem vom 6.11. „Naturpark" an der gleichen Stelle, die ich hier auch im Text zitiert habe, benutzt. Und letztes, obgleich in der Einleitung von La Nación zum Moreno-Brief noch von der „Gründung eines Nationalparks" gesprochen wird. Auch im präsidialen Dekret wird dann ein Nationalpark geschaffen.

rund um den Nahuel Huapi See hervorheben. Im abschließenden Paragraphen wird dann aber auch berichtet, dass direkt nach der rechtlichen Einrichtung des Parks auch die ersten Schritte zur seiner Umsetzung eingeleitet werden sollen, und zwar durch die uns bereits gut bekannte Persönlichkeit Carlos Thays. *El Diario* berichtet: „Wir weisen auf die Angemessenheit einer Reise von Herrn Thays an diesen Ort hin, um so schnell als möglich den edlen Gedanken des ehemaligen argentinischen Sachverständigen in die Tat umzusetzen." (El Diario, 8.2.1904)

Und Thays macht sich dann auch auf den Weg – allerdings erst sechs Jahre später. Die Regierung von Roque Saénz Peña (1910-14), die auch mit dem Landwirtschaftsminister Ezequiel Ramos Mexía ein Programm der nationalen Erschließung und Kolonisation vorangetrieben hat, hatte Thays beauftragt, die Parkgründung zu studieren. (Thays 2002 [1913]: 349). Auf Grund der miserablen infrastrukturellen Anbindung Patagoniens an die Hauptstadt Buenos Aires verlief die Reise zunächst per Bahn von Buenos Aires aus gen Westen über Mendoza über den Andenpass entlang der Puente del Inca bis zur chilenischen Hauptstadt Santiago de Chile. Die transandine Eisenbahn war zu diesem Zeitpunkt, 1910, gerade erst anlässlich der Exposición Internacional del Centenario fertiggestellt worden. Und so empfahl Thays dieses technische Meisterwerk, das über einen Scheitelpunkt in 3.200 m Höhe durch einen Tunnel Argentinien und Chile verbindet, auch für die touristische Erschließung von Nahuel Huapi. (2002 [1913]: 345) In Santiago legte Carlos Thays einen Zwischenhalt ein, wo er sich mit Herrn Renner, dem Direktor für öffentliche Parks in Santiago, traf. Hier machte er ebenfalls die Bekanntschaft von Federico Albert, einem deutschstämmigen Chilenen, der die ersten Forstreserven sowie eine Generalinspektion für Wald, Wasser und Jagd im Jahre 1912 etabliert hat.[6] Albert gilt gemeinhin in Chile als

6 Thays weist Albert die Leitung der *Dirección General de Aguas y Bosques* zu. Das ist nun leider insofern unpräzise, als dass die *Inspección Jeneral de Bosques, Pesca i Caza* erst 1912 etabliert wurde. Sie ging aus der *Sección de Aguas y Bosques* hervor.

Gründungsvater der heute antagonistischen Bereiche von Nationalparks und Naturerbe einer- sowie der modernen Forstwirtschaft andererseits.

Federico Albert lud seinen belgisch-argentinischen Kollegen dann ein, ihn nach Puerto Montt, zirka 1.600 km südlich von Santiago, zu begleiten. (Thays 2002 [1913]: 346) Dabei müssen die beiden Baum- und Waldliebhaber sich wohl intensiv ausgetauscht haben. Denn Alberts Stimme klingt deutlich durch Thays' Feder durch, wenn diese in seinem Vortrag vor dem Touring Club in Frankreich formuliert:

> Wir betreten die riesige Region, die früher von Bäumen bevölkert war, und die heute mit verkohlten Baumstämmen bedeckt ist, die vom Feuer – gezielt, zufällig oder kriminell – verbrannt wurden. Dies sind die traurigen Überreste der verschwundenen Schönheiten. (Thays 2002 [1913]: 347)

Und Thays fährt fort:

> Wie viele Millionen Bäume sind durch Waldbrände zerstört worden, ohne dass es je eine Entschädigung gegeben hätte. Und wenn man bedenkt, dass sich die naturbelassenen Waldregionen Argentiniens und Chiles zwischen den hohen Bergen der Kordilleren vereinigen: wie oft breitete sich die schreckliche Verwüstung ungehindert von einer Nation zu der anderen aus! (2002 [1913]: 347)

Um der Entwaldung entgegenzuwirken, planten die beiden illustren Baumliebhaber einen politisch-wissenschaftlichen, binationalen Kongress zum Waldschutz, der politisch von Dr. Lorenzo Anadón, seines Zeichens argentinischer Botschafter in Chile und begeisterter Umweltschützer, sowie Pedro García de la Huerta, dem Präsidenten des Consejo de los Bosques, vorangetrieben wird. Dieser argentinisch-chilenische Forstkongress hatte das Ziel „zu einem internationalen Abkommen zum Schutz, zur Bewahrung und zur Ausweitung der Wälder auf beiden Seiten der Kordillere zu kommen." (2002 [1913]: 347) Auf argentinischer Seite ist Orlando Williams, Präsident der Sociedad Forestal Argentina, die treibende Kraft für diesen Kongress, der letztlich aber wohl nur in einem kleinen Rahmen realisiert wurde. (Tobal 1950: 110-111; 207) Thays und Williams drängten dabei auf den Ausbau zivilgesellschaftlicher Organisationen zum Schutz der Bäume im Grenzgebiet. Konkret wurde über die Gründung einer Sociedad Forestal Chilena, analog zur argentinischen Gesellschaft gesprochen. (Tobar 1950: 110-11)

Leider ist von dieser Visite Thays' in Nahuel Huapi kein Bericht auffindbar, und da Carlos Thays Junior seine Abschlussarbeit 1918 in der Landwirtschaftlichen Fakultät der Universität von Buenos Aires genau zum Thema „Consideraciones sobre la Formación del parque Nacional del Sud Nahuel Huapi“ verfasste, ohne dort einen möglichen Bericht seines Vaters zu erwähnen, ist davon auszugehen, dass es hier kein öffentlich zugängliches Dokument gibt.

Anders als in Iguazú blieb somit der Besuch von Carlos Thays an Nahuel Huapi für die Einrichtung des dortigen Nationalparks weitgehend folgenlos und gesellschaftlich kaum beachtet. In Bariloche, der kulturellen Hauptstadt des Parks, ist die Intervention des belgisch-französischen Landschaftsarchitekten heute ganz dem Vergessen anheimgefallen. Umso präsenter ist dort hingegen – neben dem omnipräsenten Francisco P. Moreno – die Person des US-amerikanischen Geologen Bailey Willis, der zeitgleich zu Carlos Thays, 1913 ein Konzeptpapier zur Einrichtung eines Nationalparks rund um den Nahuel Huapi-See ausgearbeitet hatte, auf das wir noch zu sprechen kommen. Zuvor stehen jedoch die zeitgenössischen Debatten zu Naturschutz im Zentrum der Analyse.

Die Liebe zum Baum: Die Sociedad Forestal

> Bei einer Gelegenheit sah ich im Lezama Park zwei Arbeiter, die ‚Nägel' in eine Araukarie zimmerten, um eine Schnur daran aufzuhängen. Empört schrie ich sie an, ihre Arbeit einzustellen. Da sie mir nicht gehorchen wollten, rief ich einen Wächter, der sie von der Leiter holte. Sie befolgten dann den Befehl, aber als Varela Castex und Francisco Uriburu von diesem Zwischenfall erfuhren, kamen sie wütend in den Park, um mir zu sagen, dass ich mich nicht in diese Angelegenheiten einmischen musste. Ich ging dann zu Acobendas, dem damaligen Bürgermeister. Kurz nachdem ich bei ihm war, kamen auch Varela Castex und Uriburu an, um ihren Protest gegen mich zu dokumentieren. Doch dort im Büro schrieb Alcobendes ein Protokoll, in dem er meine Haltung bestätigte und mir ausreichende Handlungsmacht gewährte. Meine Ankläger sind dann von dannen gezogen. [...] In jener Zeit waren die Bäume die armen Opfer der Bevölkerung. Aus kindlichen Gründen wurden dicke Ombue-Bäume oder prächtige Araukarien entwurzelt oder gefällt. Es gab keine Liebe für den Baum. (Thays 2002 [1929]: 375)

Diese Episode erzählt der damalige Leiter der *Dirección de Parques y Paseos* von Buenos Aires und Gründer des Botanischen Gartens, Carlos Thays, einem Reporter der Zeitschrift *Caras y Caretas* bei einem Interview im Jahre 1929. In dieser Anekdote kommt eine Liebe zum Baum zum Ausdruck, die nicht allein eine persönliche Marotte des französischen Landschaftsarchitekten ist. Vielmehr bringt sie eine Geisteshaltung zum Ausdruck, die viele Menschen in Argentinien teilten. Die zeigt sich auch an der regen Teilnahme an dem öffentlich begangenen Tag des Baumes. Die Thays-Kennerin Sonia Berjman schreibt dem belgisch-französischen Baumliebhaber auch die Einführung des Día del Árbol in Argentinien zu, der am 11. September 1903 anlässlich des Todestags von Sarmiento erstmals öffentlich begangen wurde. (Berjman 2002: 35) Bei dieser Feier werden Reden, die die Kraft der Bäume preisen, gehalten und öffentlich Bäume angepflanzt. Bei diesem Feiertag handelte es sich um ein klassenübergreifendes, öffentliches Ereignis, an dem oft mehrere Tausende Menschen an verschiedenen Orten in Argentinien teilnahmen.

An diesem Punkt wird jedoch deutlich, dass der Schutz von Bäumen auch über die Person von Carlos Thays hinaus in den gesellschaftlichen Betätigungen der gebildeten Elite im Mittelpunkt stand. So wurde 1910 auf Initiative der Tageszeitung *La Prensa* die *Sociedad Forestal Argentina* gegründet, deren Präsidentschaft Orlando Williams übernahm. Williams war Politiker und Abgeordneter im Parlament, hatte aber gleichermaßen als Ingenieur gute Kontakte in das akademische Feld. Darüber hinaus war er ein eifriger Verbreiter des Baumschutzes in den Feuilletons der argentinischen Presse wie *La Prensa, La Nación, La Razón, Anales de la Sociedad Rural Argentina, Revista de la Bolsa de Cereales*, sowie den eigenen Publikationsorganen *Boletín* und *Anales* der Sociedad Forestal. Williams hatte bereits ab 1902 ein Gesetz vorangebracht, das unter anderem die Etablierung einer Baumschule im Delta des Flusses Paraná vorsah, wofür explizit auch die Forstpolitik der USA sowie deren Wertschätzung des Baumes Pate stand. (Tobal 1950: 36-38)

Zu den expliziten Zielen der Sociedad Forestal gehört, wie es im zweiten Artikel der Satzung heißt, „die Bewahrung und Wiederanpflanzung der natürlichen Wälder zu fördern.“ (zitiert nach Tobal 1950: 94) Dabei wirkt die Sociedad auf die Verabschiedung einer Forstgesetzgebung hin, fördert die wissenschaftliche Arbeit und richtet öffentliche zivilgesellschaftliche Aktivitäten wie den Tag des Baumes ein. Trotz vielfältiger Aktivitäten gibt es jedoch keine nennenswerte direkte Intervention in die Debatte um die Einrichtung von Nationalparks. Aber es gibt gute freundschaftliche Verbindungen. So versieht Carlos Thays sein Buch über den botanischen Garten in Buenos Aires, das er Williams schenkt, mit einer persönlichen Widmung, in der er den Baumliebhaber als „beständigen Freund und Verteidiger der Bäume“ (Thays zitiert nach Tobal 1950: 53) würdigt.

Die Sociedad Forestal ist eng eingebunden in das Club-Netzwerk der porteñer Aristokratie, in dessen Zentrum der Jockey Club steht. Williams ist hier ebenso Mitglied wie Estanislao Zeballos und Adrián Ruiz Moreno, auch gehören Aristokraten wie Aarón de Anchorena und Ortiz Basualdo genauso dazu wie die prominenten Naturwissenschaftler Ángel Gallardo und Carlos Thays. (Tobal 1950: 469) Viele dieser Namen werden im weiteren Verlauf des Gründungsprozesses der Nationalparks in Argentinien noch eine gewichtige Rolle spielen.

Jenseits der karitativen Ausrichtung, die durchaus auch dem Zeitgeist des aristokratischen öffentlichen Engagements entspricht, hat der Baumschutz auch eine politische Stoßrichtung. Eine panamerikanische Perspektive einnehmend verweist Williams auf die immense Naturzerstörung im Zuge der fortschreitenden Modernisierung und einsetzenden Industrialisierung:

> Gegenwärtig werden in Amerika riesige Wälder zerstört, und niemand kümmert sich um deren Wiederanpflanzung. Die brutale Zerstörung dessen, was im physischen Sinne die Lunge der Erde darstellt, verdient unser jugendliches Wohlwollen, die eigentliche Bestimmung der „Forstwirtschaft". (Williams o.J. zitiert nach Tobal 1950: 194)

Bemerkenswert ist, dass er hier bereits die Trope vom Urwald als Lunge der Erde einführt – ein Bild, das bis heute die umweltpolitische Auseinandersetzung um den Schutz des Regenwalds am Amazonas prägt.

Über diese umweltpolitische Bestandsaufnahme hinaus verweist Williams aber auch auf die enge Verflechtung von extraktivistischer Naturplünderung und Kolonialität, die sich bis in die heutige Zeit fortsetzt: So beschreibt er die Forstindustrie seiner Zeit als „eine Industrie wie die der Indianer, als sie Gold gegen auffällige Glasperlenhalsketten tauschten. Heute liefern wir das Gold unserer Wälder, für das noch so schöne, farbige Glas, der Steuerrechte." Mit vermeintlich öko-apokalyptischen Anklängen spricht Williams dann noch eine prophetische Warnung aus, die in der jetzigen Ära des Anthropozäns keinesfalls als übertrieben gelten kann:

> Bereitet euch auf Dürren, Plagen und Ängste für die Zukunft vor. Die Unordnung der Natur wird eines Tages den Ersatz dessen, was heute als Beute der Eroberung ohne Weitsicht und ohne Grenzen geplündert wird, aufzwingen. (Williams, o.J. zitiert nach Tobal 1950: 194-195)

Die gesellschaftliche Bedeutung der baumfreundlichen Bewegung hielt auch Jahre später noch an. Anlässlich der Fiesta del Árbol 1916 hielt Dr. Lorenzo Andón, der ehemalige argentinische Botschafter in Chile, in Buenos Aires eine Rede vor einem Massenpublikum, und selbst der Präsidenten der Republik ließ sich dieses Ereignis nicht entgehen. Dabei ging Andón nocheinmal auf die Geschichte und aktuelle Bedeutung des Tages des Baums ein: „Das Fest des Baumes, das in den Vereinigten Staaten begonnen wurde, um die gigantische Zerstörung der Urwälder auszugleichen, die vor nicht mehr als fünfzig Jahren dieses Land bevölkerten, könnte und sollte sofort von uns angenommen werden." (Andón 1916 in Tobal 1950: 401)

Ein – wie bereits erwähnt – auch in der Satzung der Gesellschaft verankertes Ziel, um die Waldzerstörung aufzuhalten, ist die Einrichtung von Nationalparks. So hebt auch der Landwirtschaftsminister Eleodoro Lobos anlässlich seiner Rede zum Día del Árbol 1911 die Erfolge der argentinischen Regierung bei der Einrichtung von Nationalparks am Iguazú, am Nahuel Huapi, in Feuerland, im Chaco und in Puno Hacho hervor. Dabei stellte der Minister Lobos Argentinien in einen globalen Debattenkontext zu Naturschutz, in dem er auch auf die Beteiligung des Landes an dem VIII. Internationalen Kongress für Zoologie 1910 in Graz hervorhob, der letztlich in die 1913 vollzogene internationale Naturschutzerklärung mündete. (Tobal 1950: 297-301)

Gleichermaßen proklamiert Lorenzo Andón bei seiner Rede zum Tag des Baums 1916 die Gründung von Nationalparks als Erfolg der Sociedad Forestal und seines prominenten Mitglieds Carlos Thays:

> Im Rahmen dieser Ideen wurde die Gründung von zwei Nationalparks durch den angesehenen Vizepräsidenten der Forstgesellschaft, Herrn Carlos Thays, geplant: Der erste am Ufer des Nahuel Huapi-Sees und der zweite am Fuße der Wasserfälle von Iguazú. Die Vereinigten Staaten und dann Kanada sind die Länder, die die Schaffung dieser neuen Museen oder Naturschutzgebiete eingeleitet haben, die dazu bestimmt sind, in großen Räumen, die in der Regel Tausende von Quadratkilometern umfassen, alle Tier- und Pflanzenarten, unberührte Wälder, Seen, Berge, malerische Landschaften, kurz gesagt,

> alles, was die einheimische Natur darstellt und was noch nicht von der Industriefabrik zertrampelt wurde, zu erhalten. (Andón 1916 in Tobal 1950: 404)

Über diese panamerikanischen und kosmopolitischen Vernetzungen hinaus hat der Baumschutz aber auch eine zutiefst argentinische Dimension, die eng mit nationalen Naturmythen verbunden ist. Naturwissenschaftlich kann die Pampa als subtropische Grassteppe im südöstlichen Lateinamerika definiert werden. In der nationalen Imagination hingegen gilt die Pampa als Inbegriff der Barbarei, die den zivilisatorischen Fortschritt im Wege steht. Insofern werden Bäume in Argentinien auch als natürliches Sinnbild für Zivilisation gesehen. Die naturräumliche Zivilisierung – im Sinne einer hygienischen Verbesserung und ökonomischen Nutzbarmachung – kann durch eine gezielte Biopolitik der geordneten Bewaldung vorangetrieben werden.

1913 – Ein Höhepunkt der Nationalparkdebatte: Von Carlos Thays zu Bailey Willis

> Im Jahr 1913 hatte sich der Kult des Baumes so weit ausgebreitet, dass nicht eine Stadt der Republik fehlte, die diesem Ruf nicht nachgekommen wäre. Und es gab so viele Städte, die sich an dieses Ritual hielten, dass auf einer vom Ingenieur Ruiz Moreno gezeichneten, demonstrativen Karte, auf der die Orte der Baum-Feste markiert waren, eine vollständige, fast absolute Beteiligung von einem Ende zum anderen der vier Himmelsrichtungen verzeichnet werden konnte. (Tobal 1950: 289)

Diese zeitgenössische Beschreibung, die das Jahr 1913 als Höhepunkt der Debatten um Naturschutz charakterisiert, lässt sich geschichtswissenschaftlich durchaus bestätigen. Auch weit über den Naturschutz hinaus, kann das Jahr 1913 als Epochenumbruch gelten. So bewirbt der Verlag S. Fischer den historischen Roman *1913* von Florian Illies auf dem Klappentext mit einer prägnanten Definition des Jahres 1913. Dieses gilt als ein einzigartiges Jahr, „in dem das lange 19. auf das kurze 20. Jahrhundert der Kriege und Extreme prallt.“ (Illies 2012) Wenngleich diese Lesart angesichts des Ausbruchs des 1. Weltkrieges durchaus Europa-zentriert ist, so sind die Auswirkungen doch auch in Lateinamerika deutlich wahrnehmbar gewesen. (Rinke 2015) Doch zurück zum Naturschutz in Argentinien. Rund um dieses Jahr legten führende, international renommierte Wissenschaftlicher wie der französisch-belgischstämmige Landschaftsarchitekt Carlos Thays, der US-amerikanische Geologe Bailey Willis und der argentinische Politiker Carlos Gallardo visionäre Entwürfe für die Etablierung von Nationalparks in Argentinien vor.

Mit seinem Vortrag „Les forêts naturelles de la République Argentine“, den Carlos Thays im Jahre 1913 anlässlich des Congrès Forestier International in Paris und im Touring Club hält, setzt er einen Meilenstein in der Nationalparkdebatte. Thays hatte in seiner Funktion als Vize-Präsident der Sociedad Forestal an diesen Kongressen teilgenommen. Damit machte er die argentinischen Nationalparks mit einem Schlag einem internationalen Publikum bekannt, galt doch Paris noch immer als kosmopolitische Hauptstadt des Alten Europas. Zusätzlich zur weltweiten Zirkulation wurde die Rede Thays' in Form einer Broschüre auch weit in Argentinien verteilt und vermochte es, auch in der argentinischen Öffentlichkeit die Nationalparks weiter in der kollektiven Seele der Nation zu verankern. Die bisherigen Studien zur Einrichtung von Nationalparks in Argentinien hatten stets nur jeweils eine Landesregion im Blick. So hatte Thays selber eine Studie zu *El Parque Nacional de Iguazú* erstellt, während Willis sich auf Nordpatagonien und den Nahuel Huapi konzentrierte. In seinem 1913 gehaltenen Vortrag aber stellt Thays die argentinischen Parks von Norden nach Süden dar. Die durchschlagende Wirkung des Vortrags jedoch beruht nicht zuletzt darauf, dass dieser mit 220 projizierten Lichtbildern überaus reich illustriert war. Die Idee dieser innovativen Verbreitung über Lichtbilder geht auf Orlando Willams zurück, der für die Sociedad Forestal auch die notwendigen Dispositive bereitstellte. (Tobal 1950: 256, 264) Ziel war es, das Publikum über die visuellen Eindrücke für Bäume zu begeistern; der „Kult des Baumes" sollte „durch die Augen eindringen". (Tobal 1950: 264) Der große Auftritt fand dann auf dem Internationalen Forstkongress 1913 in Paris statt, an dem Thays zusammen mit Miguel Angel Tobal als Delegierte der Sociedad Forestal teilnahmen. Der Erfolg war überwältigend: „Herr Thays gab in Paris eine Konferenz über „Nationalparks" mit Lichtbildprojektionen, mit der er den Applaus der Versammlung und die Glückwünsche des argentinischen Ministers in Paris, Dr. Enrique Larreta, der an der Veranstaltung teilnahm, verdiente." (Tobal 1950: 264) Einen kompletten Satz der Fotografien samt Vortragstext schenkte Carlos Thays dem Präsidenten der Versammlung, dem Senator Ballif, der zugleich auch Präsident des französischen Touring Clubs war. In Frankreich rief der Vortrag Begeisterungsstürme hervor, wobei gleichzeitig die argentinische Regierung als weltweite Vorreiterin im Naturschutz gepriesen wurde. So gratuliert der Präsident des Forstkongresses und Präsident des Kommittees für malerische Orte und Monumente in Frankreich: „Die argentinische Regierung zeigt uns den Weg, den wir bei der Schaffung von Nationalparks in Frankreich gehen müssen, und wir können uns von den Beispielen dieser befreundeten Republik inspirieren lassen." (Deffort in Berjman 2002: 361) Des Weiteren wurde das Bildmaterial der Sociedad dann auch in Belgien, bei der Ausstellung von Gent, und 1915 bei der *Exposición Universal de San Francisco* in Kalifornien 1915 vorgestellt.

Aus dem Umfeld des Carlos Thays gab es parallel hierzu noch weitere Bestrebungen, die Einrichtung von Nationalparks in Argentinien voranzutreiben. Zu diesem Umfeld gehört auch der Thays-Schüler, Benito Carrasco, der später als Ingenieur an der Universidad de Buenos Aires auch die Arbeit von Carlos León Thays, dem ältesten Sohn des angesehenen Landschaftsarchitekten, betreuen sollte. Zudem war Carrasco auch Mitglied des Leitungsgremiums der Sociedad Forestal Argentina sowie zusammen mit Carlos Thays Redeakteur der Publikationsreihen *Anales* und *Boletín* der Sociedad Forestal. (Tobal 1950: 237) So veröffentlicht die Tageszeitung *La Nación* am 2. Oktober 1912 einen Beitrag, in dem eine Studie von Benito Carrasco referiert wird. In dieser Studie vertritt Carrasco die Meinung, dass es notwendig sei, „große Landgebiete der Spekulation zu entziehen, um sie in Nationalparks zu verwandeln, so wie es seit einiger Zeit in den Vereinigten Staaten geschieht." Um diesen Prozess voranzutreiben, schlägt Carrasco die Einsetzung einer Kommission vor, die die besten Orte für die Einrichtung von Nationalparks ausfindig macht. Deren Ziel soll es sein, „die Galastücke des Nationalerbes über die Generationen hinweg zu erhalten." (La Nación. „La Heredad Territorial. Reservas Nacionales." 2.10.1912) Zur Begründung schlägt Carrasco einen patrimonialen Diskurs an, der Natur- und Kulturerbe umfasst: „Es geht darum, der Zerstörung unserer Wälder Grenzen zu setzen und auch die historischen Ruinen und Naturdenkmäler unbeschadet zu hinterlassen." (La Nación. „Parques Nacionales en los Estados Unidos: necesidad de imitarlos", 7.5.1912.) Im Titel von *La Nación* wird dabei explizit auf das Vorbild der USA abgehoben: „Nationalparks in den Vereinigten Staaten: Die Notwendigkeit, sie zu nachzumachen". Carrasco selber war mit den dortigen Debatten wohl vertraut, da er zwischen 1906 und 1908 eine Bildungsreise in den USA und Europa durchgeführt hatte.

Unter der Schirmherrschaft des Innenministeriums fand 1913 dann auch in der Tat eine Konferenz der Gouverneure und hohen Funktionäre statt, um über ein von dem Ingenieur Carlos Gallardo, dem Gouverneur der Provinz Rio Negro, vorgestelltes Projekt zum Schutz des Naturerbes des Landes zu beraten. Konkret forderte Gallardo „die Enteigung von Land rund um die Iguazú-Fälle, die Seen Nahuel Huapi und Pellegrini, sowie die Gletscher Feuerlands, um dort Parks nach dem Vorbild von Yellowstone in den Vereinigten Staaten einzurichten." (La Nación. „Las bellezas naturales", 21.5.1913) Dabei nimmt Gallardo nocheinmal explizit Bezug auf das bereits von Carlos Thays ausgearbeitete Nationalpark-Projekt an den Iguazú-Fällen, das nun verallgemeinert werden soll. Dabei werden konkrete Stätten zur Einrichtung von weiteren Naturschutzgebieten jenseits der beiden emblematischen Parks vorgeschlagen, wie die Sierra de Cordoba, das Valle de Singuil in Catamarca, Sierra de la Ventana in Buenos Aires; das Valle de Zonda in San Juan, die Quebrada de Lules in Tucumán, oder auch Flächen, die zu jener Zeit noch militärisch genutzt wurden, wie Plumerillo in Mendoza, Bella Vista in Salta oder Campo de Mayo in Buenos Aires. (La Nación. „Las bellezas naturales", 21.5.1913)

Carlos Gallardo, von 1906 bis 1913 Gouverneur des Nationalen Territoriums Rio Negro, war durch seine Laufbahn und habituellen Dispositionen geradezu prädestiniert, um die Nationalparkidee voranzutreiben. Als Botaniker, Ingenieur und Politiker beschäftigte er sich akademisch und politisch mit den wenig erschlossenen, peripheren Landesteilen in Misiones und in Patagonien, so auch später mit den indigenen Völkern des extremen Südens, wie den Selknam und Ona. Er kannte Europa, Nordamerika, Afrika und Asien von Bildungsreisen und war – als argentinischer Beauftragter für die Weltausstellung in Philadelphia 1876 anlässlich des 100. Jahrestages der Gründung der USA – auch mit Nordamerika vertraut. Und so standen bei der Initiative, die Einrichtung von Nationalparks über die Gouverneure voranzutreiben, auch vermutlich die USA Pate. U.S.-Präsident Roosevelt hatte die Gouverneure der verschiedenen Bundesstaaten der Vereinigten Staaten in das Weiße Haus eingeladen, um über die Ausweitung des Naturschutzes zu diskutieren. (Brinkley 2010: 767, 770) Auf Grundlage dieses Treffens konnten in den USA weitreichende Erfolge im Naturschutz erzielt werden.

Neben den Initiativen rund um Carlos Thays, der seit 1902 mit der Etablierung von Nationalparks beschäftigt war, bildete sich noch ein weiteres Kräftefeld aus, das die Debatten um Nationalparks vorantrieb, in konkrete Politikvorschläge überführte und auch medial verbreitete. Die zentrale Persönlichkeit war hier der US-amerikanische Geologe Bailey Willis, der eine kosmopolitische Wissenschaftlerkarriere vorweisen konnte. Als Jugendlicher hatte er in Deutschland studiert. Nach seinem Abschluss im Bergbauingenieurwesen arbeitete Willis von 1881 bis 1884 als Vermessungsgeologe für die Northern Pacific Railroad und daran anschließend im United States Geological Survey. Von 1895 bis 1902 lehrte er zudem Geologie an der renommierten Johns Hopkins University. 1903 folgte er der Einladung des neu gegründeten Carnegie-Instituts, eine Expedition nach Nordchina zu leiten. 1910 erhielt Willis dann den Auftrag der argentinischen Regierung, hydrologische Studien in Patagonien durchzuführen, das er zwischen 1911 und 1914 durchreiste und erforschte. Damit sollte neben der Grundlagenarbeit vor allem der Bau einer Eisenbahntrasse zur Erschließung der Region rund um den Nahuel Huapi erkundet werden. Diese Kommission war von dem Minister für Öffentliche Arbeiten Ezequiel Ramos Mexía, einem engagierten Protagonisten der Kolonialisierung Patagoniens, einberufen worden. Und sie stand durchaus auch im Geiste von Francisco Morenos Vision der Integration Patagoniens in die Nation.

Der Geologe Willis war gut mit dem Geographen Moreno befreundet. Und die beiden Wissenschaftler redeten sich auch oft die Köpfe heiß über die Einrichtung des Nationalparks am Nahuel Huapi, wie Willis berichtet: „Während meiner Besuche in Buenos Aires diskutierten er und ich die Kampagnen wie wahre Kampfgenossen und die Verwirklichung des Zwecks des Nationalparks war ein häufiges

Thema." (Willis 1947: 96) Willis hatte vor seiner Ankunft in Argentinien bereits von Morenos Idee des Nationalparks durch den englischen Reisenden und späteren britischen Botschafter in Washington, James Bryce, gehört. Aber auch Bailey Willis selbst war im Feld der Einrichtung von Nationalparks kein unbeschriebenes Blatt. So war er an der Etablierung des Mount Rainier Nationalparks in den USA beteiligt. (Willis 1947: 97) Und Willis vergleicht beide Parks in interamerikanischer Manier als nördliche und südliche Pole der westlichen Hemisphäre, die viele Gemeinsamkeiten aufweisen:

> Beide Ziele hatten ein großes zentrales Merkmal gemeinsam. Der Mount Tronador dominiert den südlichen Park, während der Mount Rainier im nördlichen Park großartig aufsteigt. Beide sind vulkanische Kegel, beide sind eisbedeckt. Und wenn der nördliche Wald den Eindruck von Kathedralschiffen vermittelt, gibt es im Norden nichts Vergleichbares zu den Großfjorden von Nahuel Huapí. Die beiden Gebiete sind gleichermaßen für den Zweck geeignet, dass sie auf Dauer der Nation gewidmet sind. (Willis 1947: 97)

Auch in den weiteren Netzwerken der wissenschaftlichen Diskussion um Naturschutz war Willis eng und freundschaftlich verbandelt. So führte er viele Gespräche mit Gifford Pinchot, dem Vater der nachhaltigen Forstwirtschaft in den USA:

> In Pinchot fand ich einen Kameraden, der mit meiner Empörung sympathisierte. Und während ich mich hilflos gefühlt hatte, die Bedingungen zu verbessern, so hatte er sich verschrieben, für ihre Verbesserung zu kämpfen. Ich erinnere mich an einen Nachmittag, an dem wir zwei Enthusiasten die Situation in der Ruhe des Cosmos Clubs diskutierten. Er sprach von den kultivierten Wäldern Europas, die von einer Generation gepflanzt und von einer anderen geerntet wurden, und ich sprach von der unberührten Wildnis. Ich denke, sein Entschluss war bereits gefasst. Er nahm die Herausforderung der gedankenlosen Gier an und begann die Bewegung für die Erhaltung der Natur, die er so lange weiterführte, wie er lebte. Die Nation steht in seiner Schuld, was nur zukünftige Generationen wirklich angemessen bewerten können. (Willis 1947: 34)

Tief beeinflusst von diesen Gesprächen, lehnt sich Willis eher an Gifford Pinchots Idee der *conservation* denn an John Muirs Ansatz der *preservation* an. In diesem Sinne sah er keinen fundamentalen Gegensatz zwischen Naturschutz und ökonomischer Nutzung von Naturressourcen.

> Viele glauben, dass Ausbeutung und Erhaltung widersprüchliche Worte sind, wobei erstere als signifikante destruktive Nutzung für den sofortigen Gewinn und letztere als Vertreter der Idee der Erhaltung für die zukünftige Nutzung angesehen werden. Eine solche Sichtweise hat sich oft als falsch erwiesen. Die Ausbeutung des natürlichen Reichtums mit der gebotenen Sorgfalt zur Vermeidung von Verschwendung und zur Förderung der Regeneration nach der Ernte ist Naturbewahrung. Bewahrung bedeutet, das bereits Reife zu nutzen, das heisst, es sollte nicht eher genutzt oder zerstört werden ehe es den Zustand der Reife erlangt hat. (Willis 1988: 9)

Von diesen allgemeinen Überlegungen ausgehend, kommt Willis zu den spezifischen Problemen Argentiniens, wobei er in Bezug auf den Schutz der Wälder zwei grundsätzlich verschiedene Konstellationen ausmacht „Die Wälder Argentiniens sind begrenzt, und sie lassen sich in zwei unterschiedliche Klassen aufteilen, namentlich: „die der Tropen und die gemäßigten der Kordillere. Diese unterscheiden sich nicht nur durch die Baumarten, sondern auch durch die unterschiedliche Nutzung.“ (1988: 10) Dagegen sind die Wälder in den nördlichen Anden noch weitgehend in Staatsbesitz und könnten so durch einen staatlichen Forstdienst verwaltet werden. Als Hauptproblem macht Willis unkontrollierte Waldbrände aus. Bewusst gelegt oder zufällig entstandene Waldbrände stellten in der ersten Hälfte des 20. Jahrhunderts eine so ernsthafte Bedrohung der Forstressourcen Patagoniens dar, dass sie folgendes Bonmot der Zeit prägten: „Buenos Aires tanzt, während die Kordillere brennt.“ (Willis 1988: 388) Als deren Urheber benennt Willis vor allem aus Chile kommende nomadische Viehalter – wahrscheinlich Mapuche – die das Unterholz abbrennen, um neue Vegetation für die Weide sprießen zu lassen. Um dies zu unterbinden, fordert Willis eine polizeiliche Überwachung.

Diese Polizeiintervention soll von einer forstwirtschaftlichen Reglementierung flankiert werden, die – ganz im Sinne Pinchots – in einer staatlich regulierten wissenschaftlichen Forstwirtschaft gipfeln soll.

Im Sinne einer nachhaltigen Forstwirtschaft ist Willis also durchaus an der Nutzung der argentinischen Hölzer interessiert. So schickte er Holzproben aus Nordpatagonien an das Forest Products Laboratory des Forstwirtschaftlichen Dienstes in Madison, Wisconsin. Doch ist die ökonomische Ausbeutbarkeit der Forstressourcen in Patagonien nicht grenzenlos und sicherlich kein neues El Dorado. So kommt der US-amerikanische Experte Henry Gurfan, der die argentinischen Hölzer mit nordamerikanischen vergleicht, in seinem Abschlussbericht vom 8. April 1913 zu folgender Beurteilung:

> Soweit uns die Eigenschaften dieser besonderen argentinischen Hölzer bekannt sind, sieht keiner von ihnen in der Qualität neuer Zellstoffhölzer so vielversprechend aus wie viele nordamerikanische Hölzer, die derzeit wenig oder gar nicht für diesen Zweck verwendet werden. (Willis 1988: 447)

Insgesamt ist die wirtschaftliche Kalkulation der patagonischen Urwälder ernüchternd. Denn die Hölzer sind qualitativ nicht der nordamerikanischen Konkurrenz gewachsen und zudem sind die Urwälder der Anden für die forstwirtschaftliche Nutzung zu alt. (1988: 384-385) Entsprechend bilanziert Willis, „dass die Menge an Holz, die aus Wäldern in ihrem aktuellen Zustand gewonnen werden kann, geringer ist, als gemeinhin angenommen wird.“ (Willis 1988: 385) Angesichts der geringen Rentabilität sieht er den Nutzen der Wälder vor allem in ihrer Funktion für die Stabilität der fragilen Ökosysteme begründet. So sind Wälder wichtig für die Regulierung von Wasser. Letzteres hält Willis gerade in Hinblick auf die Nutzung von Wasser für die Hydroenergie für erforderlich. Und so warnt er vor der unbedachten Waldzerstörung, indem er das tief im argentinischen kollektiven Imaginarium verankerte Gespenst der Wüste an die Wand malt: „Zerstört man den Wald, so wird dieser Wohltäter seinerseits zum Zerstörer von Farmen und Gemeinschaften werden. Europa und

Asien präsentieren uns unzählige Beispiele, deren Lehren berücksichtigt werden sollten." (Willis 1988: 387)

Auch bei der Durchsetzung des Nationalparks am Nahuel Huapi-See fordert Willis eine umfassende staatliche Intervention. Willis wurde vom Director General de Agricultura, Dr. Julio López Manán, beauftragt, eine Studie über den Nationalpark am Nahuel Huapi zu erstellen. Diese Studie erschien zuerst 1913 in einer Broschüre der *Dirección de Agricultura y Defensa Agrícola* und wurde später in seinem Buch *El Norte de la Patagonia* mit der Überschrift „Parque Nacional del Sud" wieder abgedruckt. Diese Ideen hatte Willis wohl intensiv mit Moreno und auch mit Emilio Frey diskutiert. Und so ist der Einfluss des schweizerisch-argentinischen Landvermessers bei diesen Debatten nicht zu unterschätzen. Frey hatte als junger Mann bei den Expeditionen von Francisco P. Moreno mitgewirkt und kann als einer der besten zeitgenössischen Kenner Patagoniens gelten. Frey, der sich in Bariloche niederließ, wurde hier zu einer Zentralfigur des öffentlichen Lebens. Auch blieb er der Nationalparkidee sein Leben lang verbunden. Entsprechend wurde er der erste Intendant des 1922 eingerichteten Nationalparks des Südens. (Polgar 1964). Willis wusste die Arbeit seines ersten Mitarbeiters so zu schätzen, dass er den von ihm „entdeckten" See Las Ranas in Lago Frey umbenannte.

Das Willis'sche Konzeptpapier zum Nationalpark des Südens beschränkte sich nicht nur auf das von Francisco Moreno gestiftete Gebiet des eigentlichen Parks, sondern schloss explizit auch die umliegenden öffentlichen Ländereien sowie die wenigen von Privatpersonen besetzten Parzellen der Zone mit in die Studie ein. (1988: 427-8) Für den Park argumentiert Willis zunächst landschaftsästhetisch: „Der Nahuel Huapí-See ist das Hauptmerkmal des Nationalparks." (1988: 428), der mit den landschaftlichen Schönheiten der Schweiz, Italiens, und der USA keinen Vergleich scheuen muss.

Zwar sieht er die Schwierigkeit, die Grenzen des Parks zu bestimmen, da es viele Möglichkeiten der touristischen Nutzung gebe, „aber es gibt auch andere Nutzungsmöglichkeiten in der Region und so muss das Gebiet des Parks in angemessener Weise beschränkt werden." Und er schlägt folgende Eingrenzung des Parks vor:

> Deshalb wird eine Erweiterung vorgeschlagen, die der Hälfte des Yellowstone Parks in den Vereinigten Staaten entspricht, also 440 Meilen. Die nördliche Grenze umfasst die Seen Villarino, Falkner und Traful, die östliche Grenze muss mit dem Limay-Flusstal und der kontinentalen Trennung zwischen Atlantik und Pazifik im Süden des Nahuel Huapí-Sees übereinstimmen. Die Flüsse Villegas und Manso können als Grenze im Süden akzeptiert werden, einschließlich der wunderschönen Seen Steffen, Martín, Mascardi, Hess und Fonck sowie weitere kleine Seen im südlichen Teil des Parks. Im Westen des Parks liegt Chile und wir müssten warten, bis sich der argentinische Park mit dem chilenischen Park auf den angrenzenden Bergketten verbindet. Innerhalb des angegebenen Bereichs können Möglichkeiten für die Entwicklung aller Aktivitäten gefunden werden, die in einem Park, der dem Wohlergehen der Nation gewidmet ist, eingerichtet werden sollten. (Willis 1988: 429; Willis 1913)

In seiner Studie von 1913 setzt sich der US-amerikanische Geologe explizit auch mit der Gretchenfrage auseinander: „Was ist ein Nationalpark?" Dabei führt er dann als rhetorische Frage ein allgemein gängiges Vorurteil auf: „Eine wilde Region, die für gelegentliche Jäger oder Bergsteiger bestimmt ist, die sich den Schwierigkeiten der menschenleeren Berge stellen wollen?" Um dieses dann entschieden zu verneinen:

> Ein Nationalpark ist ein Bereich, der vom Staat zur Muße und für das Wohlergehen der gesamten Bevölkerung reserviert wird. (1988: 430)

Um dann führt er weiter erklärend aus:

> Es wird reserviert, damit keine Einzelperson andere daran hindern kann, es zu genießen und damit alles, was dem Menschen nutzen könnte, in seinem natürlichen Zustand erhalten wird. (1988: 430)

Nach dieser allgemeingültig klingenden Definition macht Willis dann allerdings eine bemerkenswerte Wende und kontextualisiert das Parkmodell. „Verschiedene Nationen haben unterschiedliche Bräuche. Ein Nationalpark muss nach denjenigen der Nation entwickelt werden, zu der er gehört." Dabei kommt er dann zu einer universalistisch-anthropozentrischen Begründung von Nationalparks, die der Natur einen sublimen Charakter zuweist:

> Wir können nur sagen, dass jeder Freude an der Schönheit des kristallklaren Wassers und der schattigen Wälder hat und eine Erhabenheit beim Anblick mächtiger Klippen und schneebedeckter Hügel erlebt. Deshalb ist eine Region, die mit einer solchen Natur ausgestattet ist, offensichtlich für einen Nationalpark bestimmt. (1988: 430)

In diesem Sinne – ausgehend von der Schönheit der Landschaft im Auge des westlichen Betrachters – vergleicht er die Parkgründungen in den USA mit denen in Argentinien:

> So haben wir in den Vereinigten Staaten die Parks Yellowstone, Yosemite Valley, Mount Rainier und Glaciers, mit einigen anderen kleineren, und so sollte Argentinien den Nationalpark des Nordens haben, rund um die Wasserfälle von Iguazú, und den Nationalpark des Südens mit dem Nahuel Huapi-See und dem Tronador. (1988: 430-431)

Für die konkrete Ausgestaltung des Parkes zwischen Landschaftsästhetik und ökonomischer Entwicklung sieht Willis die argentinische Gesellschaft, vermittelt über deren politische Vertreter, in der Pflicht:

> Die Entwicklung des Parks hängt von den Wünschen der argentinischen Bevölkerung ab, die durch die beiden Kammern die für sie geeigneten Bedingungen schaffen kann. (1988: 431)

In den Folgejahren sollte sich zeigen, wie eben diese sich im Umbruch befindende argentinische Gesellschaft mit dieser Aufgabe umgehen sollte. 1913 standen die Zeichen erstmal nicht schlecht für einen Quantensprung bei der Einrichtung von Naturschutzgebieten.

Nach dem erwähnten Treffen der Gouverneure und weiterer hoher Politiker zur Durch- und vor allem auch Umsetzung der nun zehn Jahre alten Nationalparkidee nahm 1914 auch wieder die mediale

Auseinandersetzung mit diesem Thema an Fahrt auf. *La Nación* veröffentlicht am 17. Juli einen ganzseitigen, reich bebilderten und anspruchsvoll gelayouteten Beitrag zum Nationalpark Nahuel Huapí. Dabei kündigt die Zeitung einen politischen Durchbruch an:

> Es scheint, dass die lange in den Sphären der Regierung brodelnde Idee der Aufwertung der Naturschönheiten der Region der Seen und der Andenkordilleren, insbesondere am Nahuel Huapi, nun in eine neue Phase eingetreten ist. (La Nación. „El parque nacional de Nahuel Huapi", 17.7.1914)

Abb. La Nación. „El parque nacional de Nahuel Huapi", 17.7.1914

Als Hauptproblem für die bisherige Einrichtung wird die komplexe Landfrage gesehen, da sich auch auf dem Gebiet des Nationalparks längst Siedler niedergelassen hatten. Laut *La Nación* wird dieses Problem nun durch die Erklärung aller noch nicht besetzter Ländereien als unveräußerbarer öffentlicher Besitz sowie durch restriktive Nutzungsregeln für die bereits besetzten Parzellen geregelt.

Dieser Zeitungsartikel war sicherlich von einem Projekt inspiriert, das Francisco Moreno und Bailey Willis 1913 begonnen hatten. Beide arbeiteten zusammen an einem Buch über den Nationalpark, zu dem Willis „eine große Anzahl Fotografien beisteuerte, die ihm (Morenos, O.K.) die Schönheit der Landschaften wieder lebhaft vor Augen führten". (Willis 1947: 135) Letztlich entstand aber kein gemeinsamer Text, sondern Bailey Willis fungiert als alleiniger Autor der 1913 publizierten Broschüre *El Parque Nacional del Sud.* Damit präsentierte Willis sein Projekt zur Organisation des Nationalparks am Nahuel Huapi–See in einem 14-seitigen Bericht, zuzüglich Kartenmaterial. Zur öffentlichen Präsentation des Berichts hatte Willis zudem 62 Fotografien der Region ausgewählt. Diese Bilder wurden zusammen mit dem Bericht in der Eingangshalle des Landwirtschaftsministeriums in Form einer öffentlichen Ausstellung präsentiert. Diese erzielte eine breite Öffentlichkeitswirksamkeit und wurde gerade wegen der – so Zeitzeugen – „wunderschönen Reihe von Panorama-Aufnahmen" (Los parques naturales en el extranjero y en la República Argentina 1917: 82) gefeiert. Konkret entwarf Willis einen Entwicklungsplan für den Park, der den Ausbau der Verkehrsinfrastruktur zu Wasser und zu Land vorsieht, den Aufbau von Hotelanlagen, Förderprogramme für den Bau von Ferienhäusern „für die reichen Leute", die Vergabe langfristiger Landnutzungstitel sowie den Bau einfacher Ferienhäuser und Campingplätze für die popularen Klassen. (1988: 431) Die touristischen Hoffnungen schienen sich in Bariloche auch mit dem Ausbau der Verkehrsinfrastruktur zu realisieren. Der Eisenbahnanschluss war im Bau und 1913 kam das erste Automobil, ein Mercedes, nach Bariloche.

Über diese im Jahre 1913 kulminierenden Initiativen zur Einrichtung von Nationalparks in Argentinien, gab es noch ein weiteres Momentum, das zur Intensivierung der Debatte beitrug. 1913 besuchte der ehemalige U.S.-Präsident und Vorkämpfer der Naturbewahrung, Theodore Roosevelt, den in der Gründung befindlichen Nationalpark Nahuel Huapí. In seinen eigenen Reiseberichten nimmt Roosevelt zwar keinen direkten Bezug auf die Nationalpark-Gründung, aber in verschiedenen Gesprächen wird er die argentinischen Vorkämpfer für Conservation sicherlich gestärkt haben. So tauschte sich Roosevelt selber persönlich mit dem schon betagten Initiator der Nationalparkidee in Nordpatagonien, Francisco Pascasio Moreno aus. (Zusman 2009: 6) Trotz seines hohen Alters ließ es Moreno sich nicht nehmen, den illustren Gast mit dem Pferd zu begleiten:

> Herr Doktor Francisco P Moreno zeigte sich in hervorragender Verfassung und trotz seines fortgeschrittenen Alters ritt er ausgezeichnet und galoppierte trittsicherer als so manch anderer der Anwesenden. (Brief Primo Capraro an Emilio Frey, 30.11.1913, MP, Colección Frey, Caja 4; Rechtschreibfehler im Original)

Für Moreno sollte dies allerdings zu Lebzeiten seine letzte Reise nach Patagonien gewesen sein. Er starb am 22. November 1919 in Buenos Aires. 1944 wurden seine sterblichen Reste auf die Insel Centinela im Nahuel Huapi-See überführt, wo sie in einer feierlichen Zeremonie ihre letzte Bleibe fanden.

Roosevelt nutzte die Reise nach Nordpatagonien für – wie wir heute sagen würden – eine Trecking Tour. Von Puerto Varas, Chile, aus näherte er sich mit dem Dampfschiff den Kordilleren an, die er dann per Pferd über den Paso Pérez Rosales hin nach Bariloche überquerte. Dabei vergleicht er Nordpatagonien mit dem US-amerikanischen Westen und hält fest: „Bariloche ist eine wahre Grenzstadt" (Roosevelt 1914a) Dabei spielt – wie im Wilden Westen – auch die Auseinandersetzung mit der indigenen Bevölkerung eine zentrale Rolle. Aber auch die Landschaftsbeschreibungen und die Würdigung der Nationalparkgründungen sind wesentlich in Roosevelts Reisebericht. Wir zitieren hier den Zeitungsartikel aus Francisco P. Morenos Privatarchiv, der eine Korrektur vorgenommen hat:

> Wir gingen durch so schöne Landschaften, wie die berühmtesten der Welt, und durchquerten eine Region, die zum Teil an die Seen und Berge der Schweiz und zum Teil an den Park des Yellowstone, den Yosemiten oder die Berge bei Puget Sound erinnerte. Argentinien wird sein Schienennetz in wenigen Jahren nach Bariloche ausgebaut haben, und alle Touristen, die nach Südamerika reisen, sollten diese außergewöhnlich schöne Region nicht verpassen. Es ist mir unmöglich zu glauben, dass diese Region für Reisende im Laufe der Zeit („nicht", handschriftlich eingefügt durch Francisco Moreno, O.K.) die gleiche Entwicklung haben wird wie andere Regionen von großer natürlicher Schönheit. Dank Dr. Moreno ist der argentinische Teil bereits ein Nationalpark und ich hoffe, dass bald auch der chilenische Teil dazu gehören wird. (Roosevelt 1914b)

Der Vergleich der Nahuel Huapi-Region zu den US-amerikanischen Ikonen der Nationalparks wurde schon oft bemüht, aber aus dem Munde eines Theodore Roosevelt kommt dieser Vergleich einem Adelsschlag für die Region gleich. Zudem ist Roosevelt gut über die regionalen Entwicklungspläne informiert, so dass hier auch der Willis-Plan, den dieser ja auch mit Moreno ausgearbeitet hatte, implizit referiert wird. Über Moreno hinaus war der Besuch Roosevelts aber auch für andere Personen aus der Nationalpark-Bewegung prägend. So kam der US-amerikanische Ex-Präsident auch mit Emilio Frey in Kontakt, und der Nationalparkadvokat und Direktor für Nationale Territorien, Isidoro Ruiz Moreno, gehörte zu Roosevelts Reisebegleitung.

Somit lagen im entscheidenden Jahr 1913 zwei ausgearbeitete, jedoch konzeptionell unterschiedliche Entwürfe zur Institutionalisierung der Nationalparks vor, die auf ihre Umsetzung warteten. Aus dem Umfeld von Carlos Thays, Benito Carrasco und den Amigos del Árbol wurde ein auf Landschaftsästhetik sowie Natur- und Kulturerbe basierendes Nationalparkkonzept entworfen, das über die US-amerikanischen und vor allem auch europäischen Debatten zu Naturdenkmälern hinaus auch in dem im 19. Jahrhundert einsetzenden national-patrimonialen Diskurs verankert ist. Dem steht das utilitaristische und pragmatistische Konzept von Bailey Willis und Francisco Moreno und Emilio Frey zur Seite, das an die US-amerikanischen Diskurse anschließt und darauf setzt, den Schutz monumentaler Landschaften mit der ökonomischen Erschließung und Entwicklung peripherer Regionen in Einklang zu bringen. Doch erwies sich 1913, trotz der vielsprechenden Vorzeichen in Hinblick auf die konkrete politische Umsetzung der Nationalparks, als Krisenjahr. Willis selber macht die Regierungskrise in Argentinien 1913 für das Scheitern beziehungsweise die Stagnation der Nationalparkidee verantwortlich. In seiner Lesart ist nun die auf nationale Integration bedachte, bürokratische Klasse durch eine dem Großkapital zugewendeten Gruppe an der politischen Macht abgelöst worden. (Willis 1947: 152) Hinzu kommen die Verwerfungen, die der 1. Weltkrieg mit sich brachte, so dass Willis in Hinblick auf die von ihm geleitete hydrologische Kommission lakonisch feststellt: „Die Kommission für hydrologische Studien wurde zu einem Opfer des Krieges." (Willis 1947: 149) Zudem ist aus heutiger Sicht mit Erstaunen festzuhalten, dass es zwischen den Diskussionssträngen aus dem Umfeld von Thays und Willis kaum direkte Verbindung gegeben zu haben scheint. Insgesamt haben somit die Bemühungen aus den Jahren 1913 und 1914 keine konsequente zeitnahe Umsetzung gefunden.

Dieses abrupte Erstarren der Zirkulation von Diskursen und Praktiken des Naturschutzes zeigt sich auch auf globaler Ebene. Die intensiven Bestrebungen zum Naturschutz und zur Einrichtung von Naturschutzgebieten in Argentinien sind eng verflochten mit einer globalen Dynamik, die ebenfalls im Jahre 1913 kulminierte. 1909 trafen sich europäische Naturforscher und Umweltschützer in Paris auf dem *Congrès International de Protection des Paysages,* auf dem die Bildung einer internationalen Organisation für Umweltschutz angedacht wurde. (Mc Cormick 1991: 22-23) Diese Idee wurde von dem schweizerischen Zoologen Paul Sarasin, Gründer des ersten Nationalparks in der Schweiz, aufgegriffen und 1913 auf der *International*

Conference for the Protection of Nature in Bern diskutiert. (International Office for the Protection of Nature 1931: 5). Auf dieser Delegiertenversammlung hin zu einer Weltnaturschutzkommission stellte Sarasin (1914) seinen einflussreichen, programmatischen Essay „Ueber die Aufgaben des Weltnaturschutzes" vor, bei dem aber deutlich der Schutz der Fauna im Zentrum stand. Die bereits seit Anfang des Jahrhunderts unternommenen Bestrebungen zur Einrichtung von Naturschutzgebieten im Cono Sur bleiben aus dieser Perspektive in dem 62 Seiten starken Essay unerwähnt. Auf dieser Konferenz nahmen verschiedene europäische Länder wie Belgien, Frankreich, Niederlande, Deutschland, Norwegen, Schweden, Russland, Rumänien England – aber auch die USA – unter anderem mit Kermit Roosevelt, dem Sohn des US-amerikanischen Ex-Präsidenten und Naturschützers Theodore Roosevelt – Japan, Australien und aus Lateinamerika Argentinien teil.

Im Vorfeld wurde die argentinische Beteiligung genutzt, um sich auch seitens der Regierung auf dem internationalen Parkett zu präsentieren. So verweist Landwirtschaftsminister Lobos in seiner Rede anlässlich des ersten nationalen Tag des Baumes in Argentinien 1911 auf die erfolgreiche Gründung von Nationalparks „am Iguazú, am Nahuel-Huapí, und in Feuerland, im Chaco und in Pino Hachado" sowie darauf, „dass die Nation dem Vorläufigen Ausschuss für den weltweiten Naturschutz beigetreten ist." (Tobal 1950: 299-300) Die argentinischen und US-amerikanischen Delegierten saßen bei der Konferenz zusammen, aber – so spekuliert der US-Historiker Ian Tyrell – „es ist unwahrscheinlich, dass sie das Verfahren für völlig zufriedenstellend befunden hätten, da sich die Konferenz auf zoologische und proto-ökologische Fragen konzentrierte, die den Artenschwund und nicht die nationale Ressourcenallokation als Ganzes betrafen." (Tyrell 2015: 232) Folgerichtig wurde der Beschluss zur Gründung der internationalen Organisation letztlich jedoch nur von 17 europäischen Staaten unterzeichnet, nicht aber von den USA und Argentinien; so blieb insgesamt der Organisationsprozess – wohl auch auf Grund der Wirren des 1. Weltkrieges – in den Kinderschuhen stecken.

Naturwissenschaftliche Lichtblicke und politische Stagnation: Carl Curt Hosseus, Lucién Hauman und die Sociedad Argentina de Ciencias Naturales

Ungeachtet der politischen Blockade der Durchsetzung der Nationalparks gab es auch während des 1. Weltkrieges ein kontinuierliches zivilgesellschaftliches und naturwissenschaftliches Interesse am Naturschutz. 1916 anlässlich des Tag des Baumes hebt Lorenzo Andón vor dem Präsidenten der Republik und einem breiten Publikum noch die Bemühungen von Carlos Thays zur Einrichtung von Nationalparks am Iguazú und Nahuel Huapi hervor. Diese dienten – so der Redner – dem Schutz der Flora und Fauna, und die Parks bewahren ebenso die „herrlichen Naturwunder" wie sie die wirtschaftliche Entwicklung der Regionen fördern. (zitiert nach Tobal 1950: 404-405)

Doch beschränkte sich der Erfolg der Sociedad Forestal nicht nur auf Sonntagsreden. 1915 wirkte die Sociedad Forestal, zusammen mit Biologen wie Carlos Spegazzini, auf die Durchsetzung eines Ley de Bosques y Yerbales hin, das dann allerdings nicht beschlossen wurde. Im Rahmen dieser Gesetzesinitiative wurde dann auch eine erste landesweite Forsterhebung durchgeführt, demnach 106.888.400 Hektar des Landes mit Wald bedeckt waren. Nach dieser Initiative aber nahm die Bedeutung der 1910 gegründeten Sociedad Forestal ab.

Ihrer statt sollte aus der besonders intensiven Debatte um Naturwissenschaft und auch Naturschutz in den 1910er Jahren zwei neue Organisationen entstehen. Die Sociedad Amigos del Árbol de la República Argentina, unter anderem von dem ehemaligen Mitglied der Sociedad Forestal Adrían Ruiz Moreno gegründet, warb als zivilgesellschaftliche Organisation für den Baumschutz. (Tobal 1950: 526) Parallel dazu trat mit der Sociedad Argentina de Ciencias Naturales ein neuer relevanter Akteur mit naturwissenschaftlicher Orientierung hervor. Die Statuten zur Gründung der Gesellschaft waren bereits 1911 ausgearbeitet worden, doch erst am 6. Januar 1916 erkennt die argentinische Regierung die Gesellschaft offiziell per Dekret an. Diese Gründung geht einher mit der Bildung einer Academia

Argentina de Ciencias Naturales, an der namhafte Naturwissenschafter, wie Carl Curt Hosseus und Lucién Hauman, die auch an der Nationalparkdebatte federführend beteiligt waren, mitwirkten. (Hosseus 2004: 14)

Für die hier von uns verfolgte Frage der Entstehungsgeschichte der Nationalparks in Argentinien ist besonderes das vierte Ziel der Satzung dieser Gesellschaft relevant:

> Eines der Hauptziele der Gesellschaft besteht darin, die Einrichtung von Naturparks und das Erlassen von Maßnahmen zum Schutz der wildlebenden Fauna (insbesondere der Wirbeltiere) zu fördern und das Wissen über den Nutzen dieser Fragen zu verbreiten. (Extracto de las Bases de la Sociedad Argentina de Ciencias Naturales 1915)

Letzteres, die Verbreitung von Ideen zum Naturschutz, erfolgte vor allem auch über die von der Gesellschaft herausgegebenen Zeitschrift *Physis*. Bereits im ersten Band von *Physis* aus dem Jahr 1913 verfasst der Präsident der Sociedad Argentina de Ciencias Naturales, Martín Doello-Jurado, einen Aufsatz zu Einrichtung eines Nationalparks in der Nähe des urbanen Ballungszentrums Buenos Aires (Doello-Jurardo 1913). Im zweiten Band von *Physis*, der die Jahre 1915 bis 1917 umfasst, findet sich dann ein Überblick, bei dem die argentinischen Naturparks fest in der internationalen Debatte um die Einrichtung von Naturschutzgebieten verankert werden.

> Die Attraktivität und Nützlichkeit von unberührten Gebieten, den so genannten ‚Naturparks', ist für Regierungen, Gesellschaften und Einzelpersonen in einer Reihe von Ländern ein großes Anliegen, ebenso wie der Schutz von Wildvögeln und Säugetieren. (Physis 1917: 80)

Dabei werden vor allem die ästhetischen und wissenschaftlichen Gründe für die Einrichtung von Naturschutzgebieten hervorgehoben. Die Autoren greifen die von Hugo Wilhelm Conwentz geführte neue Debatte um die Einrichtung von „Land-Reservaten" in entlegenen Gebieten wie die durch Walfang bedrohten Polregionen ebenso auf- wie dessen Ansatz, „Naturdenkmalpflege" (im deutschen Original benannt) zu betreiben. Dann wird die US-amerikanische Debatte, die in den tonangebenden Wissenschaftszeitschriften *Nature* und *Science* geführt wird, referiert. Auch hier steht der Schutz glazialer Regionen – so das norwegische Spitzbergen –, wie von Prof. Greenville vorgeschlagen, im Zentrum. Aber auch die Einrichtung neuer Nationalparks in den USA wird vorgestellt und diskutiert, darunter auch Publikationen zu bestehenden Parks, wie dem Glacier Nationalpark. (Physis 1915-17: 208) Besonders gewürdigt wird die US-amerikanische Ikone der Nationalparkbewegung, der kürzlich verstorbene John Muir. Dessen Buch *Our National Parks* wird als Ausgangspunkt und Meilenstein einer internationalen Parkbewegung gesehen, die in den USA unlängst eine neue Institutionalisierung in Form der „Asociacion de Sociedades para la conservación de sitios naturales" gefunden hat.

Doch hat diese emergente transatlantische Naturschutzbewegung – wie die unbekannten Autoren bemängeln – in Lateinamerika im Allgemeinen und in Argentinien im Besonderen nur embryonale Züge:

> Dieser Geist steht in einem bemerkenswerten Gegensatz zu der Nachlässigkeit oder Verachtung, die Lateinamerika für diese Dinge hat. Bislang sind alle diesbezüglichen Projekte, die in Argentinien formuliert wurden, nicht umgesetzt worden. (Physis 1917: 81)

Als einziger Lichtblick wird die Schenkung des Perito Moreno benannt, dessen Nationalparkidee von der Mission rund um Bailey Willis aufgegriffen und vorangetrieben wurde. Willis wird dabei als US-Spezialist aufgebaut, der große Erfolge bei der Etablierung des Mount Rainier National Park und des Glacier National Park in den USA feiern konnte. Die Sociedad kennt die – hier bereits dargestellten – Pläne, die Willis an das Landwirtschaftsministerium übermittelt hat, im Detail und stellt das Projekt als „wahrhaft großartig" dar, verbunden mit der Hoffnung, dass dies Projekt dann auch in der Praxis umgesetzt wird.

Während *Physis* das vierte Vereinsziel, die Förderung von Nationalparks, in den ersten beiden Bänden zwischen 1913 und 1916 noch sehr ernst nimmt, und diesem Thema – wie dargestellt – lange

Diskussionen widmet, so ist es umso erstaunlicher, dass die Debatte um die Etablierung von Nationalparks oder anderen Schutzgebieten in den Folgebänden drei bis fünf, die den Zeitraum von 1916 bis 1922 umfassen, deutlich zurückgeht, bis Lucíen Hauman hier 1922 seinen bahnbrechenden Aufsatz „Para la protección de la naturaleza" veröffentlichen sollte. (Physis 1916-17; 1918-19; 1921-22)

Die Ausnahme in der naturschützerischen Durstphase von 1914 bis 1922 stellt eine Publikation von Carl Curt Hosseus dar. Hosseus stammt aus dem Hunsrück in Deutschland und hat – ähnlich wie Willis – eine zeitgenössische, kosmopolitische imperiale Biographie als biologischer Entdecker. So ist er nach seinen vor allem naturwissenschaftlichen und geographischen Studien in Freiburg, Kiel, Genf, Leipzig und Berlin eng in das Netz der wissenschaftlichen Vereine im deutschen Reich eingebunden. Dabei wird ihm unter anderem ein botanisches Amt im deutschen Kolonialdienst in Afrika zugetragen, doch stattdessen führt er letztlich botanische Exkursionen in Siam und Malaysia durch. Auch war er in zahlreichen europäischen, botanischen akademischen Einrichtungen in Europa tätig, unter anderem im Royal Botanic Garden, den Kew Gardens in England. Hier wird er von Dr. Huber als dessen Nachfolger im Museum Pará in Brasilien eingeladen, was Hosseus jedoch ablehnt. 1912 hingegen wird er von dem argentinischen Ministro plenipotenciario Dr. Molina – auf Vermittlung des argentinischen Konsuls in Hildesheim, Prof. Dr. Hauthal – nach Argentinien eingeladen. Im Januar tritt er die Reise an, um Argentinien dann – auch auf Grund der Wirren des 1. Weltkrieges – nicht mehr dauerhaft zu verlassen. In Argentinien wurde Hosseus 1913 zu einer ersten Reise zur Erforschung der Flora in Nordpatagonien beauftragt, um dann im Sommer 1914 eine zweite Reise zur Erkundung der Region rund um den Nahuel Huapi durchzuführen. Bei beiden Reisen stand er in engem Kontakt mit Bailey Willis. So streckte Willis Hosseus für dessen zweite Exkursion nach Nahuel Huapi 1914 aus dem Budget der Hydrologischen Kommission ein Honorar von 600 Pesos vor. (Brief Frey an Willis, 30.9.1914, MP, Colección Frey) Und bei der ersten Reise wurde Hosseus teilweise von Carlos Gallardo, dem uns bereits bekannten Gouverneur von Rio Negro, begleitet. (Hosseus 2004: 6-13)

Auf der Grundlage seiner Studien erstellte Hosseus eine erste vollständige, vegetationsgeographische Karte im Umland des Nahuel Huapi, (2004: 13) die in seiner Broschüre von 1916 abgebildet ist. Dabei gelangt der deutsche Botaniker in Hinblick auf forstwirtschaftliche Nutzung zu ähnlichen Ergebnissen wie der US-amerikanische Geologe Willis:

> Im Allgemeinen sollte der Reichtum dieser Wälder nicht übertrieben werden, im Sinne einer praktischen Nutzung; ohne eine Erneuerung und Zerstörung der Parasiten wird wenig Holz mit dem heute praktizierten System geerntet werden. Andererseits sind diese Wälder als natürliche Schönheit und als Förderer von Niederschlägen von großer Bedeutung für das gesamte Gebiet. Artikel 91 des vorgeschlagenen Forstgesetzes ist mit Genugtuung zu begrüßen: „Die Beweidung ist auf dem Land der patagonischen Steuerwälder verboten, wo die niedrige Vegetation ausschließlich aus jungen Buchenpflanzen besteht (Nothofagus sp.)“. (Hosseus 1916: 33)

Hosseus’ Schrift war ein Referenzpunkt für die vegetationsgeographische Erforschung und Kartierung der Region. Angesichts der neuen, in der Zeitschrift *Physis* geführten, naturwissenschaftlichen Debatte um Nationalparks brachte sich der deutsche Botaniker mit der wegweisenden Broschüre *El proyectado Parque del Sud* 1916 ein. Wenngleich der vegetationsgeographische Hauptteil der Broschüre sich auf den Nahuel Huapí konzentriert, so nutzt Hosseus doch die einleitenden Seiten, um sich konzeptuell zu positionieren. In seinem Büchlein berichtet Hosseus von Bestrebungen zur Einrichtung von Nationalparks in fünf Regionen, namentlich

> die Wasserfälle von Iguazú, in Misions; die üppigen Urwälder von Tucumán; eine bestimmte Region in der Provinz Buenos Aires; die nordpatagonische Region der Seen im Grenzgebiet der Kordillere, besonders der Nahuel Huapí-See; und Feuerland. (Hosseus 1916: 3)

Um dann gleich darauf zu bemängeln, dass trotz zahlreicher Studien, „bis heute ist wirklich gar nichts in die Praxis umgesetzt worden.“

(1916: 3) Dabei kritisiert Hosseus auch die von Willis verbreitete, vermeintlich geographische Eingrenzung des Parks rund um den Nahuel Huapi. Hier klingt die Frustration angesichts der 1913 ausgearbeiteten, dann aber letztlich politisch gescheiterten Nationalparkprojekte deutlich durch. Denn – so argumentiert Hosseus rechtlich: „es gibt noch nicht einmal ein Gesetz, dass diese Regionen O-FIZIELL als *Nationalpark* erklären würde.“ (1916: 4, Hervorhebung im Original), um dann ebendiese rechtliche Anerkennung als Nationalpark als ein politisches Ziel seiner Schrift zu benennen. Dabei beginnt Hosseus – wenngleich ohne eine Diskussion von Nationalparks in anderen Weltregionen – die Idee des Nationalparks zu konkretisieren und zwei Hauptaufgaben zu definieren:

> 1. Schutz der Region vor unrechtmäßigem Eindringen von Menschen oder Tieren sowie, soweit möglich, vor Unwettern. 2. Die geschützte Region für die Besuche der Landeskinder sowie für Ausländer, die als Touristen oder als Bergsteiger kommen, um sie zu sehen, zu öffnen. (Hosseus 1916: 5)

Doch auch Hosseus kann sich als politischer Aktivist für Naturschutz letztlich kein Gehör verschaffen. Sein Beitrag liegt vor allem in der naturwissenschaftlichen Begründung des Projektes des Parque Nacional del Sud. Neben der detaillierten Erhebung von Klimadaten – von Niederschlagsmenge über Luftdruck und Temperatur bis hin zu relativer Luftfeuchtigkeit und Winden – liegt sein Schwerpunkt auf der vegetationsgeographischen Beschreibung, Klassifikation und Kartierung des künftigen Nationalparks. (1916: 9-31) Danach geht Hosseus konkret auf einzelne Pflanzen ein, die für die Region – auch im Sinne der wirtschaftlichen Nutzung – von besonderer Bedeutung sind. (1916: 31-34) Nach der hydrologischen Kartierung der Region im Rahmen der Willis-Mission vermochte Hosseus nun die botanisch-vegetationsgeographische Forschungslücke zu schließen (Hosseus 1916: 15).

In gewisser Weise stellt die Hosseus-Broschüre einen dilemmatischen Kulminationspunkt der bisherigen Bemühungen zur Etablierung eines Nationalparks, besonders am Nahuel Huapi-See in

Nordpatagonien, dar. Denn hier erreicht die naturwissenschaftliche Beschreibung der Region ihren vorläufigen Höhepunkt. Doch so wichtig die Arbeit Hosseus' auch wissenschaftlich gewesen sein mag, so folgenlos ist sie für die politische Umsetzung von Nationalparks. Während die – unter anderem auch von Francisco Moreno protegierten – Arbeiten Bailey Willis' zum Nationalpark Nahuel Huapi oder die Rede von Carlos Thays noch auf eine breite Öffentlichkeit treffen konnten, so gilt dies weniger für die Arbeit von Hosseus. Denn zum Zeitpunkt der Veröffentlichung war der Zenit der Nationalparkdebatte 1913 vorläufig überschritten. Die politischen Rahmenbedingungen für die Einrichtung von Nationalparks waren auf Grund der weltpolitischen Lage und der internen politischen Zerrissenheit denkbar schlecht.

Angesichts einer wenig aussichtsreichen, nationalen Konstellation zur Durchsetzung von Nationalparks verstärkt die Sociedad die regionalen und lokalen Dynamiken zur Förderung des Naturschutzes. Über ihre wissenschaftlichen Netzwerke erlangte die Sociedad Argentina de Ciencias Naturales eine bemerkenswerte Breitenwirksamkeit. Dabei gelang es ihr auch, von dem intellektuellen Zentrum in Buenos Aires aus Kontakte zu peripheren Landesteilen zu etablieren. So fand das erste landesweite Treffen der Sociedad 1917 eben nicht in der Hauptstadt, sondern in der nordwestlichen Provinzhauptstadt Tucumán statt. Hier hatte sich der Politiker und Wissenschaftler Julio López Mañán, unter anderem Mitgründer der *Revista de Letras y Ciencias Sociales*, für die Gründung eines Nationalparks in seiner Region eingesetzt. Anlässlich des 100. Jahrestages der Unabhängigkeit Argentiniens schlägt López Mañán „die Schaffung eines angemessenen ‚Reservats' im Provinzgebiet zum Zwecke des Gemeinwohls und der Erholung." (1971 [1916]: 117) in einem weiten Gebiet rund um den Berg San Javier und die Quebarada de Lules vor. Einen ähnlichen Vorschlag hatte bereits der Naturwissenschaftler Miguel Lillo 1914 gemacht. López Mañán begründet seine Initiative mit dem Erfolg der Nationalparks in den USA bei der Bewahrung der Naturschönheiten, dem die fortschreitende Umweltzerstörung in der eigenen Provinz entgegengestellt wird. Dabei grenzt er das Reservat konzeptuell von den urbanen Parks oder Gärten ab:

> Im Gegensatz zu Parks und Gärten, die mehr oder weniger städtisch sind und die für den Genuss der Bewohner einer Stadt oder eines großen Anwesens gemacht sind, ist das Reservat für die Nation bestimmt. Und, wie der Name schon sagt, neigt es dazu, alles zu bewahren, was die Natur geschaffen hat, und kann zu den besten nationalen Quellen für Schönheit, Gesundheit oder allgemeinem Wohlergehen gezählt werden. (López Mañán 1971 [1916]: 118)

Insofern schließt er – anders als im Wilderness-Diskurs – menschliche Ansiedlungen im Reservat nicht aus. Vielmehr argumentiert er, ähnlich wie Bailey Willis, für die Vereinbarkeit von Naturschutz und menschlicher Ressourcennutzung.

In einer Region, die sich teilweise mit den Grenzen des von López Mañán vorgeschlagenen Reservats deckt, macht Carl Curt Hosseus dann 1928 den Nationalpark Aconquija aus. Tucumán gilt – mit Zitrus- und Zuckerrohrplantagen – als der Garten der Republik, und so charakterisiert der deutsche Botaniker den Park im Nordwesten Argentiniens wie folgt:

> Zwischen herrlichen Zuckerrohrplantagen erheben sich mächtige Wälder, die eine reiche Vegetation von Moosen, Flechten, Farnen, Bromelien, Orchideen und Kakteen beherbergen. Orangenbäume und schlanke Bambusstauden vervollständigen das anziehende Bild. (Hosseus 1928: 92-93)

Ob und wann der Park in welchen konkreten Grenzen eingerichtet wurde, kann hier nicht rekonstruiert werden. Vermutlich wurde das Schutzgebiet zunächst auf der politischen Ebene der Provinz eingerichtet. Erst 1995 entsteht in diesem Gebiet der Nationalpark Campos de los Alisos, der 2018 mit weiteren Reservaten im neuen Nationalpark Aconquija aufgeht.

Das Beispiel des Nationalparks Aconquija macht deutlich, dass es jenseits der beiden emblematischen Parkprojekte im Norden und

Süden des Landes eine Vielzahl von regionalen Initiativen zur Einrichtung von Naturschutzgebieten gab. Insofern ist es zu kurz gegriffen, die Anfangsphase der Nationalparkbewegung in Argentinien allein auf die Iguazú-Fälle und den Nahuel Huapí-See zu beschränken. Dies zeigt sich auch anhand der Wahrnehmung der Zeitgenossen. In seinem emblematischen Artikel „La protección de la naturaleza en la república de Argentina“ von 1922 nimmt Lucién Hauman dann eben diese regional differenzierte Perspektive ein. Statt den Blick auf die nationalen Vorzeigeprojekte zu beschränken, weitet Hauman den Blickwinkel und nimmt gemäß dem Motto „Small is beautiful“ auch kleinräumigere Ansätze in anderen Teilen des Landes in den Blick. Dazu gehört der von der Provinzregierung Tucumán eingerichtete „parque Aconquija“ (1923: 290). Neben den öffentlich eingerichteten Naturschutzgebieten hebt Hauman auch private Einrichtungen positiv hervor wie die von den Brüdern Rafael und Marcelino Herrera Vegas an den Ufern des Río de la Plata eingerichtete „reserva botánica“. (1923: 290-291) Dementsprechend hat sich Martín Doello Jurado, auch ein Gründungsmitglied der Sociedad Argentina de Ciencias naturales, wiederholt für die Gründung von Nationalparks im Umfeld von Buenos Aires (1913) sowie in der La Plata-Region (1923) eingesetzt. Dabei wurde die Sociedad Argentina de Ciencias naturales selber aktiv. So spendete Dr. Juan José Nágara, der den Carlos Berg-Preis der Sociedad gewann, einen Teil des Preisgeldes an die Sociedad, damit diese für den Naturpark am Rande von Buenos Aires Land erwerben konnte. (Physis 1915-16: 184-185)

Wenngleich die Einrichtung von Nationalparks sicherlich das Hauptziel der Sociedad Argentina de Ciencias Naturales war, so konnte diese Gesellschaft sich in der akademischen Debatte und auch in der praktischen Politik nach der Krise 1913 zeitweise als Referenzpunkt in der Diskussion um Nationalparks in Argentinien etablieren. Nach einem enormen Anfangsinteresse in den ersten Nummern von *Physis* und einem starken Abflauen der Debatte kam es dann Anfang der 1920er Jahre zu einem neuen Interesse an Nationalparks. Dabei hatte sich die Vorstellung, wie Parks zu etablieren seien, verwissenschaftlicht. Und auch an den Vorschlägen Haumans zeigt sich eine

Tendenz zur Professionalisierung, wonach Naturwissenschaftler die Parkgründung und -administration zu übernehmen hatten. Dazu schlägt der belgische Botaniker ein dreistufiges Verfahren vor. Erstens, sollten die Parks auf wissenschaftlichen Kriterien fußen, was eine umfangreiche naturwissenschaftliche Studie, inklusive Inventarisierung und Erhebung durch wissenschaftliche Institutionen wie das Museo Nacional de Historia Natural oder durch einen botanischen Garten notwendig machte. In einem zweiten Schritt müssten biologisch wertvolle Gebiete im wissenschaftlichen Interesse verstaatlicht werden. Damit steht das Gemeinwohl über den Privatinteressen. Und dann – drittens – müssten die derart ausgewiesenen Gebiete sachkundig verwaltet werden. Für diese Aufgabe präferiert der Botaniker wissenschaftliche Gesellschaften, die finanziell gut ausgestattet werden. Alternativ können auch die Gemeinden damit beauftragt werden, wenn, wie Hauman dann extra in der Fußnote betont, sichergestellt ist, dass diese „unter der exklusiven Leitung eines sachkundigen Naturwissenschaftlers" arbeiten. Damit bringt Hauman nun die Sociedad Argentina de Ciencias Naturales selber implizit als mögliche Kandidatin für die Verwaltung von Nationalparks ins Spiel. Unabhängig davon aber betont er, dass Nationalparks nur von kompetenten Naturwissenschaftlern geleitet werden können. Der Nationalpark wird damit in der Vorstellung der Sociedad Argentina de Ciencias Naturales für die kleine Gruppe der Naturwissenschaftler zu einem neuen Berufsfeld.

1922 – Parkgründung im Spannungsdreieck von Naturwissenschaft, aristokratischer Elite und radikaler Regierung

Anfang der 1920er Jahre kommt es zu einer erstaunlichen Wiederbelebung der Nationalparkidee am Nahuel Huapi-See, die am 8. April 1922 durch ein Dekret von Präsident Hipolíto Yrigoyen zur offiziellen Einrichtung des Parque Nacional del Sud führt. Im Dekret der Parkgründung wird als Ziel benannt, die

> „zerstörerische Ausbeutung des forstwirtschaftlichen Reichtums zu verhindern" um damit gleichzeitig „in bestimmten Regionen die Orte der Naturschönheiten mit ihrer ursprünglichen Flora und Fauna zu erhalten." (Ley 1922)

Insofern sind in dieser Argumentation ein Pinchot-naher Nachhaltigkeitsgedanke der *conservation* mit einem Muir-gemäßen Wilderness-Schutz im Sinne von *preservation* vereint. Ganz am US-Modell ausgerichtet, geht es in diesem Dekret dann auch um den Schutz eines großen Territoriums rund um den Nahuel Huapi-See. Konkret wird eine Fläche von 785.000 Hektar unter Schutz gestellt. Während 1919 die ursprünglich von Francisco Pascasio Moreno geschenkten 7.500 Hektar auf zirka 78.000 verzehnfacht worden waren, so kam es mit der endgültigen Parkeinrichtung zu einer weiteren Verzehnfachung der Parkfläche. Der 1922 eingerichtete Parque del Sud umfasst damit mehr als das 100-fache der ursprünglich von Moreno gestifteten Fläche. Und 1924 werden weitere 43.000 ha Land in den Park integriert. Damit ist der Park fast so groß wie der Yellowstone-National Park (8.983 km^2) und deutlich größer als viele andere Nationalparks in den USA. Doch ist diese Größe – wie Anasagasti und seine Mitstreiter in einem Aufsatz zum Nationalpark des Südens aus dem Jahre 1926 vorrechnen –, deutlich zu relativieren. Denn allein 85.000 Hektar entfallen auf die Wasserflächen der Seen, davon 50.000 Hektar allein auf den Nahuel Huapí. Hinzu kommen 200.000 Hektar innerhalb des Parks, die in Privatbesitz sind – davon der Großteil mit 162.000 Hektar in den Händen von Großgrundbesitzern. Entsprechend liegt die

Landfläche des Nationalparks, die im staatlichen Besitz ist, bei – allerdings immer noch respektablen – 500.000 Hektar. (Anasagasti 1926: 310)

Die Dekretierung und Durchsetzung des Nationalparks rund um den Nahuel Huapi im Jahre 1922 ist einer durchaus neuen politisch-kulturellen Koalition zu verdanken, die sich erfolgreich für die Nationalparkgründung einsetzte. Im Zuge der Einrichtung des Nationalparks bildete sich die zivilgesellschaftliche Organisation „Comisión Pro Parque Nacional del Sur“. Diese ehrenamtlich arbeitende Kommission hatte insofern eine durchaus bemerkenswerte Zusammensetzung, als hier namhafte Vertreter der politischen und gesellschaftlichen Elite Argentiniens vertreten waren. Dazu gehörte nicht weniger, als dass der Präsident der Republik, Marcelo T. de Avilar, als Honorarpräsident der Kommission fungierte. Des Weiteren war als Sprecher Honorio Pueyrredón vertreten, der unter Yrigoyen Agrarminister und Außenminister sowie unter der Folgeregierung Alvear seit 1923 argentinischer Botschafter in den USA war. Pueyrredón war es dann auch, der in seiner Funktion als Agrarminister das Dekret zur Einrichtung des Nationalparks des Südens unterzeichnete. Die Präsidentschaft der Kommission hatte der frühere Innenminister Manuel Montes de Oca inne, und der Großindustrielle Carlos Tornquist fungierte als Schatzmeister. Die einzelnen Mitglieder der Kommission gehörten der kleinen porteñer Elite an. Sie kannten sich persönlich und waren auch in anderen gesellschaftlichen Zusammenhängen wie dem Jockey Club – dem argentinischen Prototyp des britisch-aristokratischen Gesellschaftsklubs – oder den unlängst gegründeten Automobilsportvereinen wie dem Automóvil Club Argentino (ACA) oder dem Touring Club Argentino gemeinsam engagiert.

In Argentinien war dieses karitative gesellschaftliche Engagement nicht ungewöhnlich. Denn für die erfolgreiche politische Karriere war es in dieser Zeit durchaus üblich, sich in vermeintlich unpolitischen Gesellschaftsklubs zu engagieren. (Piglia 2004: 129; Losada 2007) Über die politische Karriereplanung hinaus galt die karitative Mitarbeit in Clubs als Form der sozialen Distinktion. Karitatives gesellschaftliches Engagement gehörte somit gewissermaßen –

wie auch in den USA des „Gilded Age“ – zum aristokratischen Habitus. Doch galten nicht die USA als Paradigma für den aristokratischen Lebensstil. Die argentinische Elite lebte das europäische Vorbild der englischen Gentlemen nach. Dies drückte sich in der Gründung von Gesellschftsclubs aus, die Sportarten wie Golf, Pferderennen, Polo, und Automobilismus frönten. (Piglia 2004: 69, Losada 2017) Über die Möglichkeit, einen staatlichen Sommersitz in vermeintlich europäischer Kulisse zu besitzen – Nahuel Huapi als die Schweiz Argentiniens sei als Stichwort genannt –, spielt sicherlich auch ein auf Virilität, Abenteuerlust und Eroberungsgelüste ausgerichtetes geopolitisches Imaginarium eine zentrale Rolle, um das Engagement dieser Männer zu befeuern. Patagonien als letzte zu erobernde Kolonie.

Das Besondere an der Kommission Pro-Parque war nun indes, dass sie die Brücke baute zwischen der aristokratischen Elite in Buenos Aires und der emergenten lokalen Elite vor Ort am Nahuel Huapi-See. Für viele der aristokratischen Mitglieder und Freunde der Kommission stellte das kaum erschlossene Nordpatagonien ein prominentes Betätigungsfeld dar. Anasagasti und die Mitbegründer des Aero Clubs, Aarón de Anchorena und der bekannte Flieger Jorge Newbery, hatten sich in Patagonien niedergelassen oder dort Sommersitze eingerichtet. Aarón de Anchorenas Liebe zu Patagonien reicht indes schon weit zurück. 1902 bereiste er mit Unterstützung des damaligen Präsidenten Julio Argentino Roca Patagonien, wo er unter anderem auf Francisco Pascasio Moreno traf. Besonders beeindruckt war Anchorena von der Insel Victoria inmitten des Nahuel Huapi-Sees, so dass er diese von 1907 an auf Lebenszeit nutzen konnte, dieses Nutzungsrecht aber bereits 1911 wieder aufgab. Auch Ángel Gallardo – späterer Präsident der Kommission – hatte Land für den Bau eines Sommersitzes am Nahuel Huapi erworben (Frey an Gallardo, 1.12.1928; MP, Colección Frey; Biedma 2003: 192) Das gleiche gilt für den schottischen Einwanderer Ernesto Jewell, seinerzeit auch Präsident des aristokratischen Hurlingham Clubs, der sich 1888 in Argentinien nach seinem berühmten englischen Vorbild gegründet hatte.

Ebenso hatten Anasagastis Neffen, Luis und Fermín Ortiz Basualdo, beide anerkannte Persönlichkeiten der porteñer Aristokratie, auch Besitztümer an den Ufern des Nahuel Huapi erworben. Sie bauten ihren Sommersitz in der Region Huemul, wo noch im Sommer 2018 der argentinische Milliardär und Präsident Mauricio Macri seinen Urlaub verbrachte. Der aristokratische Charme der Region ist offensichtlich noch nicht verblasst.

Einer der zentralen transregionalen Verteilerstellen für die Nationalparkidee war der Industrielle Horacio Anasagasti, der auch als Generalsekretär der Kommission fungierte. Anasagasti war als einer der ersten Autofabrikanten und Rennfahrer in Argentinien Mitbegründer sowohl des Automóvil Club Argentino (1904) als auch des Touring Club Argentino (1907) und auch des Aereo Club Argentino (1909). Zudem konnte er auch Kommunikationskanäle in das akademische Feld herstellen, unter anderem auf der Grundlage seiner Vizepräsidentschaft in der Sociedad Científica Argentina (1909-1911).

Diese Einschätzung von der Bedeutung der porteñer Aristokraten mit guten Verbindungen in Nordpatagonien wird auch von den zentralen Persönlichkeiten der Zivilgesellschaft in San Carlos de Bariloche, wie Emilio Frey, geteilt. Frey hält neben Aarón de Anchorena und den Großgrundbesitzer Jewell vor allem auch Fernández Beschtedt für eine zentrale Person, die die Gründung des Parks unterstützte und auch auf Präsident Yrigoyen Einfluss ausübte. Dieser Einfluss führte so weit, dass in dem Gründungsdekret des Parque Nacional del Sud ad nombran Emilio Frey als Nationalpark-Beauftragter eingesetzt wurde. (Brief Frey an Fernández Beschedt, 31.8.1928; MP, Colección Frey, Caja 8)

Zwei Jahre nach der formalen Gründung des Nationalparks wurde die zunächst zivilgesellschaftliche Kommission Pro-Parque am 14. April 1924 per Dekret von Präsident Marcelo de Alvear, dem radikalen Nachfolger Yrigoyens, offiziell mit der Mission beauftragt, einen allgemeinen Plan zur Verwaltung und Regulierung des Nationalparks auszuarbeiten. Dieses Dekret spiegelt die immer enger werdende Verbindung zwischen der elitären, karitativen Kommission Pro-Parque und den staatlichen Institutionen wider. 1926 erstellte

Horacio Anasagasti in seiner Funktion als Generalsekretär der Comisión honorifica „Pro Parque Nacional del Sur“ den Bericht „El Parque Nacional del Sur“. Bemerkenswert an diesem Bericht ist nun, dass es Anasagasti gelang, die jüngeren politischen Bemühungen der Aristokratie mit den wissenschaftlichen Bestrebungen der vorigen Jahre, vor allem mit denen der Sociedad Científica Argentina, zu verbinden. So enthält der Bericht ein geologisches Kapitel des deutschstämmigen Geologen Anselmo Windhausen und ein vegetationsgeographisches Kapitel, das von Carl Curt Hosseus verfasst wurde. In diesem Kapitel hebt Hosseus die einzigartige Verbindung von botanischer Diversität und landschaftlicher Schönheit hervor und lässt es sich nicht nehmen, sich an seine eigene Exkursion in den Jahren 1913 und 1914 erinnernd dem vegetationsgeographischen Bericht folgende Liebeserklärung an den Nationalpark des Südens voranzustellen:

> Es gibt nur wenige Orte auf der Welt, die in einem relativ kleinen Gebiet wie diesem Park eine so große Vielfalt an Pflanzen versammeln, und selten findet der Botaniker als Studiengebiet eine Region von solcher Schönheit wie den Nahuel Huapí-See. (Hosseus 1926: 287)

Doch schlägt der Bericht nicht nur die Brücke in das akademische Feld, bemerkenswert ist, dass auch Emilio Frey an dem Bericht mitwirkt. Dieser ist zwar Landvermesser und kann als Expeditionsmitglied unter Francisco P. Moreno und Bailey Willis auf einmalige Ortskenntnisse verweisen, doch ist er weder Wissenschaftler noch Aristokrat. Die Beteiligung an dem Anasagasti-Bericht kann insofern nur als Hinweis auf die nicht zu unterschätzende, zentrale Rolle Freys bei der Einrichtung und Umsetzung des Nationalparks des Südens verstanden werden.

Rund um das Jahr 1922 ist jedoch der Bericht „El Parque Nacional del Sud“ nicht die einzige Schrift, die die Debatte um Nationalparks wieder auf die politische Tagesordnung setzt. In dieser Phase der politischen Wiederbelebung der Nationalpark- und Naturschutzinitiativen in Argentinien erscheint mit Lucién Haumans „Para la protección de la naturaleza“ 1922 in der Zeitschrift der Sociedad Argentina de Ciencias Naturales *Physis* ein programmatischer Aufsatz zum Naturschutz. Dabei entwirft Hauman ein ausdifferenziertes Verständnis von Naturschutz. Während die Gruppe um Benito Carrasco – aus dem Umfeld von Thays kommend – vor allem den Schutz von Naturdenkmälern, vor allem auch unter der Perspektive von Heritage und Patrimonio in den Vordergrund stellt, wird dieser Ansatz nun von dem Biologen Hauman kritisiert:

> nicht nur berühmte Schönheiten oder Kuriositäten, die mehr oder weniger legendär sind, können gefährdet sein, sondern auch die häufigsten und damit interessantesten Aspekte, in denen wir leben. (1923: 284)

Um dann später zu präzisieren: „auch darf man nicht nur glauben, dass allein die besonderen oder klassischen Orte schutzwürdig sind.“ (1923: 290) Dabei findet sich bei Hauman eine zaghafte Kapitalismuskritik, die allerdings nicht an die moralische Schärfe der öffentlichen Beiträge der Sociedad Forestal der 1910er Jahre heranreicht:

> Jeder weiß, dass der Fortschritt der so genannten Zivilisation – oder besser gesagt, die maximale Ausbeutung des natürlichen Reichtums – die Umwelt tiefgreifend verändert: Städte dehnen sich zu Feldern aus, Wälder weichen zurück, Feuchtgebiete trocknen aus, Felsen werden zu Steinbrüchen, Ebenen werden mit Ernten bedeckt, und wo immer es Vegetation gibt, weiden Herden, bis der Sättigungsgrad erreicht ist. (Hauman 1923: 283)

Um dann aber auch gleich wieder im Sinne eines universalen Fortschritts seine Kritik zu relativieren, fügt er hinzu „Und so muss es sein.“ (Hauman 1923: 283) Während in den USA und auch in den frühen Schriften von Autran noch die Wilderness-Idee mitschwingt, so geht Hauman bereits ernüchtert von der „irreparablen Zerstörung der primitiven Seite der Natur“ (1923: 583-4) aus.

Doch gerade daraus leitete sich eine Einstellung zum Naturschutz ab, die den Eigenwert von Natur betont. Wobei auch ein konsum- und kommodifizierungskritischer Unterton anklingt:

> Der Schutz muss auf das ausgedehnt werden, was vom Verschwinden bedroht ist, auch wenn es nie die Aufmerksamkeit der Tourismusbehörden verdienen würde. (Hauman 1923: 290)

Dabei definiert Hauman einen normativen Imperativ zum Naturschutz, der gerade auch den Artenschutz als Pflicht gegenüber den künftigen Generationen begreift. Dabei hebt Hauman – anders als in den utilitaristischen Nachhaltigkeitskonzepten – nicht auf nachhaltige Nutzung, sondern auf Erhalt der Biodiversität – entgegen der Tendenz des Artensterbens – ab. (1923: 285) Die ökologische Degradation oder gar der Ökozid ist für Hauman „*vollständig und endgültig*" (Hervorhebung im Original). Sie ergibt sich aus dem für Hauman unvermeidbaren zivilisatorischen Prozess, der ganz dem Gedanken des Fortschritts verschrieben ist. Doch in einer Dialektik der Zivilisationergibt sich aus den unvermeidbaren Folgen der Zivilisation, wie hier dem drohenden Ökozid, die zivilisatorische Aufgabe, ja die moralische Pflicht zum Naturschutz. Entprechend formuliert der belgische Naturwissenschaftler:

> Es ist eine Pflicht, für zukünftige Generationen einige wirklich historische Erinnerungen an die primitive Landschaft zu bewahren, einige große oder kleine, strategisch verstreute Reservate zu errichten, in denen die primitiven Assoziationen von Pflanzen und Tieren, den ersten Bewohnern des Landes, unter natürlichen Bedingungen erhalten werden können. (Hauman 1923: 285)

Diese Bedeutung der generationenübergreifenden Verantwortung ist sicherlich den Vorstellungen der nachhaltigen Forstwirtschaft eines Clausewitz entlehnt, sind hier von Hauman aber im Sinne einer ökologischen Ethik erweitert worden, die dem Konzept der Nachhaltigkeit, wie es auf der Rio-Konferenz von 1992 propagiert wurde, durchaus nahekommt.

Die Notwendigkeit der Einrichtung von Naturschutzgebieten begründet Hauman systematisch aus vier Perspektiven heraus: dem wissenschaftlichen Blickpunkt, dem künstlerischen, dem sentimentalen und dem utilitaristischen. Aus dem ersten heraus moniert er, dass die Untersuchungsobjekte – die Biota – der Naturforscher zerstört werden. Im Dienste der Wissenschaft müssen sie also bewahrt werden. Zweitens sieht er die Natur als quasi urtümliche Schöpfungskraft, die gerade auch den jüngeren Generationen zur Bildung gereicht. Deshalb ist es zentral, den Folgegenerationen Naturerfahrungen zu ermöglichen, um so auch neue Künstler – in einem Beuysschen Kunstverständnis, nachdem jeder Mensch ein Künstler ist – hervorzubringen. (1923: 285-6). Drittens kritisiert er vereinfachte Formen des Patriotismus, die auf der Trennung von Natur und Geschichte beruhen und so einen wichtigen Teil der Erfahrung – nämlich „der Liebe zu dem Teil der Welt, der uns umgibt, zu den Steinen, zu den Pflanzen, zu den Tieren, die sie bilden“ – vernachlässigen. Diese aber – so Hauman – sind auch eine wesentliche „Form der Vaterlandsliebe“ (1923: 287). Viertens – und bewusst zuletzt – führt der Biologe dann auch utilitaristische Aspekte an. Allerdings auf unkonventionelle Weise. Er nennt nicht die Forstressourcen oder sonstige extraktivistische Produkte, stattdessen führt er beispielhaft an, welche immensen ökonomischen Folgen selbst die kleinsten Lebewesen haben können:

> winzige Pilze, denen ein Bankier keine Sekunde der Aufmerksamkeit schenken würde, kosten ihrem Land jedes Jahr mehr Geld, als dieser zu seinen Lebzeiten in seinem Geschäft je einsetzen wird. (Hauman 1923: 287)

Auf der Suche nach Best-Practice-Examples für Naturschutz weist Hauman das bisher in Argentinien sehr populäre und bekannte Modell der USA zurück. Er schätzt das US-Modell sehr, hält es aber für den argentinischen Kontext für zu anspruchsvoll und deswegen nicht nachahmbar. Ja er warnt geradezu:

> Es ist notwendig zu sagen und immer wieder zu wiederholen, dass man nicht nur an grandiose Werke denken sollte, an riesige Nationalparks, deren bewundernswerte Projekte Aufmerksamkeit erregen, die aber nicht über den Projektstatus hinausgehen. (Hauman 1923: 290)

Stattdessen hat er für Argentinien „eine bescheidenere und vielleicht effektivere Arbeit." im Blick, wie sie in anderen Ländern bereits umgesetzt wurde. Als Orientierung dient Hauman dabei die Veröffentlichung seines belgischen Landsmanns Jean Massart *Pour la protection de la nature en Belgique* aus dem Jahr 1912. In allen diesen Fällen ist es der moderne Mensch, oder besser der fachkundige Naturwissenschaftler, der im Sinne der heutigen Vorstellung von Stewardship den Schutz der Umwelt zu organisieren hat.

Aus dieser Besprechung der weltweiten Bemühungen um die Einrichtung von Naturschutzgebieten zieht Hauman dann auch erstmals unter der Kapitelüberschrift „Was in Argentinien gemacht wurde" eine Bilanz der argentinischen Bemühungen, die allerdings eher als Bestandsaufnahme angelegt ist. Zwar wird zuerst die Schenkung Francisco Morenos als Gründungsakt der Nationalparks aufgeführt, doch die Debatten rund um die Einrichtung des Nationalparks um die Iguazú-Fälle fehlen hier nahezu vollständig.

Die von Lucién Hauman getroffene Differenzierung zwischen Naturdenkmal und Nationalpark wird auch von Carl Hosseus in einer 1926 gemachten Petition an der Universidad de la Plata zur Einrichtung eines Nationalparks des Zentrums aufgegriffen. Hier unterscheidet der deutschstämmige Botaniker zwischen dem lokalen Schutz (protección local) und dem Schutz großer Gebiete. Der erste Ansatz ordnet er dem Denkmalschutz zu, bei dem „isolierte oder miteinander verbundene Objekte", die eine biologische, geologische oder historisch-archäologische, herausgehobene Bedeutung haben, oder bei besonders bedrohte Tierarten rechtlich unter Schutz gestellt werden. Explizites Beispiel für diese Form des Naturschutzes sind die dreizehn bis dahin in den USA eingerichteten Nationalparks. (Hosseus 1926: 558) In Hinblick auf den Süd-Park sieht Hosseus dieses Kriterium erfüllt, da die 1922 gezogenen Grenzen „der natürlichen Abgrenzung einer botanischen Einheit entsprechen, die innerhalb dieser

Breitengrade alle wichtigen phytogeographischen Elemente umfasst". (Hosseus 1926: 286)

Anders argumentiert Horacio Anasagasti. Für den 1922 eingerichteten Nationalpark des Südens kommt der Generalsekretär der Kommission Pro-Parque zu einer interessanten Kombination beider Ansätze. Dabei geht er von dem „Beispiel des großen Staates des Nordens unseres Kontinents" aus, das „uns bei den wesentlichen Aspekten dieses Vorhabens den Weg weisen muss". (Anasagasti 1926: 302-303) Die USA – so Anasagasti – machen die technische Unterscheidung zwischen „Nationalparks" und „Nationalmonumenten", wobei letztere durchaus in den Parks angesiedelt sein können. Bezüglich der Parks setzt Anasagasti sich von dem besonders in Deutschland von Conwentz geprägten Konzept des Naturdenkmals ab und gibt der US-amerikanischen Idee der Verbindung von Naturschutz, Tourismus und moralisch-körperlicher Erbauung durch Natur Vorrang. Wobei die Vorstellung, dass das Naturerlebnis die Nerven beruhige und den Organismus stärke (1926: 302), deutliche Anklänge an die rooseveltsche-darwinistische Vorstellung vom „strenuous life" (Brinkley 2010: 368-395) hat. Für den Park des Südens bedeutet dies, dass dieser – auch im Anschluss an die Pläne von Bailey Willis – verkehrstechnisch angeschlossen und touristisch erschlossen werden soll. Zudem soll eine begrenzte landwirtschaftliche Nutzung ebenso möglich sein wie touristische und urbane Bauvorhaben. Um aber den „natürlichen und unberührten Charakter der Natur" (Anasagasti 1926: 311) zu erhalten und zu bewahren, sollen im Inneren des Nationalparks Reservate ausgewiesen werden, zu denen der Mensch keinen Zugang haben soll. Konkret schlägt Anasagasti zwei solcher Reservate vor. Administrativ soll der Park in unterschiedliche Distrikte, die jeweils zuständigen Parkrangern unterstehen, geteilt werden. Diese Unterteilung entspricht dem Zonen-Modell, das auch in heutigen Nationalparks üblich ist, um unterschiedliche Nutzungsintensitäten zu definieren.

Die Umsetzung des Dekrets zur Einrichtung des Nationalparks des Südens ging zunächst zügig voran. Bereits in diesem Dekret wurde Emilio Frey, Ingenieur und Geograph der Dirección General de Tierras, mit der Ausarbeitung eines provisorischen Reglements des Nationalparks beauftragt. (1922) Gleichzeitig arbeitete er die landvermesserischen Aspekte der Grenzziehung des nun gegenüber der ursprünglichen Schenkung deutlich erweiterten Nationalparks aus. (Polar, Esteban, 27.6.1964; MP, Colección Frey, Biblioratо 4) Am 1. Dezember 1922 legte Frey dann in seiner Funktion als „Beauftragter des Parque Nacional del Sud" ein handschriftlich verfasstes Reglement für den Nationalpark vor. Es verbot den Holzschlag in den staatlichen Ländereien, das Töten von Wildtieren, und es regulierte die Brandrodung und definierte Notmaßnahmen bei Waldbränden. Dazu wurde der Park in sieben Zonen unterteilt, denen jeweils verantwortliche Parkranger zugewiesen wurden. (Frey, Reglamentación provisoria. 1.12.1922; MP, Colección Frey, Bibliorato 8)

Die Gründung des ersten Nationalparks in Argentinien beflügelte das Land auch auf dem internationalen Parkett. 1924, anlässlich des Panamerikanischen Kongresses in Lima, rief der argentinische Delegierte, der Direktor für Viehzucht des Landwirtschaftsministeriums José León Suárez, die Versammlung amerikanischer Staaten emphatisch zur Gründung von Naturschutzgebieten auf.

Trotz dieser erstaunlichen Dynamik zur Einrichtung des Nationalparks am Nahuel Huapi rund um das Jahr 1922 kam der Prozess der weiteren administrativen Umsetzung Ende der 1920er Jahre ins Stocken. Aus den Papieren des Intendanten Emilio Frey geht hervor, dass dieser die Arbeit der Parkverwaltung nicht in formal geklärten Arbeitsverhältnissen und institutioneller Anbindung, sondern eher auf der Grundlage persönlicher Überzeugung in einer rechtlich-administrativen Grauzone verrichtete. So schreibt er in einem Brief 1928 an Dr. Angel Gallardo, Direktor des Museums für Naturwissenschaft und späterer Präsident der Comisión de Parques Nacionales, zu dem Frey ein vertrauliches und freundschaftliches Verhältnis hat, in Hinblick auf die Umsetzung des Dekrets von 1922 und des provisorischen Reglements aus dem gleichen Jahre:

> Aber wir haben keine Fortschritte gemacht, alles ist beim Dekret stehen geblieben. Ich bin weiterhin von der Generaldirektion für Land

> abhängig, in meiner Eigenschaft als Gebietsbeauftragter für das Territorium Rio Negro mit Sitz in Bariloche, was es mir ermöglicht hat, mich leidig um die Interessen und die Überwachung des Parks zu kümmern. (Brief Frey an Gallardo, 1.12.1928; MP, Colección Frey, Biblioratio 8)

1928, angesichts der zweiten Präsidentschaft von Yrigoyen, setzt sich Emilio Frey dafür ein, strategisch an diesen Präsidenten, dem das Verdienst zukommt, in seiner ersten Präsidentschaft den Nationalpark eingerichtet zu haben, heranzutreten. Konkret fordert er die Institutionalisierung des Parkes mit „seinem inneren Statut, seinen Vorschriften und seinem Budget, so dass er Autorität, Autonomie und Regierung hat." (Brief Frey an Montes de Oca, 12.12.1928; MP, Colección Frey, Bibliorato 8)

Dabei wird auch über eine geeignete Person für die Übernahme der Leitung des Nationalparks nachgedacht. Das am Ufer des Nahuel Huapi lebende Kommissionsmitglied Ernesto Jewell schlug – wohl von Frey beeinflusst – Fernández Beschedt vor, einen Vertrauten des Präsidenten Yrigoyen, während dieser umgekehrt Jewell im Blick hatte. Angesichts dieser Debatte verweist Frey auf die strategische Bedeutung des Direktors für die Insitutionalisierung des Nationalparks: „Ich glaube, dass wir als Direktor eine gute Puppe vor der neuen Regierung brauchen werden, die mit ihren Männern verbunden ist, um etwas tun zu können und den Park aus seiner Nostalgie zu befreien." (Brief Frey an Fernández Beschtedt, 31.8.1928; MP, Colección Frey, Bibliorato 8) Dabei hatte Frey selber den vertrauten Weggefährten Yrigoyens im Blick, und so fragt er diesen denn auch direkt „Wären nicht Sie selbst die geeignete Person für diesen Posten?" Um Fernández Beschedt den Posten schmackhaft zu machen, unterbreitet Frey ihm eine weitreichende Vision zur administrativen Neuausrichtung der Nationalparks. Angesichts der Einrichtung des Parque Nacional del Norte und eines weiteren in Feuerland argumentiert Frey: „es müsste nur eine einzige Kommission geben, die sich um die Verwaltung von allen Parks kümmern sollte". Konkret stellt sich Frey vor: „Unter dieser Kommission wären die Sektionsbüros der Nationalparks und ein ständiges Büro in Buenos Aires mit Direktor, Sekretär, Kassierer und anderem notwendigen Personal. Jeder Nationalpark wird wiederum über einen Beauftragten oder Direktor, Personal und Budget verfügen." Über diese administrative Modernisierung hinaus strebt Frey auch eine weitere Professionalisierung der Nationalparks an. „Für jeden Park muss es einen Spezialisten geben, der in europäischen oder nordamerikanischen Parks gearbeitet hat; die Ranger müssen ausgebildete Personen sein, die Kenntnisse über die Arten und die Pflege der Wälder haben." (Brief Frey an Fernández Beschtedt, 31.8.1928; MP, Colección Frey, Biblioratо 8) Der weitere Diskussionsprozess rund um dieses Reglement und dessen Durchsetzung ist aus den Quellen nicht zu erschließen; die früheste gedruckte, öffentliche Bekanntmachung ist auf den 1. Februar 1928 datiert. (Reglamentación Provisoria, 1.2.1928; MP, Colección Frey, Bibliorato 8)

Es bleibt kein Zweifel, dass Emilio Frey, dessen moralische Werte Bailey Willis einmal so beschrieb: „Vor allem war er Morenos Idealen gegenüber höchst loyal" (Willis 1947: 48), alles daransetzte, den widrigen Umständen trotzend die Vision Francisco Pascasio Morenos umzusetzen. Angesichts der kaum vorhandenen Anweisungen Morenos treibt Frey zunehmend ein Nationalpark-Projekt voran, das zwar in der Tradition Morenos und Willis' steht, aber auch einen ganz eindeutigen persönlichen Schriftzug von Emilio Frey erhält. Insbesondere entwirft Frey hier organisatorische Grundvorstellungen der Nationalparkadministration, die dann ab 1934 mit dem Nationalparkgesetz ihre Umsetzung finden. Trotz der fehlenden Institutionalisierung auf der nationalen Ebene ist der Nationalpark auf der lokalen Ebene durchaus in der Umsetzung begriffen. Eine minimale personelle Ausstattung zur Überwachung der Parkregeln ist gewährleistet. So arbeitet Frey im Nationalpark mit sechs Helfern, für die die Regierung Yrigoyen 1928 vier Parkranger-Hütten bauen lässt.

Auch schreitet die soziale und touristische Entwicklung mit dem Bau einer neuen Schule sowie dem Ausbau der Hotelinfrastruktur voran. Somit ist die Parkgründung ein wesentlicher Impulsgeber für neue ökonomische Aktivitäten im emergenten Tourismussektor in Bariloche. So bringen die deutschstämmigen Bewohner Bariloches, Hans Hildebrandt und Otto Meiling, 1930/31 einen Touristenführer heraus, in dem sie die Region rund um den Nahuel Huapi als idyllischen Ort anpreisen, in dem der vom nervösen Großstadtleben gehetzte Städter die Seele baumeln lassen kann. Hildebrandt hatte zu diesem Zeitpunkt in Bariloche ein Tourismus-Büro gegründet und Meiling arbeitet als Bergführer und später auch als Skilehrer. Des Weiteren wurde hier ein Hotel namens Parque Nacional gegründet und im Juni 1927 auch eine Brauerei „Parque Nacional". Doch mussten die Betreiber, Esteban Zufiaur und Juan Antonio Leberle, die Produktion bereits 1931 – wohl auf Grund der mit dem Eisenbahn-Anschluss zunehmenden Konkurrenz – einstellen.

Abb. Hildebrandt und Meiling (1930/1931)

Abb. FF.CC. 1928. Titelbild.

Abb. FF.CC. 1929. Titelbild.

Wie auch in anderen Ländern war die Eisenbahngesellschaft – hier die Ferrocarriles del Estado – eine der führenden Kräfte zur Förderung des Tourismus. 1928 brachte sie die aufwendig gestaltete Broschüre „Parque Nacional del Sud“ zur Bewerbung der touristischen Ziele im Nationalpark heraus. Die mit Fotografien und künstlerischen Illustrationen reichlich bebilderte Broschüre enthält zudem vor allem praktische Informationen für die Reise wie Karten und Fahrtpläne aber auch Anzeigen von Hotels, Tourismusanbietern, und anderen Dienstleistern, die für Touristen von Interesse sind. Zudem hat Horacio Anasagasti das Heft mit einem Kurzbeitrag über das Straßennetz für Automobile bereichert. (FF.CC. 1928) Im Folgejahr kam eine vollständig überholte und neugestaltete Neuauflage der Broschüre „Parque Nacional del Sud“ heraus. (FF.CC. 1929)

Die Nationalparkidee fand nicht nur im Süden und im Norden, sondern von Nord bis Süd statt. In diesem Sinne kam es auch im Fahrtwasser der erfolgreichen Gründung des Parque del Sud von 1922 zu einer Wiederbelebung weiterer regionaler Initiativen. So trieb Carl Curt Hosseus in seiner Heimatstadt Córdoba die Gründung eines Parque Nacional Central voran. (Hosseus 2004: 21) Hosseus überzeugte den Universitätskongress der Universität La Plata:

> die Verabschiedung eines Gesetzes oder die Erlassung eines Dekrets durch die Exekutive der Nation, um den zentralen Nationalpark in den Bergen von Cordoba zu schaffen, zu empfehlen. (1926: 558)

Dieser Schritt ist für die Genealogie der Nationalparks in Argentinien insofern von besonderem Interesse, als dass die herkömmliche Geschichtsschreibung sich allein auf die emblematischen Nationalparkprojekte im Norden und Süden konzentrierte. Mit dieser Petition wird aber deutlich, dass die Naturschutzbemühungen weit komplexer und regional differenzierter waren. Neben den Parks im Norden und Süden sollte es also auch einen Park im Zentrum geben. Die geopolitische Imagination im Zentrum des Landes zu sein, ist wesentlicher Bestandteil der Begründung der Einrichtung eines Parks in der Sierra de Córdoba:

> Ich muss darauf hinweisen, dass eine zentrale Region des Landes mit ihren besonderen Merkmalen noch nicht als zentraler Nationalpark vorgesehen ist. (1926: 558)

Auch auf Grund der infrastrukturellen Anbindung wird die zentral gelegene Region der Sierra de Córdoba als „Herz des Landes“ bezeichnet. Darüber hinaus wird dann selbstverständlich auch die besondere naturräumliche Ausstattung benannt, denn die Region

> beherbergt höchst charakteristische Naturdenkmäler. Sehr vielfältig sind seine klimatischen Bedingungen, seine Mineralien, seine Flora und Fauna und seine Schönheiten: Hügel, Wälder und Wasserfälle. (1926: 558).

Und Hosseus sorgt auch gleich für die internationale Bekanntmachung des Zentral-Parks. 1928 veröffentlicht er in der deutschen Zeitschrift des Vereins Naturpark e.V. *Naturschutz und Naturparke* die Meldung „Ein neuer Nationalpark in Argentinien“, der mit zwei Fotos des Argentinischen Ministeriums für Landwirtschaft – eines zum Zentralpark und eines zum Südpark – bebildert ist. Dabei preist Hosseus den auf 150.0000 Hektar angelegten Park an der Sierra de Córdoba in höchsten Tönen an: „Eine besondere Zierde des Parkes bildet der 2850 m hohe Cerro Champaqui mit seinem charakteristischen Hochsee.“ Wobei er – recht untypisch für den sonst auf Landschafts- oder Waldschutz bezogenen Naturschutzdiskurs in Argentinien – gerade auch den Schutz der Fauna betont: „Auf seinen Höhen hausen heute noch der Kondor und das Guanako; es besteht die Gefahr, daß sie völlig ausgerottet werden.“ (Hosseus 1928: 93)

Was die regionale Dynamik und Vielfalt von Naturschutzbemühungen angeht, ist die Petition auch in einer zweiten Hinsicht höchst interessant. Denn Hosseus beginnt – aus heutiger Sicht kaum überraschend – damit: „In der Republik Argentinien gibt es bereits zwei Nationalparks“, doch bei der Benennung derselben gibt es eine Überraschung. Er lässt den Iguazú-Park aus und nennt an erster Stelle einen Nationalpark in Tucumán – den Aconquija-Park (Hosseus 1928: 92), um dann – wenig überraschend – an zweiter Stelle auf Nahuel

Huapi einzugehen. Damit folgt Hosseus der 1923 aufgestellten Argumentation seines Kollegen der Sociedad Argentina de Ciencias Naturales Lucién Hauman. Die unmittelbare Umgebung der Iguazú-Fälle wird trotz der hier erläuterten und analysierten frühen Schutzbestrebungen nur als für einen Nationalpark vorgesehenes Gebiet aufgeführt. Zudem weist Hosseus, wie bereits zuvor Hauman, auf die mangelnde Durchsetzung der Schutzbemühungen an den Iguazú-Fällen hin. In der an den Vortrag von Hosseus anschließenden Diskussion im Universitätsrat macht der Ingenieur Juan B. Marchionatto dann deutlich, dass es – über die genannten Fälle hinaus – auch an anderen Orten wie dem Delta des Flusses Paraná oder der Insel Martín García Bemühungen zur Einrichtung von Naturreservaten gibt. (1926: 558) Ein weiteres Indiz für die lokale Vielfalt von Naturschutzbemühungen im Argentinien der 1920er Jahre.

1934 – Exequiel Bustillo und die Institutionalisierung der Nationalparks

Der entscheidende Schritt zur endgültigen Institutionalisierung der Nationalparks in Argentinien erfolgte unter der autoritären Regierung von General Agustín Pedro Justo in den 1930er Jahren. 1930 wurde der liberale Präsident Hipólito Yrigoyen durch einen Militärputsch gestürzt. Das Militär unter der Führung von General José Félix Uriburu setzte sich an die Macht und vertrat die Interessen der alten Oligarchie. Da Uriburu sich zunehmend dem italienischen Faschismus zuwandte, war er für die konservativen Eliten nicht mehr haltbar und wurde bei den Wahlen 1932 – auch auf der Grundlage von Wahlbetrug – durch den den Eliten nahestehenden Militär und Politiker Agustín Pedro Justo, der den Staatsstreich seinerzeit unterstützt hatte, ersetzt. Wegen der demokratisch nicht legitimierten Regierungen wurde diese Epoche der 1930er Jahre auch als *década infame* bezeichnet. Damit war die traditionelle Oligarchie in Argentinien von 1930 bis 1938 wieder fest im Sattel und lenkte die Geschicke des Landes.

Für die Durchsetzung der Nationalparks war diese Phase des konservativen Rollbacks insofern hilfreich, da viele Vertreter der traditionellen Oligarchie, die auch in der Poliitk tonangebend waren, der Nationalpark-Idee nahestanden. Dennoch findet in dieser Phase durchaus auch eine Verschiebung im Nationalpark-Diskurs statt. Dies betrifft vor allem die Wortführer der Debatte. Die *naturalistas*, die auf eine naturwissenschaftliche Begründung der Schutzgebiete setzten und sich – wie Lucién Hauman – für die politisch-administrative Umsetzung von Naturschutzgebieten durch fachliche Experten aus den Naturwissenschaften ausgesprochen hatten, verloren an Bedeutung, währen die politischen Lobbyvertreter aus der Oligarchie spiegelbildlich hierzu an Oberhand gewannen. Zwar waren auch seit Beginn der Nationalparkinitiativen Naturwissenschaftler und Vertreter der Elite ideell und auch persönlich eng miteinander verbunden, doch nun zeigte sich der Führungsanspruch der Elite bei der Einrichtung von Nationalparks in Argentinien.

Diese Verschiebung ist umso markanter, als dass es genau in der Zeit des politischen Umbruchs in Argentinien auch folgenreiche personenbezogene Krisen in der Kommission Pro-Parque Sud gab. Der Vorsitzende der Kommission, Horacio Anasagasti, erleidet am 8. April 1932 einen tödlichen Herzinfarkt – kurioserweise genau am 10. Jahrestag der Parkgründung. Sein Amt übernimmt der ehemalige Landwirtschaftsminister Antonio de Tomasso, der allerdings bereits 1933 stirbt. Und auch dessen Nachfolger, Manuel Augusto de Oca, ist auf Grund seines Ablebens im Januar 1934 keine lange Amtszeit beschert. Ähnliches gilt für Angel Gallardo, den angesehenen Naturwissenschaftler und Politiker, der die Kommission de Parques Nacionales ebenfalls nur wenige Monate bis zu seinem Tod am 13. Mai 1934 leitete.

In seiner Funktion als Landwirtschaftsminister hatte de Tomasso die Kommission 1933 neu organisiert. Über den begrenzten Auftrag, sich allein mit der Einrichtung des Parkes des Südens zu beschäftigen, wie es die ursprüngliche Aufgabe der 1924 eingerichteten Kommission war, wurde diese nun in eine national operierende Comisión de Parques Nacionales umstrukturiert. (Bustillo 1997: 89) Das bedeutete seinerzeit vor allem, dass diese Kommission nun auch die Verantwortung für den zu gründenden Iguazú Nationalpark hatte. (Freitas 2018: 114) Nachdem zunächst Gallardo die Präsidentschaft der Kommission übernommen hatte, entstand nach dessen Tod ein signifikantes Machtvakuum. Überraschenderweise übernahm dann der junge Anwalt und Vertreter der traditionellen Oligarchie Exequiel Bustillo das Amt des Präsidenten. Anders als Ángel Gallardo, Carl Curt Hosseus, Lucién Hauman oder Carlos Thays in Argentinien, Federico Albert in Chile oder John Muir und Giffort Pinchot in den USA war Bustillo kein Naturwissenschaftler. Ja, er war noch nicht einmal naturwissenschaftlich gebildet. Selbstkritisch bemerkt Bustillo, dass seine botanischen Ambitionen recht begrenzt waren:

> Mir fehlte im Bereich der Botanik die Leidenschaft und der wissenschaftliche Hintergrund, so dass ich gerade einmal einen Eukalyptus von einer Akazie oder einer Kasuarine unterscheiden konnte. [...]

> Und doch blieben von diesem Moment an die schönsten Wälder der Republik unter meiner Aufsicht. (Bustillo 1997: 97)

Gerade auch über seine autobiographische Schrift *El despertar de Bariloche* (Erstausgabe von 1968), die Bustillo auf der Grundlage seines Privatarchivs[7] geschrieben hatte, hat Exequiel Bustillo sich erfolgreich als eigentlicher Macher der Nationalparks profiliert. Dabei stellt Bustillo, der tief in der aristokratischen Oligarchie von Buenos Aires verwurzelt ist, die früheren Parkinitiativen von Francisco Pascasio Moreno, Carlos Thays und Bailey Willis durchaus vor – während er die Arbeiten von Carl Curt Hosseus und Lucién Hauman unterschlägt. In Hinblick auf den Nationalpark am Nahuel Huapi ignoriert Bustillo – bewusst oder unbewusst – die bereits vor Ort geleisteten Arbeiten in dem seit 1922 bestehenden Nationalpark des Südens. Zwar verweist Bustillo durchaus auf die hervorragenden Qualitäten seines Mitarbeiters Emilio Frey, den er als „größten Luxus" beschreibt, gerade auch wegen dessen Verdienste bei den Expeditionen von Moreno und Willis. (1997: 101) Doch trotz dieser Eloge auf Frey unterschlägt Bustillo, dass Frey seinerzeit nicht nur ein Beamter der Dirección de Tierras war, sondern in dieser Funktion der offizielle Intendant des bereits 1922 eingerichteten Nationalparks del Sud. Und in dieser Funktion hat er verschiedene Arbeiten zur Einrichtung, Reglementierung und Verbesserung der Infrastruktur des Parks vorgenommen sowie weitreichende Pläne zur Organisation einer nationalen Nationalparkbehörde entworfen. Jüngere – regionalgeschichtliche Arbeiten – haben deshalb zu Recht darauf verwiesen, dass der Bustillo-Mythos der Parkgründung dekonstruiert und regionalgeschichtlich korrigiert werden muss. (Bessera 2008, Navarro und Vejsberg 2009, Navarro 2010)

Der große Verdienst von Bustillo besteht indes in der Durchsetzung des lang geforderten nationalen Nationalparkgesetzes. Wie Bustillo in seiner Autobiographie anschaulich beschreibt, gelingt die Verabschiedung des Gesetzes im Parlament vor allem auch auf der

7 Der Nachlass von Exequiel Bustillo befindet sich heute im Archivo General de la Nación in Buenos Aires.

Grundlage der persönlichen Netzwerke Bustillos in der konservativen Oligarchie. Das Gesetz selber wurde dann unter der Leitung von zunächst Gallardo sowie später dann von Exequiel Bustillo, Gustavo Eppens und Antonio Lynch ausgearbeitet. (Bustillo 1997: 91)

Unterhalb dieser Leitungsebene scheint das Gesetzdekret selber dann aber auch unter der Mitarbeit von Rodolfo del Castillo ausformuliert worden zu sein, der in engem Kontakt mit Emilio Frey stand. So schreibt del Castillo im September 1933 an Frey: „Ich bin froh, dass mein Projekt nicht durch ein einziges Komma geändert wurde (gemeint ist der Entwurf für das Gesetzdekret, O.K.)", so dass die Kommission es dann an den Minister Duhau weiterleiten konnte. Dabei gibt es Rückendeckung von ganz oben:

> Der Präsident unterstützt auch die Initiativen: Bei der von der Kommission vereinbarten Sonderanhörung sprach er mit vollem Wissen von Nahuel Huapi und fand die vom Ausschuss vorgeschlagenen Lösungen sehr passend. (Brief Rodolfo del Castillo an Emilio Frey, 8.9.1933; MP, Colección Frey, Biblioratо 8)

Dabei wird Frey bereits als Kandidat für die Superintendenz des Nationalparks Nahuel Huapi gehandelt. Ende September 1933 verstärken Angel Gallardo, seinerzeit noch Vorsitzender der Kommission Pro-Parques, und Exequiel Bustillo den politischen Druck, das geplante Nationalparkgesetz auch wirklich durchzusetzen. An dem Entwurf gibt es dann nur noch zwei kleinere Modifikationen, (Brief Rodolfo del Castillo an Emilio Frey, 29.9.1933; MP, Colección Frey, Biblioratо 8).

Am 30. September 1934 wird dann das Gesetz Nummer 12103 – das argentinische Nationalparkgesetz – erlassen. Mit diesem Gesetz werden der Nationalpark Nahuel Huapi und der Iguazú-Nationalpark reguliert bzw. etabliert. Zudem wurde eine Nationalparkbehörde, die Dirección Nacional de Parques Nacionales (DPN), eingerichtet, die für alle – auch weitere zukünftige – Nationalparks zuständig sein sollte. Konkret wurde sie mit der Verfügungsmacht über öffentliche Ländereien in Nationalparks und Reservaten ausgestattet. Für die Umsetzung dieser Verfügungsmacht erließ General Justo das Dekret

55177, in dem die Dirección de Tierra des Landwirtschaftsministeriums angewiesen wird, der DPN bis zum 31.11.1935 Landkonzessionen und forstwirtschaftlich genutzte Gebiete innerhalb der Nationalparks zu übergeben. Gleichermaßen werden alle Einrichtungen des Landwirtschaftsministeriums innerhalb der Nationalparks an die DPN übergeben, mit Ausnahme des Gebäudes der Dirección de Tierras in Bariloche und der Fischzuchtstation an den Ufern des Nahuel Huapi-Sees. Die Land- und Nutzungsrechte von Privatleuten innerhalb der Parks bleiben zunächst gewahrt. Aber die Nationalparkbehörde kann die Polizei anfordern, um illegale Eindringlinge räumen zu lassen. (Dekret 55177; AGN, Legajo Bustillo, Caja 3344)

Im Nationalpark Iguazú, in der nördlichen Provinz Misiones, war vor allem die Übergabe des Militärgebietes an die neue Nationalparkbehörde problematisch. Hauptstreitpunkt war die Ayarragay-Hacienda, welche die Militärs 1928 in Besitz genommen hatten und die sie seitdem als Campo Nacional de Iguazú bewirtschafteten. Im August 1935 hatte der Präsident ein Dekret erlassen, nachdem das Militär von den insgesamt 75.000 Hektar des Latifundiums noch 20.000 behalten sollte, während 55.000 Hektar an die Nationalparkbehörde übergehen sollten. Doch auch diese Fläche war umstritten, wollten doch Teile der Militärs 50.000 Hektar dieser Fläche für ein Mega-Projekt der Agrarkolonisation nutzen, in dessen Zuge 2.000 argentinische Familien in dieser geopolitisch höchst sensiblen Grenzregion zu Brasilien und Paraguay angesiedelt werden sollten. Erst 1941 waren die Territorialstreitigkeiten zwischen Nationalparkbehörde und dem Militär beigelegt und per Präsidialdekret so gelöst, dass nunmehr 5.000 Hektar zur Agrarkolonisation freigegeben wurden, während das restliche Land im öffentlichen Besitz verblieb. (Freitas 2018: 117) Damit waren die Grenzen der beiden emblematischen argentinischen Nationalparks im Norden und im Süden des Landes definiert und rechtlich reguliert.

Exequiel Bustillos geopolitische Vision indes konzentrierte sich auf Patagonien. Es ging ihm darum, das Ende des 19. Jahrhunderts begonnene Projekt der Kolonialisierung dieser südlichen Region Argentiniens zu Ende zu führen und die 1881 festgelegte Grenzlinie zum chilenischen Nachbarn zu sichern. In diesem Sinne rückten nach der institutionellen Absicherung des Nationalparks Nahuel Huapi weitere Regionen Patagoniens in den Blick der frisch eingerichteten Dirección de Parques Nacionales (DPN). Dementsprechend wird die touristische Erschließung und Kolonialisierung der südlichen Landesregionen durch Nationalparks bereits ab 1936 intensiv vorangetrieben. In der mit pittoresken Fotografien aufwendig gestalteten Broschüre *Nuevos Parques Nacionales* stellt die DPN schon 1937 die Ergebnisse mehrerer Fachkommissionen vor, die die Einrichtung von Reservaten zu dem Zweck der Gründung von Nationalparks in den nationalen Territorien Neuquén, Chubut und Santa Cruz untersucht hatten. (DPN 1937a) Dabei stellen Techniker der DPN detaillierte Berichte inklusive genauer Kartierungen und geographischer Beschreibungen der zukünfitgen Nationalparks Lanín, Los Alerces, Perito Francisco P. Moreno und Los Glaciares – im tiefen Süden des Landes – vor.

Abb. Gletscher Perito Moreno. In: DPN. 1937. *Nuevos Parques Nacionales*. Buenos Aires.

1943 fordert die Sección de Conservación des Büros für Landwirtschaftliche Zusammenarbeit der Panamerikanischen Union bei der DPN eine Aufstellung aller argentinischen Nationalparks an. (Brief Panamerican Union an Bustillo, 23.9.1943; AGN-Legajo Bustillo, 3348) Die Panamerikanische Union hatte sich mit der Ausarbeitung der Panamerikanischen Konvention für Naturschutz 1940 bereits als eine zentrale Instanz der Verbreitung von Naturschutz in der westlichen Hemisphäre hervorgetan. Die hier angeforderten Informationen sollen in eine vollständige interamerikanische Auflistung von Nationalparks münden. Dabei liegen der Panamerikanischen Union schon folgende in Argentinien etablierte Parks vor: Nahuel Huapi, Lanín, Los Alerces, Perito Francisco P. Moreno, Los Glaciares, Iguazú und zudem Angel Gallardo sowie die Reserva Los Copahues. Nur fehlen Detailinformationen wie das Jahr der Einrichtung, die Größe, Kontrollorganisation, Budget sowie besondere Flora oder Fauna.

In seiner Antwort an den Leiter der Abteilung für Naturschutz der Panamerikanischen Union, William Vogt, gibt Bustillo dann eine präzise Auskunft. Er macht deutlich, dass nur der Nationalkongress über die Einrichtung von Nationalparks entscheiden kann. Im Oktober 1943 gab es in Argentinien nur die beiden 1934 eingerichteten Nationalparks Iguazú und Nahuel Huapi. Die Exekutive hat zudem am 11.5.1937 ein Dekret erlassen, das Reservate auf staatlichen Territorien als Nationalparks im Gründungsprozess etabliert hat und die Verwaltung dieser Gebiete der DPN übertragen hat. Ein entsprechendes Gesetz zur Einrichtung der Parks Lanín, Los Alerces, Perito Francisco P. Moreno und Los Glaciares liegt vor, ist aber noch nicht verabschiedet worden. Der aktuelle politische Umbruch in Argentinien – so Bustillo – macht eine Verabschiedung unmöglich, da der Kongress aufgelöst wurde. Und der Nationalpark Angel Gallardo ist nicht über den Status einer Projektidee hinausgekommen. (Brief Bustillo an Vogt, 15.10. 1943; AGN, Legajo Bustillo, 3348)

Letztlich wurden die vier für die Nationalparkgründung bestimmten Reservate unter dem 1943 etablierten diktatorischen Regime am 29. Mai 1945, zusammen mit dem Nationalpark Laguna Blanca in Neuquén, offiziell als Nationalparks eingerichtet.

Für die Organisation der Parks sind weitere Regelungen und Planungen notwendig, die auf die regionalen und ökologischen Besonderheiten eingehen. Das interne Reglement des Nationalparks Nahuel Huapi, das parallel zum Nationalparkgesetz ausgearbeitet wurde, wird im Dezember 1933 eifrig kommentiert. Hierbei ist interessant, dass Frey die Entscheidungsmacht des Superintendenten, ein Posten für den er selber vorgesehen ist, entgegen dem autoritären Zeitgeist in seinen Kompetenzen beschneiden möchte. (Brief Emilio Frey an Rodolfo del Castillo, 20.12.1933; MP, Colección Frey, Biblioratо 8) Parallel zu diesem Legalisierungsprozess beginnen auch neue Arbeiten am Nahuel Huapi-Park. So werden Parkranger eingestellt und es wird ein Automobil für die Parkintendanz gekauft.

Mit der neuen Konjunktur der Institutionalisierung und Formalisierung der Nationalparks auf nationaler Ebene setzte auch eine erneute Debatte um die Bedeutung und Funktion von Nationalparks ein. Dabei ist es ein vorrangiges Ziel, zu definieren, was denn ein Nationalpark ist. Im Gegensatz zu den Debatten seit Beginn des 20. Jahrhunderts – und vor allem der 1920er Jahre – sind die Wortführer nun keine Naturwissenschaftler mehr, sondern Politiker der argentinischen Oligarchie. Selbstkritisch schreibt Exequiel Bustillo zu seiner Expertise im Bereich der Naturschutzpolitik:

> In seinen fachlichen Aspekten wusste ich nicht viel über das Thema; aber ich hatte eine Vorstellung von den regionalen Bedürfnissen, und vor allem war ich von der Dringlichkeit der Verstaatlichung und Besetzung einer Grenze, über die wir eine rein nominale Souveränität ausübten, überzeugt. (Bustillo 1997: 91)

Stattdessen beruft er sich auf sein rechtswissenschaftliches Fachwissen:

> Meine Hauptquellen waren die Nationalparkgesetze der USA und Kanadas. Auch das Gesetz für nationale Territorien, denn damals befanden sich unsere einzigen beiden Parks innerhalb seiner geografischen Umlaufbahn. (Bustillo 1997: 91-92)

Im Einklang mit dem konservativen Zeitgeist und den auch in Argentinien zunehmend populär werdenden faschistischen Tendenzen gibt es mit Bustillo eine markante Akzentuierung der geopolitischen Funktion des Nationalparks. Entsprechend definiert er in seiner Autobiographie: Ein Nationalpark ist

> ein offizielles Organ, das neben seiner spezifischen Funktion, die Naturschönheiten zu erhalten und dem Volk zur Verfügung zu stellen, auch das hohe und schwierige Ziel verfolgt, unsere territoriale Souveränität in seinem Gebiet zu stärken. (Bustillo 1997: 10)

Ins Auge springt die nahezu vollständige Abwesenheit von Umweltschutz im Diskurs der Nationalparkbehörde. So führt die argentinische Zeitung *Ahora* im März 1942 ein schriftliches Interview mit Exequiel Bustillo über die Bedeutung der Nationalparks durch. Weder in den Fragen der Journalisten noch in den Antworten des Direktors der Nationalparkbehörde kommen Naturschutzaspekte vor. Stattdessen definiert Bustillo die Parks als Entwicklungsmotor, der gerade erst angelaufen ist:

> Die Nationalparks sind noch immer nicht mehr als ein Embryo. Es fehlen noch mehr und bessere Wege. Mehr Hotels. Mehr Landestege. Weitere Krankenhäuser und Erste-Hilfe-Räume. Mehr Schulen. Mit einem organischeren Plan und größeren Ressourcen ist ein umfangreiches Programm der Wiederaufforstung anzugehen. Dies ist die Grundlage, da die in Zukunft eine der wichtigsten Grundlagen der lokalen Wirtschaft sein wird. (Brief Ahora an Bustillo, 3.3.1942; Brief von Bustillo an Ahora, ohne Datum, AGN, Legajo Bustillo, Caja 3347)

Naturschutz, verstanden als ästhetische Bewahrung der Landschaft, wird vor allem als funktional für den Tourismus gesehen. So hebt Bustillo am 20. Januar 1937 bei seiner Rede zur Eröffnung des Straßennetzes im Nationalpark Nahuel Huapi hervor, dass es das Ziel des Naturschutzes sei, die Landschaften in Wert zu setzen „damit sie als Anziehungspunkt für die großen Touristenströme dienen." In Hinblick auf die Bedeutung von Heritage lehnt sich dieser Diskurs an den

Naturerbe-Diskurs in den USA. Mangels relevanter historischer Bauten im Bereich des Kulturerbes werden die Naturlandschaften als prägend für das nationale Erbe definiert. So analysiert Alfred Runte in seiner klassischen, 1949 veröffentlichten Studie zur Nationalparkidee in den USA:

> Im Gegensatz zu den etablierten, europäischen Ländern, die ihre Ursprünge weit in die Antike zurückverfolgen konnten, fehlte den Vereinigten Staaten ein langes künstlerisches und literarisches Erbe. Das Fehlen von Erinnerungen an die menschliche Vergangenheit, darunter Burgen, antike Ruinen und Kathedralen in der Landschaft, entfernte die amerikanischen Intellektuellen weiter von einer kulturellen Identität. (Runte 1979: 11)

Die gleiche Diagnose stellt Bustillo auch Argentinien aus: „Es ist dasselbe, dem neue Länder wie das unsere folgen müssen, denen die Anziehungskraft der alten europäischen Zivilisationen fehlt“, wobei Bustillo hier beispielsweise die rund 400 Schlösser entlang der Loire-Tals im Blick hat, eine Region, die im Jahr 2000 von der UNESCO in das Weltkulturerbe aufgenommen wurde. (Bustillo, Rede vom 20.1.1937, AGN, Legajo Bustillo, Caja 3354)

Und trotz dieses Schwerpunkts auf Monumentalität wird auch Wilderness zu einem zwingenden Argument für die Einrichtung von Nationalparks. So erteilt Bustillo den Plänen zu einer Einrichtung eines stadtnahen Parks in Buenos Aires eine Absage, da dieser das Wilderness-Kriterium nicht erfüllt. Entsprechend schreibt Bustillo an den Initiator des Parks, Roberto Barili:

> wir bedauern sehr, dass die Einrichtung des Parks, den Sie in der Nähe der Lagune von ‚Los Padres‘ in der Nähe dieses wunderschönen Badeorts planen, nicht in Übereinstimmung mit dem Gesetz, das für uns gilt, steht, da es sich um einen künstlichen Park handelt und nicht um einen Nationalpark. (Brief Bustillo an Roberto Barili, 17.9.1941, AGN, Legajo Bustillo, Caja 3353)

Doch kann es auch ein Problem für den Tourismus darstellen, wenn die Natur nicht zivilisiert wurde. Während am Nahuel Huapi das Klima – auch im Vergleich zum schwülen Sommer in Buenos Aires

– als angenehm gepriesen wird, entfesselt sich am Iguazú-Nationalpark eine Debatte um Tropikalität. (Driver und Martins 2005) Die tropikalischen Imaginarien sind mit der europäischen kolonialen Durchdringung der Regionen um den Äquatorgürtel entstanden und sind in Argentinien im subtropischen Regenwald der Mata atlântica im Grenzgebiet zu Brasilien und Paraguay zu finden. In den verschiedenen Berichten zur Anreise nach Iguazú Mitte der 1930er Jahre wird, neben der schwierigen infrastrukturellen Ausstattung, vor allem auch auf das ungesunde Klima abgehoben. Die feuchte Hitze schafft in Kombination mit blutsaugenden Insekten eine für den zivilisierten Menschen unerträgliche Umwelt. Vor allem Malaria entwickelt sich in der Zone zu einem ernstzunehmenden Problem. So schreibt Julio Amarante im Oktober 1935 an Bustillo:

> Das Leben an diesem Ort ist zu dieser Zeit kaum erträglich. Bisher war die Hitze noch nicht übermäßig, aber wenn der Sommer kommt, werden wir in der kleinen Holzhütte, in der wir wohnen, leiden. Jetzt sind sie die Moskitos, Mabrigüys, die unerträglichste aller Plagen. (Brief Julio Amarante an Bustillo, 31.10.1935, AGN, Legajo Bustillo, Caja 3344)

Für die Parkmacher sind das feuchtheiße Klima und die Mückenplage vor allem deshalb ein Grund zur Besorgnis, da sie den Tourismus zum Erliegen bringen können. Für Amarante ist die Lösung des Problems, Maßnahmen zur Zivilisierung durchzuführen, die darin bestehen, Unkraut zu vernichten, Wälder in der Nähe der Siedlungsgebiete zu roden, Flammenwerfer gegen Mücken einzusetzen, Abwasserkanäle zu bauen und Sumpfgebiete trockenzulegen. (Brief Julio Amarante an Bustillo, 31.10.1935, AGN, Legajo Bustillo, Caja 3344) Insofern setzt die Parkleitung hier alles daran, die Natur für den Konsum des westlichen Touristen zu domestizieren. Doch auch trotz der subtropischen Bedingungen und der temporären Mückenplagen – so auch im australen Sommer 2016, als eine Dengue-Epidemie das brasilianisch-argentinische Grenzgebiet heimsuchte – sind die gigantischen Iguazú-Wasserfälle weiterhin eine internationale Touristenattraktion.

Trotz der generell wirtschaftlichen und geopolitischen Orientierung der Nationalparks ist die Naturschutz-Argumentation bei Bustillo indes nicht rein nutzenorientiert. In einem Brief an den Landwirtschaftsminister hebt er zwar anhand der USA die Notwendigkeit großer Investitionen hervor, die durchaus auch monetäre Renditen bringen. Aber die Nationalparks haben auch einen Nutzen, der über das Materielle hinausreicht: „es kann nicht im Geld geschätzt werden: Erholung, Bildung, Gesundheit, Bestätigung der Vaterlandsliebe." (Brief Bustillo an Brief an Landwirtschaftsminister Luis Duhau, Februar 1935, AGN, Legajo Bustillo, Caja 3344)

Exequiel Bustillo kommt das Verdienst zu, die seit 1902 bestehenden Bestrebungen zur Institutionalisierung von Nationalparks in eine nationale Gesetzgebung und eine funktionierende Nationalparkbehörde, die DPN, die später in Administración de Parques Nacionales (APN) umbenannt wurde, überführt zu haben. Dabei konnte er auf ein Team zurückgreifen, das –wie Emilio Frey– zum Teil bereits seit Jahrzehnten mit der Nationalparkfrage beschäftigt war. Anders als akademische und zivilgesellschaftliche Institutionen wie die Sociedad Forestal Argentina, die Amigos del Árbol oder die Sociedad de Ciencias Naturales war Bustillo nicht von der Idee des Naturschutzes getrieben. Er verfolgte ein geopolitisches Interesse. Dabei wertet er die späteren, in den 1940er Jahren einsetzenden und dann in den 1960er Jahren kulminierenden Bemühungen um Naturschutz sogar explizit als unnütz ab:

> Es geht darum, eine nationalistische Anstrengung in den Grenzregionen zu unternehmen (eine Tatsache, die meine Nachfolger im Büro mit ihren konservationistischen Theorien ziemlich in den Staub geworfen haben). (Bustillo 1997: 107)

Bustillo war dagegen von der Idee der Kolonialisierung durch Touristifizierung getrieben.

Während Bustillo von der pseudo-demokratischen Politik in der *Década infame* grundsätzlich profitiert hatte, verschlechterten sich die Beziehungen zur argentinischen Regierung Anfang der 1940er Jahre. Unter der kurzen Regierung von Ramón S. Castillo (1942-43), die mit dem Militärputsch von 1943 endete, reicht der konservative Oligarch Bustillo ein Rücktrittschreiben ein. In diesem an den Landwirtschaftsminister Daniel Amadeo y Videla gerichteten Brief vom 16. September 1942 begründet Bustillo seinen Schritt mit der massiven Unterfinanzierung der Nationalparkbehörde. (Brief Bustillo an Amadeo y Videla, 16.9.1942, AGN, Legajo Bustillo, Caja 3353) Dabei hat die Finanzdebatte so große Ausmaße angenommen, dass sogar über die vollständige Streichung des Budgets für die Nationalparkbehörde debattiert wurde. (Brief Bustillo an den Diputado Nacional Ismael Lopez Merino, 12.9.1942, AGN, Legajo Bustillo, Caja 3353) Während Bustillo betont, dass die Ausgaben der Behörde sehr moderat sind und gleichzeitig durch neu eingerichtete Parks auch der Finanzbedarf gestiegen ist, weist die Zeitung *La Prensa* in einem Beitrag vom Mai 1942 auf konjunkturelle Probleme im Tourismusgeschäft hin. *La Prensa* führt das Defizit in Höhe von 30 Prozent des Etats vor allem auf fehlende Einnahmen bei den Reisesteuern zurück. Dies wird auf den signifikanten Rückgang internationaler Touristen – was wohl auf den 2. Weltkrieg zurückzuführen ist – erklärt. Während es in dieser Rubrik 1938 noch Einnahmen in Höhe von 1.210.301 Pesos gab, so reduzierte er sich 1941 mit 413.673 Pesos auf nahezu ein Drittel dieses Wertes. Des Weiteren teilt *La Prensa* aber auch die Einschätzung Bustillos und argumentiert, dass angesichts einer massiven Erweiterung der Parkfläche – allein in den letzten Jahren um 2.000.000 Hektar – ein Etat von 2.500.000 Pesos „scheint nicht ausreichend zu sein, um die Ausführung der erforderlichen neuen Arbeiten zu bewältigen und die bestehenden zu erhalten.“ (La Prensa. „Los Parques Nacionales“, 26.5.1942) Letztlich kommt es in dieser Situation zwar noch nicht zum Rücktritt Bustillos, aber das Ende der Konjunktur von Bustillo in der Nationalparkbewegung ist absehbar. Am 4. Juni 1943 hatte eine Gruppe faschistisch orientierter Offiziere, die Grupo de Oficiales Unidos, zu denen auch der spätere Präsident Juan Domingo Perón gehörte, gegen die konservative Regierung geputscht. Anders als die Militärregierung unter Justo stand die neue Militärdiktatur nicht mehr unter der Kontrolle der oligarchischen Elite. Damit ging auch der politische Einfluss, den

Bustillo unter den streng konservativen Regierungen genossen hatte, verloren. Unmittelbar nach dem Putsch reicht Bustillo am 8. Juni 1943 seinen Rücktritt ein. (Bustillo 1997: 494) Zwar bleibt er dann noch einige Monate im Amt, doch seine Tage sind gezählt. Am 19. Mai 1944 tritt Exequiel Bustillo endgültig von der Leitung der Nationalparkbehörde zurück.

Angesichts der politischen Krise in Argentinien war auch das Ende der bisherigen Nationalparkpolitik bereits zu Beginn der 1940er Jahre spürbar. Und so klingt es schon fast wie eine vorzeitige Eloge auf das Werk von Bustillo, wenn *La Prensa* die Bilanz von sieben Jahren des Nationalparkgesetzes zieht. Mit einer Anspielung auf die Bemühungen von Bailey Willis würdigt die Zeitung – ganz im Geiste Bustillos – vor allem die gelungene touristische Erschließung Nordpatagoniens:

> Bariloche ist nicht mehr der abgelegene Ort, der nur einem kleinen Kern von Wohlhabenden, riskanten Wanderern oder Ausländern, die eine Landschaft lieben, die der ihres Herkunftslandes ähnelt, zugänglich ist; heute wird Bariloche von Tausenden von Menschen besucht, und wir sind sicher, dass sich der Zustrom von Touristen in den kommenden Jahren zu einer überrragenden Größenordnung summieren wird, was besonders schmeichelhaft ist. (La Prensa. „Los Parques Nacionales“, 26.5.1942)

Während in der Presse die Nationalparkpolitik unter Bustillo in Hinblick auf die Erschließung der abgelegenen Provinzen und die Förderung des Tourismus höchst positiv bewertet wird, gibt es aber auch nach seinem endgültigen Rücktritt 1944 eine scharf geführte, kritische öffentliche Debatte um Bustillo. Ein unbekannter Verteidiger Bustillos, der dessen Ansätze nicht vollständig teilt, sieht sich angesichts dieser Situation genötigt, die wenig „zivilisierten“ Angriffe zurückzuweisen und das „persönliche Prestige“ von Bustillo wiederherzustellen. Hierbei handelt es sich wohl um einen entfernten Freund Bustillos, der als Geschäftsmann in Patagonien tätig war. Ein Hauptpunkt in der Debatte um Bustillo ist in dessen Biographie begründet.

„Es wurde gesagt, dass die Ansichten von Dr. Bustillo seiner oligarchischen Bildung entsprechen, die darauf abzielte, die Dominanz der Küstenprovinzen über das Landesinnere zu erhalten." Hier geht es um eine doppelte Kritik, die einerseits in der oligarchischen Stellung begründet ist und andererseits den Gegensatz zwischen Buenos Aires und den Regionen zum Ausdruck bringt. Zur Verteidigung Bustillos verweist der unbekannte Autor auf die selbstlose und aufopferungsvolle Arbeit Bustillos für das Vaterland. Zugleich hebt er die einzigartige Kombination von visionärer Kreativität und pragmatischer Durchsetzungsfähigkeit bei Bustillo in Hinblick auf die Nationalparks hervor: „Seine außerordentliche Dynamik schuf diese wahrhaften Fantasien, die für seine Epoche Gültigkeit hatten. Dabei war er beständig auf den patagonischen Straßen unterwegs und lebte mit den dortigen Siedlern zusammen, deren Probleme er erkannte." Darüber hinaus lobt der Autor die effiziente Verwaltung der Nationalparks, die in den staatsfernen Gebieten oftmals erstmalig staatliche Instanzen etablierte. Die Beschränkungen des Nationalparkgesetzes dagegen seien nicht auf Bustillo, sondern auf den Gesetzgeber zurückzuführen. (unbekannter Autor, „El doctor Bustillo y la Patagonia", o.J. (wahrscheinlich um 1946), AGN, Legajo Bustillo, Caja 3348)

Doch so einfach lässt sich die Kritik nicht wegwischen. Denn selbst im direkten Umfeld von Bustillo gibt es Unmut. Ein Mitglied der Nationalparkkommission listet Emilio Frey, eine historische Figur für die Erschließung Nordpatagoniens und die Einrichtung des Nationalparks Nahuel Huapi, angesichts der Krise der Nationalparkbehörde selbstkritisch auch eigene Fehler auf: „Erstens kann die Kommission, die in Buenos Aires anwesend ist und zu der ich zusammen mit Pinedo, Bustillo, Dodero, Larriviere, Ortiz Basualdo usw. gehöre, ihre Aufgaben nicht effektiv erfüllen, da es sich um sehr beschäftigte Personen handelt, die nicht an den Treffen teilnehmen." (Brief Kommissionmitglied Parque Nacionales an Frey, 16. November, Jahr unbekannt, AGN, Legajo Bustillo, Caja 3347) Angesichts dieser problematischen Situation spricht sich das Mitglied der Nationalparkkommission für eine grundsätzliche Erneuerung und Verjüngung der Kommission aus. Zugleich soll der Zentralismus insofern überwunden werden, dass nicht alle Sitzungen in Buenos Aires stattfinden, sondern auch in den Provinzen, in denen die Parks angesiedelt sind. An dieser internen kritischen Stellungnahme wird deutlich, dass das oligarchische, karitative Modell der Nationalpark-Kommission politisch an sein Ende gekommen ist. Die Kombination aus elitärer Klasse mit exklusivem Zugriff auf das politische Feld mit der Zentrierung auf das unbestrittene nationale Zentrum Buenos Aires ist nicht mehr funktional für eine Nationalparkleitung, die in regional unterschiedliche Provinzen interveniert und die auch den naturwissenschaftlichen Ansprüchen Genüge tragen muss. Was hier zudem ansteht, ist letztlich auch ein Generationenumbruch. Unter Bustillo gab es eine große Kontinuität innerhalb der Kommission, aber keine signifikante Erneuerung. Mit dem Abtritt von Bustillo geht somit nicht nur der Direktor der Parques Nacionales, sondern die gesamte Gründungsgeneration der Nationalparkbehörde tritt ab.

Bustillo selber konnte sich Zeit seines Lebens nie mit einem auf Naturschutz ausgerichteten Konzept von Nationalpark anfreunden. Die auch affektiv fehlende, umweltethische Grundhaltung kommt vielleicht in der folgenden Anekdote besser als in so manchem Pamphlet zum Ausdruck. Bustillo war offensichtlich am Schutz der Fauna nicht viel gelegen. Stattdessen fügt sich sein Verhältnis zur Fauna in einen aristokratischen Habitus ein, für den die Großwild- oder Raubtierjagd zum Status beiträgt. Während jedoch der US-amerikanische Präsident Theodore Roosevelt noch selbst der Großwildjagd frönte, geht es Bustillo allein um die Trophäen. 1937 beauftragt er seinen Intendanten im Iguazú-Nationalpark, Julio Amarante, ihm ein Leopardenfell zu besorgen. Das bringt nun Amarante in die Bredouille, ist doch der Handel mit Leopardenfellen verboten. Und so informiert er Bustillo zunächst, dass die Leoparden selbst im Nationalpark rar geworden seien:

> Diese Tierchen sind in der Gegend nicht mehr zahlreich vorhanden, obwohl es sie noch gibt, aber wie die Menschen, von denen sie etwas gelernt haben müssen, haben sie eine unglaubliche Bindung an ihre eigene Haut und neigen nicht dazu, sich gerne von ihr zu trennen.

> (Brief Julio Amarante an Bustillo, 13.8.1937, AGN, Legajo Bustillo, Caja 3345)

Allerdings hat es Amarante letztlich doch geschafft, ein kleines, aber feines Leopardenfell zu ergattern, das er dann zusammen mit einem noch zu besorgenden größeren Fell verschicken will. Dabei ist er sich der legalen Schwierigkeiten durchaus bewusst, insbesondere bei dem Versand der heiklen Ware:

> Es gibt gewisse Unannehmlichkeiten für die Versendung der Überreste dieser Viecher, die dazu neigen, das Leben derjenigen zu verteidigen, die sich noch in unserem Gebiet aufhalten, aber ich glaube, dass sie per Postanweisung ohne Gefahr versandt werden können. (Brief Julio Amarante an Bustillo, 13.8.1937, AGN, Legajo Bustillo, Caja 3345)

Einen Monat später kann Julio Amarante Bustillo dann die frohe Botschaft verkünden, dass er in Brasilien ein großes Leopardenfell hat auftreiben können. Das Risiko der illegalen Versendung des Fells scheint ihn indes weiter beschäftigt zu haben. Die Lösung, die er findet, entbehrt nicht einer gewissen Ironie. Der sicherste Weg, die zunehmenden Kontrollen zum Artenschutz zu umgehen, ist der Versand an die DPN, die somit zum Umschlagplatz für den illegalen Fellhandel wird:

> Nachdem ich nochmals darüber nachgedacht hatte, beschloss ich, es in offizieller Funktion per Auftrag an die Nationalparkdirektion zu senden. Ich denke, es ist der einzige Weg, wie sie nicht gefährdet sind, denn, wie ich Ihnen gesagt habe, ist die Kontrolle des Besitzes dieser Überreste ziemlich streng. (Brief Julio Amarante an Bustillo, 16.9.1937, AGN, Legajo Bustillo, Caja 3345)

Die Tatsache, dass Bustillo diese delikaten Briefe nicht aus seinem Privatarchiv entfernt hat, bevor er es an einen öffentlichen Träger übergeben hat, macht wohl deutlich, dass die Frage von Vergehen gegen den Naturschutz auch Jahre später für ihn keine Sorge für Prestigeverlust war.

In seinen Memoiren macht Bustillo einen Versuch der theoretischen Einordung des argentinischen Nationalparkmodells unter seiner Ägide. Dabei unterscheidet er idealtypisch drei Paradigmen der Nationalparkbewegung. Das erste nennt er die „orthodoxe Tendenz“. Sie besteht darin, ein Gebiet zum Schutz von Flora, Fauna und Landschaft unter staatliche Kontrolle zu stellen und jede Form der wirtschaftlichen Nutzung einzuschränken bzw. zu verbieten. (Bustillo 1997: 363) Dieses Modell ist jedoch für ihn, wie er am emblematischen Fall des Yellowstone-Nationalparks zeigt, gescheitert.

> Er ist so weit künstlich gemacht worden, dass der Kontakt mit der Natur zu einem großen Traum wird. Die dortigen Lager von Ureinwohnern und ausgebildeten Bären klingen eher nach Theater oder Zirkus als nach einem authentischen Bild der natürlichen Wildnis. (Bustillo 1997: 364)

Letztlich schwingt bei der Kritik dieser Tendenz auch ein anti-imperialistischer Unterton mit, wenn er dem leitenden Parkangestellten Gustavo Eppens unterstellt, dass dieser mit „orthodoxen Virus“ infiziert sei, weil er „den Kopf voller Yanqui-Literatur“ habe. (1997: 372) Dieser orthodoxen Tendenz stellt Bustillo eine eklektische entgegen, die er folgendermaßen definiert:

> Jene, die den Naturkult und die Erhaltung der authentischen unberührten Landschaft nicht aufgibt, und dabei nicht andere Notwendigkeiten der Nation vernachlässigt, oder, geschweige denn, dem fanatischen Kult eines einfachen Dogmas opfert. (Bustillo 1997: 369)

Damit sind diese Tendenzen nun, entgegen dem eigenen Anspruch, nicht wirklich positiv definiert, sondern beruhen auf der Abgrenzung von der orthodoxen Tendenz. Bustillo sieht sich selbst als Hauptvertreter dieser Richtung und schreibt sich dabei in eine Ahnenreihe von Francisco P. Moreno über Carlos Thays bis hin zu Bailey Willis ein. Damit schwingt ein Unterton mit, der diese Tendenz zur wahren nationalen, argentinischen Nationalparkpolitik macht. Die dritte Tendenz, die Bustillo in der Debatte sieht, ist die negative. Diese wendet sich ganz gegen die Ausweisung von Naturschutzgebieten, da die Nation Naturressourcen nutzen muss und sich nicht den Luxus der Ausweisung unproduktiver Gebiete leisten kann. (1997: 373) Die Polemik, mit der Bustillo diese kaum analytischen Passagen zur Nationalparkpolitik verfasst, war in den neun Jahren, in denen er die Nationalparkbehörde leitete, wohl kaum notwendig. Die vermeintlich „orthodoxen“ Stimmen, wie es sie vielleicht unter der Sociedad Forestal, den Amigos del Árbol oder auch der Sociedad Argentina de Ciencias Naturales gegeben hatte, waren deutlich verstummt und werden von Bustillo kaum erwähnt. Insofern ist die Polemik wohl eher gegen seine ab den 1950er Jahren zunehmend auf Naturschutz ausgerichteten Nachfolger gerichtet.

Abb. Exequiel Bustillo und Militärs bei einer Rede in Nordpatagonien. (AGN, Legajo Bustillo, Caja 3354)

Argentinische Nationalparks in transnationaler Perspektive

> Argentinien verglich gerne seine Rolle in der Weltgeschichte mit der der Vereinigten Staaten des Nordens, und in Wirklichkeit gab es trotz der Unterschiede, die sich aus der zahlenmäßigen Differenz der Einwohner ergaben, eine gewisse Analogie zwischen der Entwicklung der beiden Nationen. (Reclus 1894: 594)

Was hier der anarchistische Geograph Elisée Reclus in dem 19. Band seines Mammutwerks *Geographie universelle* über die Rolle Argentiniens in der Weltgeschichte schreibt, gilt auch für dessen umwelthistorische Vorreiterfunktion bei der Konzeption und Einrichtung von Nationalparks. Bei beiden Gesellschaften handelt es sich um Siedlergesellschaften, die im ausgehenden 19. Jahrhundert vor der Herkulesaufgabe standen, unlängst von den dort ansässigen indigenen Völkern eroberte Gebiete in das nationale Territorium einzugliedern und die dortige Natur materiell und imaginär zu zivilisieren. Vor dem Hintergrund dieser homologen Ausgangslage griffen die Advokaten der Nationalparkidee in verschiedenen Situationen auch immer wieder auf das Beispiel der USA zurück. Nichtsdestotrotz konnte aber auch gezeigt werden, dass hier nicht von einem einfachen Transfer-Modell gesprochen werden kann. Mit Ausnahme des US-amerikanischen Geologen Bailey Willis hat kein Nationalpark-Aktivist aus dem Norden Amerikas direkt in die argentinischen Debatten eingegriffen. Und jede Rezeption der US-amerikanischen Idee wurde nicht kopiert, sondern angepasst und modifiziert. In diesem Sinne konnte sich in Argentinien die in den USA sehr einflussreiche Vorstellung von Wilderness, die auch vom nordamerikanischen Transzendentalismus beeinflusst ist, nicht durchsetzen. Zu sehr war hier die Vorstellung der Zivilisierung, Domestizierung und Kolonialisierung der peripheren Regionen vorherrschend. Auch konnte deutlich gezeigt werden, dass sich die argentinische Nationalparkdebatte in einem transnationalen Verflechtungsraum vollzog, so dass hier – vermittelt über Dreh- und Angelpunkte wie dem französisch-belgischen Landschaftsarchitekten Carlos Thays, dem deutschen Botaniker Carl Curt Hosseus und dem belgischen Botaniker Lucién Hauman, um nur die wichtigsten zu nennen, – internationale Ideen und Konzepte zirkulierten, die auch auf den argentinischen Kontext einwirkten und ihrerseits wieder andere Kontexte – denken wir an die Rezeption von Thays' Vorstellung der argentinischen Nationalparks in Frankreich – beeinflussten.

Dabei sind eine bemerkenswerte Reichhaltigkeit und ein hohes Reflexionsniveau in der Debatte um Nationalparks festzustellen. Zudem weisen die Nationalparkkonzeptionen, die sich in Argentinien durchgesetzt haben, auch auf Grund der naturräumlichen Ausstattung des Landes besondere Eigenschaften auf, die sich von den transnationalen Debatten abheben.

Angesichts der herausragenden Bedeutung der als Naturwunder definierten Landschaften der Iguazú-Fälle und des Nahuel Huapi-Sees ist die Bedeutung der Fauna im argentinischen Naturschutzdiskurs vollkommen nachrangig. Damit ist die argentinische Nationalpark-Debatte vollständig anders gelagert als die Debatte im subsaharischen Afrika, die von der Bedeutung des Großwilds geprägt ist. (Ford 2012, Gissibl 2012) Auch die Auseinandersetzung um Naturschutz in Nordamerika war teilweise vom Großwild – vor allem dem Bison – entgegen den zum Teil zur Jagd freigegebenen Raubtieren – wie dem Puma – geprägt, während zeitgleich auch der Schutz von Vögeln von herausragender Bedeutung war. International zeigte sich die Bedeutung der Fauna besonders in der 1913 abgehaltenen Internationalen Konferenz für Naturschutz.

Im Nachklang der Verabschiedung des Nationalparkgesetzes gibt es dann allerdings auch in Argentinien eine Debatte zum Schutz der Fauna. So distanziert sich der Präsident der Comisión Nacional Protectora de la Fauna Sudamericana in Argentinien in einem Brief an Exequiel Bustillo explizit von kritischen Äußerungen, die der bekannte Zoologe Angel Cabrera Latorre hinsichtlich der argentinischen Nationalparkpolitik gemacht haben muss. (Brief Präsident der Comisión Nacional Protectora de la Fauna Sudamericana an Bustillo, 1.11.1936, AGN, Legajo Bustillo, Caja 3345) Ein Brief, den Hugo Salomon – Präsident der Federación del Fauna Sudamericana – im

Folgejahr von Dalat, Indochina, aus an Bustillo verfasst hat, verdeutlicht die Debatte. Salomon unterstreicht:

> Die Aufteilung der Tiere in nützlich und schädlich und die daraus resultierende Erlaubnis der Jagd auf Wildschweine und Pumas ist unvereinbar mit der Idee, zukünftigen Generationen ein Schutzgebiet auf heimatlichen Boden im natürlichen Zustand zu bieten. (Brief Hugo Salomon an DPN, 26.11.1937, AGN, Legajo Bustillo, Caja 3345)

Vor diesem Hintergrund fordert Salomon die DPN auf, in ihren Broschüren die Bewerbung der Jagd im Nationalpark zu unterlassen. Dabei verweist er unter anderem auch auf die Reservate, die die Briten in Malaysia eingeführt haben, wo die Jagd auch auf Elefanten und Tiger komplett verboten ist. Zudem verweist er auf den internationalen Debattenkontext zum Naturschutz:

> Bereits 1913 griff der Schweizer Professor Sarasin, einer der Väter der Idee der Naturparks, in einem Memorandum an die Internationale Kommission für den Weltnaturschutz, die nordamerikanischen Parks an und wandte sich dagegen, dass sie nicht gut verstanden hatten, worum es in Naturschutzgebieten gehen würde. (Brief Hugo Salomon an DPN, 26.11.1937, AGN, Legajo Bustillo, Caja 3345)

Dieser Briefwechsel zeigt nun auch den hohen Grad der transnationalen Verflechtung in der Nationalparkdebatte an. Gegen das dominierende US-amerikanische Nationalpark-Paradigma wünscht Salomon sich für die argentinischen Parks eine Orientierung an den Erfahrungen zum Schutz der Fauna in den asiatischen Kolonien Westeuropas. Und so formuliert Salomon in einem an Bustillo und Lynch verfassten Brief dann die Hoffnung, dass die genannten internationalen Erfahrungen dem argentinischen Beispiel zuträglich sind. (Hugo Salomon an Bustillo und Lynch, 25.11.1937, AGN, Legajo Bustillo, Caja 3345)

Exequiel Bustillo macht indes keinen Hehl daraus, was er von dem Präsidenten der Federación de la Fauna Sudamericana und dessen Vorstellungen von Naturschutz hält. In seinen Memoiren macht er Salomón als Hauptvertreter einer Nationalparkpolitik aus, die er als „orthodox“ bezeichnet. Er schreibt:

> In unserer Zeit hier in Argentinien war Dr. Hugo Salomón der Paladin dieser Schule, ein typischer theoretischer Naturforscher. Er war Präsident der South American Fauna Foundation, ein Titel, der so pompös war wie er auf die arbeitsscheue Welt hinweist, in der sich dieser gute Arzt bewegte. (Bustillo 1997: 364)

Salomon muss wohl auch gegen den Straßenausbau im Nationalpark Nahuel Huapi protestiert haben, da dieser die dortige Fauna – insbesondere die Vogelwelt – stört. Daraufhin kam es auch zum persönlichen Gespräch, das Bustillo mit einer unverhohlenen Arroganz der Macht so beschreibt:

> Das Gespräch fand in meinem Büro statt, und ich gestehe, dass ich über eine solche Bitte so erstaunt war, dass ich ihn mit größerer Aufmerksamkeit betrachtete, um ganz sicher zu sein, dass ich nicht mit einem Verrückten sprechen würde. Natürlich kam sein Anliegen durch das eine Ohr rein und durch das andere wieder raus. (Bustillo 1997: 364)

Ein anderes transnationales Nationalparkkonzept fokussierte den Schutz und die Nutzung von Naturressourcen, allen voran des Waldes. Diese Ideen sind sowohl mit dem Ansatz der nachhaltigen Forstwirtschaft verbunden, wie er in Preußen und im absolutistischen Frankreich entwickelt wurde, als auch mit den daran anschließenden Ideen des US-amerikanischen Forstwirtschafters Gifford Pinchot. Gerade im Nachbarland Chile hatte sich unter der Leitung von Federico Albert ein solches, auf den Forstbestand ausgerichtetes Naturschutzkonzept durchgesetzt. Insofern verknüpft auch in Argentinien ein zeitgenössischer ökologischer Debattenstrang das Konzept des „conservacionismo“ mit dem der „reforestación“ und plädiert für eine stärker integrierte Forstpolitik, die gerade auch die Fragen der unkontrollierten Abholzung durch nicht-anerkannte Siedler sowie die Gefahr der Waldbrände in den Griff bekommt. Auch wenn auf dem 2.

Congreso de Municipalidades de los Territorios Nacionales einstimmig eine Erklärung „mit der Tendenz zum Naturschutz und zur Wiederaufforstung unserer Wälder“ verabschiedet wurde, gehen diese Ansätze dem Großgrundbesitzer und Vertreter der Elite, Lorenzo Amaya, nicht weit genug. Er setzt sich mit Kommentaren in den großen argentinischen Tageszeitungen für eine weitere Durchsetzung von politischen Programmen zum Schutz der Wälder ein. Dies macht deutlich, wie stark die Idee von Konservation auch jenseits der von Bustillo und der Nationalparkbehörde verfolgten touristischen Variante, in der konservativen Elite verankert war.

Während Teile der Elite allerdings auf einen landschaftsästhetischen Begriff von Naturerbe abhoben, der zur moralischen Erbauung der Nation gedacht war, so setzten die Forstvertreter auf eine utilitaristische Begründung. So schreibt der Forstingenieur Otto Neumeyer, von 1937 bis 1939 der erste Intendant des Nationalparks Lanín, in Hinblick auf den Waldreichtum in seinem, an den Nahuel Huapi angrenzenden Nationalpark:

> Wie Sie wissen, gibt es ausgedehnte, mit Wäldern von hohem Handelswert bedeckte Gebiete, die ein echtes Privileg und die wertvollste natürliche Ressource dieses Reservats darstellen, die nach Kriterien und mit entsprechenden Kulturmaßnahmen ausgebeutet werden, die nicht nur dazu beitragen, dieses nationale Erbe auf Dauer zu erhalten, sondern seinen Wert im Laufe der Jahre spürbar steigern werden, um so den maximalen Ertrag aus den Flächen dieses Reservats zu erzielen. (Brief Otto Neumeyer an Bustillo, 26.9.1940, AGN, Legajo Bustillo, Caja 3346)

Neumeyer begreift den Wald als Ressource, der somit ein wirtschaftliches Erbe (patrimonio) der Nation darstellt. Dieses Erbe kann – ganz im Geiste der forstwirtschaftlichen Nachhaltigkeit – über geplante und kontrollierte Nutzung auch für die zukünftigen Generationen erhalten werden, so dass stetige ökonomische Gewinne zu erwarten sind.

Durchgesetzt aber hat sich ein Nationalparkmodell, das ausgehend von der Bewahrung ikonischer Landschaften die Erschließung peripherer Regionen für die wirtschaftliche – vor allem touristische – Nutzung und deren Integration in die nationale Imagination zum Ziel hat. Dabei schließt der dominante Nationalparkdiskurs an historische Narrative der Kolonialisierung und der Erschließung der Frontier an. Insofern bezeichnet Exequiel Bustillo die Nationalparks treffend als ein „wahres Instrument der Kolonialisierung.“ Dabei geht es ganz im Sinne des Fortschrittsdenkens der Zeit um die Zivilisierung und Modernisierung der Region durch den Tourismus. Diese Vorstellung wird treffend in folgender Bildsequenz einer Nationalparkbroschüre aus dem Jahr 1938 zum Ausdruck gebracht, die die Entwicklung in den Bereichen Transport, Unterkunft, Überwindung von Flüssen entlang der historischen Sequenzen von „traditionelle Mapuche-Gesellschaft“ über die Mitte-Ende des 19. Jahrhunderts beginnende Besiedlung durch europäische Pioniere bis zu den Werken der Nationalparkbehörde zum Ausdruck bringt.

Abb. „Von gestern bis heute“. DPN. 1938. *Parque Nacional de Nahuel-Huapi. Historia, tradiciones y etnología*. Buenos Aires.

In dem nun folgenden zweiten Teil dieses Buches geht es deshalb darum, die verschiedenen Dimensionen der Kolonialisierung durch Nationalparks herauszuarbeiten und die integrale Verbindung des Nationalparkkonzepts mit dem umfassenden Projekt der Kolonialisierung zu verstehen.

Dabei gehen zentrale Elemente der Kolonialisierung durch Nationalparks auch auf Diskurse und Praktiken vor Bustillo zurück, während andere zentrale Elemente ihre Wirkung auch über die Nationalparkleitung von Bustillo bis in die heutige Zeit entfalten. Dennoch hat die Nationalparkbehörde nach dem Abtritt von Bustillo 1943 wesentliche konzeptionelle Veränderungen erfahren, deren Aufarbeitung den Rahmen dieses Buches sprengen würde. Zur Orientierung seien hier jedoch einige Eckdaten genannt.

Unter der nach dem faschistischen Militärputsch 1943 etablierten Diktatur wird die Nationalparkbehörde nicht grundsätzlich behelligt, aber auch nicht weiterentwickelt. Erst mit dem aufsteigenden Peronismus ab 1946 sollte die Nationalparkbewegung aufgewertet werden und eine neue Ausrichtung bekommen. Mit dem Ziel, die popularen Massen in die Nation zu integrieren, wurde vor allem der Massentourismus in den Nationalparks gefördert. Zu Beginn der 1950er Jahre kam es dann zu einer explizit auf Naturschutz ausgerichteten Nationalparkpolitik. (Scarzanella 2002: 16-17) Wesentliche Gründe für diese stärke Ausrichtung auf Naturschutz waren die international zunehmenden Debatten und Konventionen. Ein erster Schritt hierzu war die *Convention for Nature Protection and Wildlife Preservation in the Western Hemisphere* der Panamerikanischen Union aus dem Jahre 1940, die von Argentinien bereits 1941 unterzeichnet und dann fünf Jahre später offiziell ratifiziert wurde. (OAS: 1940) Diese Konvention definiert, ausgehend von dem US-Modell, eine Kategorisierung von Naturschutzgebieten, die einen ersten Schritt zur Standardisierung in den Amerikas darstellt. Bemerkenswerterweise ist der spanische Name dieser Panamerikanischen Konvention zum Naturschutz keine wortwörtliche Übersetzung des englischen Namens. Vielmehr konzentriert sich der englische Titel auf den Schutz von Flora und Fauna, während im spanischen Namen explizit noch der Schutz der „natürlichen landschaftlichen Schönheiten“ benannt wird.

In den 1960er Jahren sollte diese Tendenz der internationalen Standardisierung weiter zunehmen und letztlich zu international verbindlichen Standards führen. Zentrale Akteure bei dieser Herausbildung eines globalen Umweltschutzregimes (Meyer 1997), das weltweite „standardized blueprints of institutions and practices“ (Glissibl, Höhler und Küpper 2012: 4) etabliert, sind vor allem internationale Nichtregierungsorganisationen wie die International Union of the Conservation of Nature (IUCN). Die IUCN wurde unter dem Namen *International Union for the Protection of Nature* am 5. Oktober 1948 in Fontainebleau in Frankreich gegründet. Seit 1962 führt sie die Weltparkkongresse durch, bei denen im transnationalen Austausch Strategien bei der Entwicklung von Naturschutzgebieten abgestimmt werden. Zu den breitenwirksamen Mechanismen des Monitorings gehört die 1963 eingeführte, internationale Rote Liste gefährdeter Tier- und Pflanzenarten, die ebenfalls zu einer globalen Normierung im Bereich der Biodiversität führte. 1978 führte die IUCN dann ein System ein, das Schutzgebiete weltweit entlang eines festgelegten Kriterienkatalogs vergleichbar macht. Im Wechselspiel mit diesen Tendenzen der Internationalisierung setzten nationale Regierung zunehmend die global etablierten Normen und Kategorisierungen um. Die Bedeutungsoffenheit und regionale Diversität, die das Konzept des Nationalparks somit noch zu Beginn des 20. Jahrhunderts hatte, wurde damit von einem international normierten „global environmental regime“ ersetzt, welches über die nationale Imagination hinaus gerade auch die Bedeutung von Naturschutz in planetarischen Zusammenhängen betont.

Der Nationalpark als Instrument der Kolonialisierung

Am 18. Juli 1938 veröffentlicht die argentinische Tageszeitung *La Nación* einen Artikel mit dem Titel „Patagonien ist eine unbekannte Region, sagt der Entdecker Herbert Wilkins". *La Nación* kommentiert dabei einen Beitrag des australischen Entdeckers Sir George Hubert – im Artikel fälschlicherweise in Herbert umgetauft – Wilkins. Wilkins war einer der bekanntesten Entdecker seiner Zeit, vor allem wegen seiner Erkundungen der Arktis in der Luft mit atemberaubenden Fotografien sowie der ersten Erkundung des ewigen Eises mit dem U-Boot „Nautilus" – eine klare Anspielung auf Jules Vernes Roman *20.000 Meilen unter dem Meer*. Wilkins ist sicherlich eine der letzten Persönlichkeiten der aussterbenden Gattung der Entdecker. Denn wie er in dem Artikel hervorhebt, sind die „weißen Flecken" der Erde, deren Erkundung die Phantasie und den Ehrgeiz der Entdecker beflügelt hatten, nunmehr fast vollständig den vermessenen und geographisch erfassten Gebieten zuzuordnen. Wilkins selber hält nur noch Amazonien, Tibet, Nordsibirien, Grönland und den Nordpol sowie, an dem anderen Extrem der westlichen Hemisphäre, Patagonien und den Südpol für noch unerkundete Gebiete.

Doch genau diese Einschätzung der *wilderness* Patagoniens und die Verbreitung der „Legende von den „Wilden" Argentiniens" in Wilkins' Beitrag sorgt bei dem unbekannten Journalisten von *La Nación* für große Empörung. Denn für ihn ist Patagonien erschlossen und zivilisiert, dort gibt es nichts mehr zu erkunden. Die weißen Flecken sind längst gefüllt: „In diesen Breitengraden gibt es nichts mehr zu entdecken, auch wenn ein berühmter Entdecker das Gegenteil behauptet, noch leben in Patagonien Menschen, die anfällig für die Angst vor der Anwesenheit eines zivilisierten Menschen sind." Damit macht der argentinische Journalist deutlich, dass sich die koloniale Erschließung Patagoniens, das noch Ende des 19. Jahrhunderts von indigenen Völkern der Mapuche und Tehuelche kontrolliert und auch zu Beginn des 20. Jahrhunderts infrastrukturell kaum erschlossen war, bereits knapp 50 Jahre später in der geopolitischen Vorstellungswelt der argentinischen Eliten als weitgehend „zivilisiert" und in den Nationalstaat integriert galt. Wie ist nun aber diese Integration – oder vielleicht besser – innere Kolonialisierung Nordpatagonien zu erklären? Mit welchen Instrumenten wurde sie durchgeführt?

Abb. „La Patagonia es región desconocida según explorador Herbert Wilkins". La Nación. 18.7.1938.

Aufschluss gibt die Herkunft des genannten Zeitungsartikels. Ich habe ihn im Nachlass des argentinischen Politikers, Rechtsanwalts und Pioniers der staatlichen Verwaltung der Nationalparks Exequiel Bustillo gefunden. Bustillo würde wohl der hier von dem unbekannten Journalisten aufgestellten Gegenrede zu Wilkins emphatisch und mit größter Begeisterung zugestimmt haben. Denn sein politisches Projekt als Leiter der Nationalparkbehörde bestand – wie er gerade auch in seinen Memoiren *El despertar de Bariloche* ausdrücklich betont – in der Vollendung der Kolonialisierung Patagoniens. Dabei sieht er eine organische Verknüpfung zwischen der Einrichtung von Nationalparks und dem Projekt der Kolonialisierung:

> Es ist daher nur recht zu erkennen, dass die Nationalparks in den Zeiten unserer Leitung nicht nur sicher in die schönsten Ecken des argentinischen Bodens getreten sind, sondern sich tatsächlich zu einem wahren Instrument der Kolonisierung entwickelt haben. (Bustillo 1997:15)

Vor der Nationalparkbehörde waren es jedoch die Forscher, Naturwissenschaftler und Entdeckungsreisenden, die der Kolonialisierung der Region Vorschub leisteten. Sie führten mit ihren „Entdeckungen" und den damit bedingten Umbenennungen von topographischen Besonderheiten, Flora und Fauna eine wahre semantische Kolonialisierung der Landschaft durch. Dabei waren sie sich durchaus bewusst, dass sie integraler Bestandteil einer kolonialen Expansion waren. So gibt der Zoologe Adolfo Doering seinem Kapitel über die Fauna im offiziellen Bericht über Patagonien aus dem Jahr 1881 den Titel „Allgemeine Beobachtungen der Fauna des eroberten Gebietes." (1881: 7) Einer der letzten Vertreter dieses Sozialtypus' ist – ähnlich wie der Entdecker Wilkins – der US-amerikanische Geologe Bailey Willis, der Nordpatagonien im Auftrag der argentinischen Regierung von 1910 bis 1914 bereist hatte. Willis sieht seine geologische Erhebung und Klassifikation der Ländereien nach deren Potentialen für die agrar- und forstwirtschaftliche Nutzung, (Willis 1988: 303-304) als Grundlage für ein großangelegtes Kolonisationsprojekt. Hierbei sieht er deutlich die Parallele zu den Landvermessungen im Westen der USA:

> Diese argentinische Grenze war erst kürzlich erobert worden und wurde noch nicht vollständig unter Kontrolle gebracht. Die spärliche Bevölkerung bestand hauptsächlich aus Landbesetzern, die auf den reichen Ländern von ihren Herden und Gärten lebten. Fast das gesamte Gebiet gehörte noch immer der Nation und war ein Vermögenswert, der zur Förderung einer soliden Kolonisation genutzt werden konnte, für den die Erhebung den Grundstein legen sollte. (Willis 1947: 107)

Mit diesen Dynamiken steht Argentinien inmitten einer Tendenz der inneren Kolonialisierung und Schließung der Frontier, die Ende des 19. Jahrhunderts gleichzeitig ihren Höhepunkt und Abschluss finden sollte. Für das Ende des 19. Jahrhunderts sieht der französische Geograph Elisée Reclus in Argentinien nur noch zwei Grenzräume mit lohnenswerten Ressourcen, die noch vollständig zu erschließen sind:

> Im Nordosten das Land der Missionen, im Westen die Andentäler, wo die Flüsse Colorado und Negro ihre Quellen haben. In diesen Regionen mit fruchtbarem Boden, reiner Luft und herrlichem Klima, die sich in den Jahreszeiten abwechseln, die dem Temperament der Einwanderer aus Europa entsprechen, gibt es Platz für Millionen von Menschen. (Reclus 1894: 595)

Im Nordosten (Chaco, Formosa und Misiones) sind dies die Gebiete, die am Ende des Paraguay-Krieges (1865-1870) eingemeindet wurden, während es im Süden um jene Gebiete geht, die nach der Eroberungskampagne gegen die Mapuche und Tehuelche von General Julio Argentino Roca im Jahr 1879 eingegliedert wurden (Ruffini, 2007; Bandieri, 2006). Gerade die sogenannte „Conquista del Desierto“ war eine blutige Militärkampagne mit genozidären Tendenzen, in deren Folge das indigene Volk der Mapuche in Allianz mit dem chilenischen Heer niedergeschlagen wurde. Während Patagonien somit auf Grund der militärischen Auseinandersetzung mit den Mapuche und Tehuelche als gefährliches Territorium galt, das nun von allen indigenen Spuren bereinigt werden sollte, stellte sich die Situation in Misiones anders dar. Hier hatte sich Ende des 19. Jahrhunderts zunehmend die Vorstellung einer „interkulturellen Übereinkunft“, eines „pacto de la selva“ durchgesetzt, demnach die als passiv vorgestellte indigene Bevölkerung die neuen Siedler duldete oder ihnen gar behilflich war. (Wilde 2007: 92-93) Diese geopolitische Imagination der Region ersetzte eine Vorstellung von Misiones, die von Bildern eines undurchdringlichen, lebensfeindlichen Urwaldes, der von wilden Indigenen beherrscht wird, bestimmt wurde. Diese Veränderung in der geopolitischen Imagination zeigt nun an, dass die europäischen

Siedler die Angst vor der unbekannten Region verloren und zunehmend begonnen hatten, sie – auch imaginär – zu erschließen.

Eine Besonderheit des Staatsbildungsprozesses in diesen peripheren Regionen, die als Horte von Chaos und Unruhe galten, bestand in administrativer Hinsicht darin, dass sie zwischen 1880 und 1950 gemäß der Verfassung von 1862 als „Nationale Territorien", nicht aber als Provinzen, in den Nationalstaat eingegliedert wurden. Auf dieser Grundlage wurden dann die neun Regierungsbezirke Misiones, Chaco, Formosa, La Pampa, Chubut, Neuquén, Rio Negro, Santa Cruz und Feuerland geschaffen. Mit einer Gesamtfläche von 1.131.923 km^2 machten diese rund 40% der Gesamtfläche Argentiniens aus. (Ferrero und Pyke 2016, 2017) Trotz dieser administrativen Regelung stellte sich die Frage der alltäglichen Durchsetzung von Staatlichkeit, die in diesen Gebieten kaum gegeben war. Insofern kann die Nationalparkbehörde als eine der ersten staatlichen Einrichtungen gesehen werden, die diese staatsfernen Gebiete durchdringt.

Geopolitisch sind diese inneren Grenzregionen auch deshalb von besonderer Relevanz, weil es sich zugleich um zwischenstaatliche Grenzregionen handelt. Im Fall von Misiones gibt es territoriale Auseinandersetzungen mit Brasilien und Paraguay, während entlang der Andenkette der chilenische Nachbar als Konkurrent ausgemacht wird – besonders in Patagonien. Hier ist zu bedenken, dass der Nahuel Huapi See noch vor dem Urteil der Grenzkommission von 1881 von Chile beansprucht worden war. Auch der Zugang zu dieser Region erfolgte vor allem über die chilenische Seite. Bevölkerungspolitisch besonders brisant war nun, dass in diesem Grenzgebiet vor allem chilenische Mapuche siedelten. Nach der militärischen Niederlage der chilenischen Mapuche 1881 führte der chilenische Staat zwischen 1884 und 1924 ein Reservatssystem ein, das die Mapuche auf 6,3% ihres ursprünglichen Territoriums konzentrierte. Mehr als 40.000 Mapuche aber erhielten kein Land in den Reservaten. (Kaltmeier 2004: 92-95) Ein Teil dieser Mapuche ließ sich dann in den östlichen Andenabhängen der späteren Nationalparks Nahuel Huapi und Lanín nieder. Ihre Situation wurde mit der zunehmenden staatlichen Durchdringung Nordpatagoniens immer prekärer. Hier hatte sich der Staat die Kolonisierung und Argentinisierung auf die Fahnen geschrieben. Um diesen Siedlern den Zugang zu Land zu verweigern, wurde ihre ethnische Zugehörigkeit als Mapuche unsichtbar gemacht. Die Mapuche hatten vor der Eroberung im Wallmapu, das Gebiete der späteren Nationalstaaten Chile und Argentinien umfasst, gelebt. Stattdessen wurden sie als Chilenen bezeichnet, was zum Ausdruck bringen sollte, dass sie eigentlich nicht zur argentinischen Seite gehörten. Die Sozialanthropologen Juan Carlos Radovich und Alejandro Balazote kommen zu folgendem Urteil: „Auf diese Weise sind die Mapuches doppelt diskriminiert worden, einerseits spezifisch als indigene Völker und andererseits generisch als angebliche Chilenen.“ (1999: 34).

Exequiel Bustillo war geradezu besessen von der geopolitischen Rivalität mit dem chilenischen Nachbarn. Er sah die Notwendigkeit, in einem „permanenten Alarmzustand angesichts der chilenischen Ansprüche“ zu sein, um die „Verteidigung der geografischen Integrität, bedroht durch einen Nachbarn, der aus geopolitischen Gründen von Tag zu Tag immer beunruhigender wurde“, zu gewährleisten. (1997: 10) Ein besonderer Dorn im Auge sind ihm die chilenischen Mapuche: „Jahr für Jahr werden Hunderte von Chilenen gesehen, wie sie die Grenze überschreiten und sich nach Belieben niederlassen, ohne dass sie jemand aufhält und ohne dass dies die Besorgnis unserer öffentlichen Kräfte erregen würde.“ (1997: 13) Dabei werden sie – wie auch zuvor schon von Bailey Willis – für die Waldbrände in Nordpatagonien verantwortlich gemacht. Gegenüber den deutsch-chilenischen Siedlern, die sich in Bariloche niedergelassen hatten und die einen intensiven Handel mit dem östlichen Nachbarland trieben, hatte Bustillo hingegen keine Vorbehalte. Dieses Misstrauen gegenüber Chile ist keine persönliche Marotte Bustillos, wenngleich es hier besonders ausgeprägt ist, vielmehr entspricht es durchaus dem Zeitgeist. Bereits 1917 warnt auch der Kenner Patagoniens und argentinische Sachverständige der Grenzkommission, Francisco P. Moreno, vor den Chilenen: „Wir wissen, dass Chile vom Beginn des Grenzstreits an danach strebte, dass die Linie durch den östlichen Fuß der

Kordillere zum Nahuel Huapi-See verlaufen sollte. Wenn das gelungen wäre, wäre es heute eine mächtige, vollständige Nation, denn zu ihrem starken Gehirn und ihrer soliden Rüstung hätte sie das Unverzichtbare hinzugefügt: einen gut genährten Magen." (Moreno 1917) Und in einem Zeitungsartikel drei Jahre später wird die chilenische kleinbäuerliche Viehwirtschaft angeklagt und der argentinische Staat aufgefordert, die Kontrolle über die Forstressourcen zu erlangen:

> Die chilenische Viehzucht ist in einen Großteil dieses Gebietes eingedrungen. Vom 16. Oktober bis zum Nahuel Huapí gibt es 1.500 Meilen reicher Wälder, wie z.B.: Zypressen, Araukarien, Pinien, Buchen, etc. Diese Wälder werden von Ausländern abgeholzt und verbrannt, um sie in Weideflächen zu verwandeln, auf denen die Bewohner ihre Rinder mästen [...]. Diese Wälder haben bis zu 90 Fuß hohe Bäume, von denen Bretter und Holz für alle Arten von Konstruktionen gewonnen werden können. Dieser ganze Reichtum, der gnadenlos verlassen und zerstört wurde, könnte in das Erbe des Staates zurückkehren, dazu müssten alle Souveränitätsrechte, die wir ein wenig vernachlässigt haben, in dieser Region wieder ausgeübt werden. [...] Es wird ein Werk des gesunden Menschenverstands und der praktischen Regierung sein, die Vorherrschaft Argentiniens in diesen Wüstengebieten zurückzuerobern." („El lago Nahuel Huapi debe ser un punto de turismo", Zeitungsausschnitt; MP, Colección Frey, Bibliorato 1)

Das Schließen der Frontier im Hochimperialismus des ausgehenden 19. Jahrhunderts hatte massive Auswirkungen auf die anstehenden Ökosysteme. Gerade auch im Zusammenhang mit der Debatte um die „great acceleration" im Anthropozän (Steffen et al. 2015) lässt sich die Bedeutung der Jahrhundertwende gut ausmachen. Während sich die Geologen in den Debatten über das Anthropozän auf das Jahr 1950 als globalen Kipppunkt, als sogenannten „golden spike" geeinigt haben, ab dem die menschengemachten Veränderungen der Erdoberfläche schwerer wiegen als die natürlichen Verformungsprozesse, so ist doch gerade auch das Jahrhundert davor höchst relevant. Im 19. Jahrhundert beschleunigte sich das Tempo der Abholzungen weltweit. Zwischen 1850 und 1920 ging weltweit genauso viel Urwald verloren wie in dem doppelt so langen Zeitraum von 1700 bis 1850. (Williams 2006) Ab 1850 ist ein rasant ansteigender Verlust tropischer Urwälder zu konstatieren, während – nahezu spiegelbildlich – der Umfang der kultivierten Fläche zunimmt und 1950 nahezu seinen Plateauwert erreicht. (Steffen et al. 2015: 87)

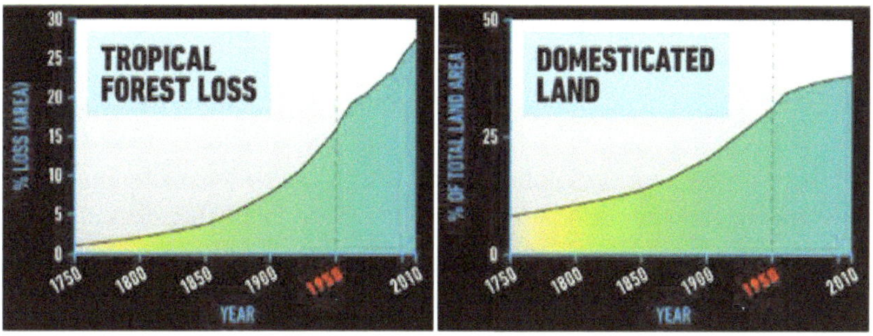

Abb. Verlust von tropischen Wäldern und Anstieg von bewirtschafteten Landflächen. (anthropocene.info/great-acceleration.php)

Das gilt auch für Argentinien. In einer umwelthistorischen Studie zum Waldverlust in Argentinien hält Adrián Zarrilli fest, dass von Beginn des 20. Jahrhunderts bis heute die Hälfte des Waldes vernichtet wurde. Konkret heißt dies:

> Zu Beginn des 20. Jahrhunderts wird die Waldfläche auf etwa ein Drittel der Landesfläche oder fast 100 Millionen Hektar geschätzt, während die jüngsten Informationen zeigen, dass es aktuell nur etwa 36 Millionen Hektar Waldfläche oder etwa 13% des Landes gibt, weniger als die Hälfte dessen, was zu Beginn des Jahrhunderts existierte, von denen nur etwa 15 Millionen Hektar Urwald und 800.000 Hektar gepflanzte Wälder wirtschaftlich nutzbar wären. (Zarrilli 2008: 98)

In Misiones ist der Raubbau besonders massiv, da das Holz hochwertig ist und der Transport über den Rio Paraná in die Hauptstadt Buenos Aires, wo die größte Nachfrage nach Holz herrschte, verhältnismäßig einfach erfolgen konnte.

Für die Region um den Nahuel Huapi hält Bailey Willis bereits für die 1910er Jahre fest, dass es Urwälder nur noch an den schwer zugänglichen Gebieten der Andentäler an der chilenischen Grenze gibt: „Nur die Unzugänglichkeit hat diese Dschungel vor Ausbeutung und Feuer bewahrt. Jetzt, da sie zugänglich gemacht werden, wird nur die konstanteste Wachsamkeit einer energischen und effizienten Organisation in der Lage sein, sie in Zukunft zu bewahren.“ (1988: 384) Die Einrichtung einer solchen, von Willis anvisierten Organisation ist – abgesehen von den Nationalparks – jedoch flächendeckend gescheitert. Anders als in vielen Ländern Lateinamerikas ist der Waldverlust, laut Zarrilli (2008: 98-99), nicht auf direkten Landdruck zurückzuführen, sondern auf staatliches Versagen der Forstpolitik.

Zusätzlich zum Waldverlust ist weltweit ein enormes Artensterben und ein damit verbundener dramatischer Rückgang der Biodiversität festzustellen, während gleichzeitig die weltweite Zirkulation ortsfremder Tier- und Pflanzenarten zunimmt. Der Historiker Charles Mann spricht in diesem Zusammenhang vom Homogenozän, das heißt der weltweiten Anpassung – oder besser Gleichmachung – der Tier- und Pflanzenreiche durch einen forcierten „columbian exchange“. Von diesen Prozessen sind auch die argentinischen Nationalparks nicht ausgenommen. Sie nehmen in diesem Zusammenhang die paradoxe Rolle ein, einerseits mit Waldschutzmechanismen den damals bereits bekannten Auswirkungen des Anthropozäns in Sachen Entwaldung und Verlust der Biodiversität entgegenzuwirken, und andererseits aber mit Fischzucht, Baumschulen und zoologischen Anlagen einer der wesentlichen Akteure der biologischen Kolonisation zu sein. In diesem Sinne nimmt das in diesem Projekt verwendete Konzept von Kolonialisierung nicht nur Bezug auf die Auseinandersetzung mit den indigenen Völkern und auf Landkonflikte, vielmehr rückt hier auch die imaginäre Dimension und die materielle Transformation von Umwelt in den Blick.

Agrarkolonisation und Landkonflikte

Wie in anderen Weltregionen auch ging es in Argentinien am Ende des 19. Jahrhunderts um das Schließen der Frontier. Dazu mussten die in den 1880er Jahren annektierten Gebiete im Nordosten und im Süden des Landes erschlossen, von der staatlichen Verwaltung durchdrungen und modernisiert werden. Das zu diesem Zweck zunächst präferierte Instrument war das der Agrarkolonisation. Vordenker der neuen Agrarkolonisation war Ezequiel Ramos Mexía, von 1907 bis 1913 Minister für Öffentliche Arbeiten, der 1908 das *Ley de Fomento de los Territorios Nacionales* entwarf, um die Integration und wirtschaftliche Entwicklung der peripheren nationalen Gebiete Chaco, Formosa, Misiones und Patagonien zu fördern. Dabei wandte er sich jedoch von dem herkömmlichen etatistisch-dirigistischem Modell der Kolonisation, dem er ein vollständiges Scheitern konstatierte (Ramos Mexía 1921: 12-14), ab und sah die Aufgabe des Staates vor allem darin, die nötige Infrastruktur für die Kolonisation – vor allem durch den Ausbau der Eisenbahn – zu schaffen. (Bandieri 2009) Mit dem Eisenbahnbau sollte in Nordpatagonien das von Roca begonnene Projekt der Eroberung der Wüste zu Ende geführt werden: „die Eroberung der Wüste mit Waffen, die Sie durchgeführt haben, ist nicht abgeschlossen, wir müssen die Eroberung mit der Eisenbahn hinzufügen, Patagonien ‚argentinisieren' und den Chaco nutzen" (Ramos Mexía, 1936: 205). Dabei war Ramos Mexía sicherlich auch von dem rasanten Ausbau der Eisenbahn im Westen der USA inspiriert. (Willis 1943: 1-2)

Ramos Mejia war es auch, der die Hydrologische Mission unter der Leitung von Bailey Willis ins Land holte und dessen Projekte zur Agrarkolonisation und zur Gründung einer Industriestadt am Nahuel Huapi-See unterstützte. In einem Brief an Ezequiel Ramos Mexía, seinerzeit noch Minister für Öffentliche Arbeiten, skizziert Bailey Willis 1913 für Nordpatagonien ein umfangreiches und detailliertes Projekt der Agrarkolonisation, das auch die zivilgesellschaftliche Selbstorganisation der Siedler in Form von Gewerkschaften vorsieht. Der Staat seinerseits soll sich zum Ausbau der Verkehrsinfrastruktur verpflichten. (Brief Willis an Mexía Ramos, 6.2.1913; MP, Colección Frey, Bibliorato 2) Doch ist die Agrarkolonisation nur ein Element des Willis'schen Entwicklungsplans für Nordpatagonien. Flankierend sollen sowohl eine Industriestadt als auch ein Nationalpark gegründet werden.

Gemein ist diesen geopolitischen Imaginarien der Agrarkolonisation, dass sie die entsprechenden Gebiete als menschenleer konzipieren. Die dortige indigene Bevölkerung gilt als Überbleibsel längst vergangener Zeiten, welches unter dem Banner des universalen Fortschritts und der Zivilisierung beseitigt werden sollte. Entsprechend wird in einem Zeitungsartikel die Einrichtung eines Indianerreservats am Nahuel Huapi See – ähnlich wie in den USA oder im benachbarten Chile – gefordert. In dieser „colonia indígena" sollen die in der Region verbliebenen Indigenen konzentriert und unter militärische Aufsicht gestellt werden:

> Die Idee der Konzentration des vagabundierenden indigenen Elements in einer Kolonie mit militärischer Garnison führt zur Lösung des Problems der Sicherheit dieser Region, zur Zivilisierung der Indios und zum Widerstand gegen die Degradierungen und irreparablen Schäden, die diejenigen, die aus Chile kommen verursachen, wie die Waldbrände und die Plünderungen der von den Behörden so verlassenen Zonen, die wunderschön und fruchtbar im Reichtum sind. („Territorios del Sur", MP, Colección Frey, Bibliorato 7)

Der Autor steht den Mapuche zwar einen Grad der Intelligenz zu, argumentiert dann aber mit einer Degeneration: „Heute, ohne Führer und Regierung, gehen sie Raubzügen und Plünderungen nach". Und er fährt fort: „Sie stehlen, töten und entzünden sogar die prächtigen staatlichen Wälder, die der Reichtum und der stolze Schmuck dieser Regionen sind." Vor diesem Szenario der Bedrohung und angesichts fehlender staatlicher Institutionen begrüßt der unbekannte Journalist, dass der Großgrundbesitzer Jorge Newbery vom Staat mit dem Schutz der Wälder beauftragt wird. („Territorios del Sur"; MP, Colección Frey, Bibliorato 7)

Doch verfolgt die Familie des Großgrundbesitzers Newbery durchaus eigene territoriale Interessen in der Region. Die Gefahr der Ausbildung von Großgrundbesitz, den Ramos Mexía in seinem Siedlungsprogramm nicht vorgesehen hatte, liegt auf der Hand. So beantragt Jorge Newberys Sohn Diego im April 1919 die Weiderechte für 2.500 Hektar staatliche Ländereien am Traful-See, die an den Besitz der Newberys anschließen. (Brief Diego Newbery an das Landwirtschaftsministerium, 29.4.1919, APN, Caja Permisos de Pastaje 1936, 1) Offensichtlich war dieses Land jedoch bereits von Mapuche besetzt, so dass es zu Landkonflikten kam. 1923 wird deswegen eine Kommission an den Traful-See gesendet, um das Gesuch Newberys zu untersuchen, das – so wie der Kommissionsbericht festhält – die Besonderheit hat, dass das beantragte Land in dem 1908 zur Parkgründung eingerichteten Reservat und dem 1922 endgültig etablierten Nationalpark des Südens liegt. (Informe Comisión Inspector del Neuquen, 2.5.1923, APN, Caja Permisos de Pastaje 1936, 1). Die Kommissionsarbeit selber muss wohl von den Mapuche der Region positiv gesehen worden sein, doch nachdem die Kommission die Region verlassen hat, stellt sich wieder Angst ein.

Und so wendet sich Elisa de Pimán, eine betagte Mapuche Witwe, die am Traful-See wohnt, mit einem Beschwerdebrief an den Landwirtschaftsminister. In diesem beschuldigt sie das Familienoberhaupt Jorge Newbery gegenüber dem Ministerium für Landwirtschaft falsche Anschuldigungen vorgebracht zu haben. Zudem hätte dessen Sohn Diego im Januar 1919 zusammen mit lokalen Polizeikräften eine gewaltsame Vertreibung vorgenommen:

> Sie zündeten unsere Hütten an und wir mussten in die schneebedeckten Hügel fliehen, wo fast alle unser Vieh starb. (Brief Elisa C. De Pimán an Le Breton, 14.1.1924, APN, Caja Permisos de Pastaje 1936, 1)

Im August 1920 sollen dann Diego und Guillermo Newbery – ebenfalls mit Hilfe der örtlichen Polizei – erneut die Hütte der Mapuche-Familie angezündet haben. Diese Taten blieben straffrei und auch ein

Schadenersatz erfolgte nicht. Dabei macht die Witwe auch eine weitere Strategie der Vertreibung deutlich. Newbery – so die Anschuldigung – hätte erreicht, dass ihre Zahlungen für die Weiderechte von den staatlichen Behörden nicht eingetrieben wurden, um somit einen Vorwand für die Vertreibung zu haben. Deshalb betont de Pimán „wir aber wollen bezahlen, genau so wie alle Siedler." (Brief Elisa C. De Pimán an Le Breton, 14.1.1924, APN, Caja Permisos de Pastaje 1936, 1) Mit diesem Schreiben an den Landwirtschaftsminister Tomas Le Breton versucht die Witwe, die zentralstaatliche Macht gegen die quasi-souveräne Macht des lokalen Großgrundbesitzers anzuführen und bittet den Staat um „seinen Schutz gegen den Herrn Newbery und gegen alle reichen Herren, die uns die staatlichen Ländereien wegnehmen wollen". Sie schlägt die Ziehung eines Grenzzaunes vor, und dann spricht nackte Angst aus dem Brief:

> Wir haben Angst, Herr Minister, dass die Newberys oder die Polizei uns wieder zum Opfer machen und unsere jahrelange Arbeit zerstört wird. Das ist in unserer Armut und mit so vielen kleinen Kindern schrecklich, Herr. Wenn sie uns rauswerfen, wo sollen wir dann hin? (Brief Elisa C. De Pimán an Le Breton, 14.1.1924, APN, Caja Permisos de Pastaje 1936, 1)

Der genaue Ausgang des Konflikts lässt sich aus den vorliegenden Quellen leider nicht rekonstruieren. Doch offensichtlich konnte Elisa de Pimán die Weiderechte erfolgreich verteidigen. Denn sie wurde 1947 zur erneuten Zielscheibe staatlicher Vertreibungsbemühungen seitens der dann schon seit mehr als zehn Jahren etablierten Nationalparkbehörde.

Die Angst der Mapuche Siedler am Traful See war in den 1920er und 1930er Jahren keineswegs unbegründet. Im November 1934 werden die Ufer des Sees, der weltweit Sportangler anzieht, wieder zum Schauplatz eines gewaltsamen Konflikts. Die Brüder Diego und Herodes Vazquez, beide chilenischer Abstammung, wurden beschuldigt, illegal ein staatliches Landstück zu besetzen und erhielten deshalb die Aufforderung zur Räumung. Sie widersetzten sich der Zwangsräumung und wurden dabei von Polizisten erschossen. Dabei werden die „schlechten Hintergründe" der beiden Chilenen in dem Bericht über diesen tödlichen Zwischenfall betont sowie die Vermutung ausgesprochen, dass beide Schmuggler gewesen seien. (Brief Adolfo Villarroel an Rodolfo del Castillo, 12.11.1934, AGN, Legajo Bustillo, Caja 3344)

Während bei den Landkonflikten in der frühen Phase des 1922 gegründeten Nationalparks des Südens private Akteure im Zentrum standen, so nimmt später die Bedeutung der Parkintendanz, beziehungsweise ab 1934 der Nationalparkbehörde, bei der Vertreibung von Mapuche und anderen Siedlern aus dem Nationalpark zu. Dabei übernimmt die Nationalparkbehörde mit zunehmender Institutionalisierung eine immer stärkere Rolle bei der Klärung von Landkonflikten im Nationalpark, die zwischen anderen Akteuren im Park ausgetragen werden. In Landkonflikten zwischen europäischen Siedlern und chilenischen Mapuche scheint die Nationalparkbehörde sich dabei stets auf die Seite der Siedler zu schlagen. 1934, im Gründungsjahr der Behörde, klagt Florinda Hinai, Witwe von Millaqueo, an, dass der belgischstämmige Siedler Benito Vereertbrugghen ihr Grundstück am Rande des Mascardi-Sees, welches sie seit 1920 bewirtschaftet, eingezäunt hat. Damit wird eine Weide, die sie in diesem Gebiet besitzt, zur Enklave und ihr bleibt das Wegerecht verwehrt, das vor allem auch benötigt wird, um das Vieh auf eben diese Weide zu treiben. Auf Grund der Grenzsituation interveniert auch der chilenische Konsul in diesen Fall, der letztlich – wohl auf Vermittlung des Parkintendanten Emilio Frey – mit Entschädigungszahlungen seitens Vereertbrugghen an de Millaqueo beendet wird. Damit wird die strittige Weide Vereetbrughen zugeschlagen. (Bericht Francisco Sanjuan, 7.4.1934; Brief an Bustillo, 16.10.1931; APN, Caja 1934)

Der 1934 gegründeten Nationalparkbehörde gelingt es innerhalb kürzester Zeit sich als die relevanteste und in der Region präsenteste staatliche Institution zu etablieren. Der Nationalpark ist somit Ausgangspunk eines veritablen Prozesses der Staatsbildung in den Randbereichen der Nation. Dazu begann die DPN systematisch die Daten der im Territorium des Nationalparks Nahuel Huapi lebenden Siedler zu erfassen. (Staropoli 2010: 12-13) Zu diesem Zwecke wurden personenbezogene Akten angelegt, die den vollständigen Namen, die Familiensituation, polizeiliche Einträge ebenso umfassen wie Daten zur bewirtschafteten Parzelle, wie den Beginn der Nutzung, Größe und Lage, Viehbestand und ackerbauliche Nutzung. Auf dieser Grundlage wurden dann auch die prekären Nutzungsrechte, die *permisos precarios de pastaje* (PPOP) ausgestellt, und geprüft, ob die zur Nutzung festgesetzten Gebühren fristgemäß gezahlt wurden. Dabei dienten die PPOP auch als Norm, die erlaubtes und unerlaubtes Verhalten festlegt.[8] Diese Daten werden somit für die Normierung der Bevölkerung eingesetzt und führen zu Disziplinarmaßnahmen, die von der Verhängung von Strafgeldern bis hin zur Zwangsräumung reichen. So werden in einem Bericht des Intendanten des in der Gründung begriffenen Nationalparks Los Alerces vermeintlich „schlechte soziale Elemente" identifiziert, die bereits in den Dokumenten der Behörde erfasst sind.

> Bereits im Zensus halten wir ihren Hintergrund fest. Darüber hinaus, und sobald Sie es für opportun und angemessen halten, werde ich schriftlich um die Beseitigung des schlechten Elements bitten? (Brief an Bustillo, 26.9.1937; AGN, Legajo Bustillo, Caja 3345)

Die Sichtbarkeit und Autorität der Nationalparkbehörde wurde zudem durch die Einführung von Uniformen für die Parkranger erhöht. So beschreibt der Intendant des Nationalparks Nahuel Huapi, Emilio Frey, die Funktion der Uniformen wie folgt:

> Es ist fast unnötig die Vorteile, die mit einem solchen Punkt gemacht würden, festzuhalten: mehr Autorität, mehr Hierarchie, etc., sowie der makellose Eindruck, den der Tourist angesichts eines gut uniformierten Mitarbeiters haben würde. (Brief Frey an Bustillo, 15.9.1936; AGN, Legajo Bustillo, Caja 3344)

8 Eine detaillierte Aufarbeitung des Quellenmaterials im Archiv der APN zu Landkonflikten in den Nationalparks steht noch aus.

Abb. „Parkranger“, Kirchhoff 1945.

Offensichtlich löst die Gründung der Nationalparkbehörde auch in anderen staatlichen Einheiten neue Aktivitäten aus. So erlässt die Dirección de Tierras des Landwirtschaftsministeriums 1935 ein Gesetz, das den Umgang mit Siedlern auf staatlichen Ländern mit Waldbestand regelt. Dabei wurde beispielsweise auch die Brandrodung verboten. Zudem wurden die Nutzungsrechte überprüft und damit auch die Grundlage zur Räumung von illegalen Siedlern gelegt. Flankierend dazu wurde eine Forst-Polizei etabliert, die die Beschlüsse zum Schutz der Wälder umsetzen sollte. (La Prensa, 21.11.1935)

Die bevölkerungspolitischen Interventionen der Nationalparkbehörde richteten sich zunächst besonders gegen die Gruppe der chilenischen Mapuche, die einen vulnerablen Status hatten und zudem einer gesamtgesellschaftlichen rassistischen Diskriminierung ausgesetzt waren. Dabei wird dieser Gruppe im von struktureller Gewalt durchzogenen Grenzgebiet eine neue Identität als „chilenische Mapuche“ zugeschrieben, die diskriminierenden Charakter hat. Bereits in den Berichten der Dirección de Tierras y Colonias – so argumentiert die Sozialanthropologin Florencia Trentini – wurden die Kategorien „indio“ oder „chileno“ oder deren Kombination benutzt, um „jegliche Forderung nach Landnutzung zurückzuweisen, da sie als „faul“, „schädlich“, „besoffen“ und „delinquent“ betrachtet wurden. So wurde die Tatsache legitimiert, dass diese Gruppen nicht als Eigner Zugang zu öffentlichem Land hatten, sondern nur Konzessionäre oder Besetzer sein konnten.“ (2015: 93) Dieser Fremdzuschreibung setzen die Mapuche indes ein anderes Bild entgegen:

> Wir sind indigenen Ursprungs, aber wir arbeiten gerne und wollen vorankommen. Wir wollen die Felder für unsere Kinder, indem wir ihnen beibringen, ihre Heimat als gute Argentinier zu lieben. (Brief Elisa C. de Pimán an Le Breton, 14.1.1924; APN, Caja Permisos de Pastaje 1936, 1)

1937 kam es hinsichtlich der Zwangsräumungen zu einem veritablen Konflikt zwischen dem Leiter der DNP, Exequiel Bustillo, und dem Nachfolger Emilio Freys in der Leitung des Nationalparks Nahuel Huapi, Alexis Christensen. Wie bereits geschildert war Bustillo besessen von der biopolitischen Leitidee, die chilenischen Siedler zurückzudrängen, und Nordpatagonien auch durch bevölkerungspolitische Maßnahmen zu argentinisieren. In diesem Sinne hat er eine Räumung eines chilenischen Siedlers autorisiert, ohne – offensichtlich – weitere Rücksprache zu halten. Für Christensen dagegen ist die Räumung unzulässig und – ungewohnt deutlich – fordert er Bustillo auf:

> Ich möchte Sie bitten, nie wieder einen Räumungsbeschluss zu unterzeichnen, ohne den Betroffenen vorher anzuhören, um diese Fälle

> zu vermeiden, die jedes bewusste Wesen aufrühren. (Brief Christensen an Bustillo, 5.4.1937; AGN, Legajo Bustillo, 3345)

Dann fährt Christensen fort und demontiert das nationalistisch-rassistische, geopolitische Imaginarium der „chilenischen Gefahr“:

> Dass man kein Land an Ausländer aus dem Nachbarland verkauft, ist in Ordnung, wenn es um GROSSE AUSMAßE geht, aber dies kann nicht auf kleine Grundstücke im Dorf angewendet werden. (Brief Christensen an Bustillo, 5.4.1937; AGN, Legajo Bustillo, 3345)

Und er argumentiert weiter, dass hier keine Rede von einer chilenischen Strategie der Expansion sein kann:

> Ich sehe nicht den geringsten Hinweis darauf, dass die Absicht besteht, wirtschaftlich in diese Orte einzudringen und die Chilenen hierher zu schicken. In der Tat geschieht das Gegenteil, denn die Regierung versucht, das Kommen von Menschen mit hohen Konsulargebühren für Reisepässe zu verhindern. (Brief Christensen an Bustillo, 5.4.1937; AGN, Legajo Bustillo, 3345)

Zudem identifizieren sich die Nachkommen der Siedler bereits in der ersten Generation eindeutig mit Argentinien. Abschließend bringt Christensen dann noch mehr Schärfe in den Brief und warnt vor dem Einsatz von Nazi-Methoden in den Nationalparks: Ein falscher Nationalismus und eine unbegründete Angst vor dem chilenischen Nachbarn könne nicht der Grund sein,

> dass wir Ungerechtigkeiten oder systematische Verfolgung armer Menschen begehen und Methoden des aggressiven Nationalismus in Europa mit dem verheerenden Ergebnis, das wir sehen, in die Praxis umsetzen. (Brief Christensen an Bustillo, 5.4.1937; AGN, Legajo Bustillo, 3345)

In diesem Sinne fordert er die DPN im Allgemeinen – und auch wohl Bustillo im Besonderen auf, nicht die „nobleza“ zu verlieren.

Wenige Monate später setzt sich diese Auseinandersetzung über die Behandlung der chilenischen Siedler fort. In einem weiteren Brief an Bustillo fordert Christensen eine neutrale gleiche Behandlung für alle Siedler, die potentiell geräumt werden. Konkret bezieht er sich auf die Ungleichbehandlung zweier Siedler, die offensichtlich auf persönlichen Beziehungen und ethnischer Zugehörigkeit beruht. Und er fordert:

> Man soll mir nicht sagen, das es sich um verschiedene Leute handelt. […] Ich habe wenig Unterschied zwischen dem Geist der Schweizer-Deutschen, die wir hier haben, und dem der anderen armen Chilotes, die vertrieben werden sollen, feststellen können. (Brief Christensen an Bustillo, 26.10.1937; AGN, Legajo Bustillo, 3344)

Damit verweist der dänischstämmige Christensen vor allem auch auf die starke Macht der deutsch-schweizerischen Gruppe innerhalb der Region, die von der Parkverwaltung geduldet – oder gar gefördert wird – während die chilenischen Mapuche als unerwünschte Bevölkerungssegmente und Eindringlinge gelten, die eine geopolitische Bedrohung für Argentinien darstellen sollten. Zu dieser Position, die Bustillo maßgeblich vorangetrieben hat, gibt Christensen zu bedenken:

> Was den Argentinismus betrifft, so genügt es meiner Meinung nach zu erwähnen, dass Anstrengungen unternommen werden, um eine deutsche Schule in Bariloche zu gründen! Die anderen hingegen verachten die argentinische Schule nicht. (Brief Christensen an Bustillo, 26.10.1937; AGN, Legajo Bustillo, 3344)

Wir wissen nicht, wie Bustillo auf diese Kritik reagiert hat. Aber es ist zu vermuten, dass sie nicht ganz folgenlos verhallte, da Bustillo Christensen sehr schätzte. In seinen Memoiren beschreibt er ihn als „einen effizienten und treuen Mitarbeiter“ und als „vorbildlichen Beamten, der auf grund seiner Korrektheit und Beflissenheit im Amt das Zeug zum Minister hatte.“ (1997: 241) Zwar hat Bustillo nicht seine Grundeinstellung geändert, aber es scheint, dass in den Nationalparks Patagoniens von 1938 bis 1943 weniger Landkonflikte zu konstatieren sind. Die Warnung Christensens vor einer zunehmend integrationsunwilligen deutschen Gemeinde in Bariloche indes sollte sich als begründet erweisen. Wenige Jahre später zogen als Soldaten uniformierte deutsche Nazis in Großaufmärschen durch Bariloche und die besagte Schule erwies sich als Hort von geflüchteten Kriegsverbrechern, wie dem SS-Offizier Erich Priebke, der bis in die 1990er Jahre noch Vorsitzender des Trägervereins der deutschen Schule war.

Rund um die Jahre 1936 und 1937 aber regt sich die Kritik an den Vertreibungen chilenischer Siedler nicht nur im Inneren der Nationalparkbehörde, sondern der Umgang mit den Chilenen zieht auch diplomatische Verstimmungen nach sich. So bringt der chilenische Konsul bei seinem Besuch in Bariloche 1936 seine Sorge in Bezug auf die Räumung von chilenischstämmigen Siedlern und deren Vertreibung nach Chile zum Ausdruck. Und in einer handschriftlichen Randbemerkung zu diesem Bericht wurde dann auch vermerkt, dass die Klage des chilenischen Diplomaten durchaus begründet war, da es zwei bis drei Fälle ungerechtfertigter Räumungen gab. (Brief Frey an Bustillo, 12.11.1936; AGN, Legajo Bustillo, 3345) Jedoch war die Stimmung in Chile gegenüber den Mapuche nicht weniger rassistisch als in Argentinien. Entsprechend setzten sich die chilenischen Behörden auch nur sehr halbherzig für die chilenischen Mapuche in den Nationalparks ein oder sie zeigten gar offene Ablehnung. Der Intendant des Nationalparks Los Alerces berichtet, dass der chilenische Konsul ihm gegenüber urteilte „dass diese Leute hier und in ihrem Land schlecht seien." Dies nimmt der Intendant von Los Alerces – in Opposition zu Christensen – zum Anlass, Bustillo zu bekunden:

> Ich glaube, Herr Doktor, dass wir stark bleiben müssen, um alle negativen Elemente zu beseitigen. [...] Diese Menschen sind nicht nur träge, sondern auch unverantwortlich und sogar schlecht. [...] Ihr unheilbarer Statismus, ihr Primitivismus und diesen Widerwillen, den sie für alles, was uns gehört, bewahren, weisen sie als nicht zu empfehlende soziale Produkte aus.

Und er schließt mit dem ökonomischen Argument der Ressourcenkontrolle: „Wenn wir uns von dieser Art von Siedlern völlig getrennt haben, wird unser Waldreichtum besser gesichert sein. (Brief

Intendant PN Los Alerces an Bustillo, 17.8.1938; AGN, Legajo Bustillo, 3345)

Rund um das Jahr 1947 ist eine neue Welle der Vertreibung von chilenischen Mapuche aus den Nationalparks Nordpatagoniens festzustellen. Dazu wird eine Liste der betroffenen Personen, die zumeist hochbetagt sind, erstellt. Dazu gehört neben der Witwe Elisa C. de Pimán am Traful-See auch der chilenische Mapuche Juan Mora. Mora ist mit der Mapuche Maria Dolores Inalef verheiratet und hatte sich in den 1920er Jahren am Lago Llum in der Nähe des Mascardi Sees niedergelassen. Auch diese erneute Welle der Vertreibung ruft innerhalb der Behörde Kritik hervor. So kommt der damalige Intendant des Nationalparks Nahuel Huapi, Mignacco, zu folgendem Urteil:

> Generell und nach dem, was gesagt wurde, ist es die Meinung des Unterzeichners, dass es aus elementaren Gründen der Menschlichkeit angebracht wäre, die Maßnahmen zur Bekämpfung der betreffenden Räumungen zu überdenken, da die Mehrheit dieser Siedler aus älteren Menschen besteht, die absolut ressourcenarm und mit zahlreichen Nachkommen sind. (Brief Mignacco an Oscar Arce, 13.5.1947, APN, Caja 1937)

Und weiter argumentiert der Intendant des Nationalparks Nahuel Huapi, dass diese Personen auch nur nichtübertragbare prekäre Nutzungsrechte haben, die also in Zukunft auslaufen werden. Doch für die Nachkommen, die er ausdrücklich als Argentinier bezeichnet, müsse der Staat dann ausreichend große Ersatzflächen bereitstellen.

Wir kennen nicht die Antwort aus der Zentrale in Buenos Aires, aber einen Monat später sieht sich Mignacco in einem Brief an den Administrador General de Parques Nacionales zu einer Klarstellung gezwungen. Lang und breit führt er dann aus, dass es sich bei den im Park siedelnden chilenischen Mapuche um unerwünschte Personen handele, die vollkommen ungebildet und unkultiviert seien und nur auf Grund der durch die Parkverwaltung ausgeübten Überwachung ein einigermaßen geordnetes Leben führen könnten. Und trotzdem gäben sie sich dem Alkohol hin, seien für Waldbrände verantwortlich und sorgten für Ärger. Dabei fehle ihnen jegliche moralische Bildung, was auch zu Blutschande und Promiskuität führe. (Mignacco an Irusta, 7. Juni 1947; APN, Caja 1937) In diesem Brief führt der Parkintendant somit nahezu jedes gängige rassistische Vorurteil an, ohne aber explizit auf die ethnische Zugehörigkeit einzugehen. Das in dem ersten Schreiben angeführte humanistische Argument, das auf Mitgefühl beruht, ist in diesem Brief nicht mehr zu finden. Stattdessen wird nun strategisch abgewogen, dass der Aufwand, den eine Vertreibung mit sich bringen würde, sich angesichts der randständigen, kleinen Parzellen, die betroffen sind, nicht rechtfertigen lässt.

Doch auch diese Argumente kommen bei der zentralen Parkverwaltung in Buenos Aires offensichtlich nicht an, und so wird am 6. September 1947 ein Schreiben an Juan Mora ausgestellt, in dem ihm die prekären Weiderechte entzogen werden. 1952 folgt ein erneuter Räumungsbescheid. Und 1956 wird die Räumung dann wohl mit Hilfe von Polizeikräften, die die Parkranger zur Unterstützung angefordert hatten, umgesetzt. Doch trotz dieser Räumung nutzt Mora auch noch 1960 die Region am Lago Llum weiterhin als Weide für seine 30 Rinder. Er selber hatte sich auf der angrenzenden Parzelle seiner verstorbenen Frau niedergelassen. Es kommt daraufhin zu einer weiteren Intervention der Parkranger, die die Tiere einfangen und beschlagnahmen. Die Kosten dieser Aktion in Höhe von 3.652 Pesos wurden Mora, der als „Eindringling“ „klandestin“ Land besetzt hatte, aufgebürdet. Juan Mora war zu diesem Zeitpunkt 70 Jahre alt. (verschiedene Quellen, APN, 1937)

Dennoch konnten nicht alle im Nationalpark Nahuel Huapi ansässigen Mapuche vertrieben werden. Gerade in den 2000er Jahren setzten in Bariloche, und weniger stark auch in Villa La Angustura und El Bolsón, neue Organisationsprozesse einer zunehmend erstarkenden indigenen Bewegung der Mapuche ein. (Valverde 2011: 77; Policastro und Marks 2008) Bis zum heutigen Zeitpunkt sind die mit der Kolonisation und der Parkgründung verbundenen Landkonflikte gewaltgeladen. Bei der Räumung einer Landbesetzung am Lago Mascardi erschoss das Sonderkommando „Albatros“ der argentinischen Marine am 27. November 2017 den 22-jährigen Mapuche

Rafael Nahuel. Jenseits dieses traurigen, einschneidenden Ereignisses, das nationale Proteste auslöste, kann der Organisationsprozess aber auch Erfolge für die im Park ansässigen Mapuche verzeichnen. So war die Comunidad Wiritray am Mascardi-See die erste indigene Gemeinschaft, die im Inneren des Nahuel Huapi Parks 2000 offiziell vom Nationalen Institut für indigene Angelegenheiten anerkannt wurde. Die comunidad mapuche Wiritray wurde von den Familien Treuque, Rauque und Inalef – letztere war in den um Juan Mora dargestellten Landkonflikt involviert –, die allesamt Weiderechte (PPOP) besaßen, 1998 gegründet. Lange war Wiritray die einzige indigene Gemeinschaft, die von der Nationalparkverwaltung im Inneren des Nahuel Huapi anerkannt wurde. Doch in den nachfolgenden zehn Jahren erfolgten weitere Gründungen von indigenen Gemeinschaften, von denen mittlerweile vier anerkannt sind. Zudem kam es zu weiteren Besetzungen zur Rückgewinnung von Land, während die Parkverwaltung ihrerseits versuchte, neue Konzepte des *co-manejo* mit den indigenen Gemeinschaften im Park umzusetzen. (Trentini 2011, 2015) Sicherlich trägt die Tatsache, dass es sich bei diesen Landkonflikten um staatliches Land im Nationalpark handelt und somit der Staat als Hauptakteur politisch auf die Konflikte reagieren muss, dazu bei, dass gerade in dieser Region die Frage der Anerkennung der Rechte der Mapuche auf der politischen Tagesordnung steht.

Die Vertreibungen in den Nationalparks Patagoniens richteten sich in den ersten Jahrzehnten der Gründung vor allem gegen die verarmten, chilenischen Mapuche. Dennoch kamen bereits zu Beginn der Nationalparkgründung auch bei den europäischstämmigen und argentinischen Siedlern der Region die Sorge auf, sie könnten ihre Landrechte verlieren. Der Grundkonflikt besteht darin, dass die Idee des Nationalparks auf dem staatlichen Besitz von Land beruht, während andererseits die Siedler schon private Landrechte erlangt haben. Die Zeitung *La Nación* formuliert dies in einem langen Beitrag über den „Parque Nacional de Nahuel Huapi“ 1914 so:

> Mit der Besiedlung derselben Regionen und der Tatsache, dass diese Siedler auf Grund des Kolonisierungsgesetzes oder der vom Landwirtschaftsministerium gewährten Titel Rechte als Eigentümer erwarben, wurde es immer schwieriger, das Moreno-Projekt durchzuführen. (La Nación, 17.7.1914)

Anlässlich des Besuchs des US-amerikanischen Ex-Präsidenten und bekennenden Verfechter der Nationalparkidee, Theodore Roosevelt, in Bariloche im Jahre 1913, richten sich die Siedler direkt an den Gründungsvater des Nationalparks Nahuel Huapi, Francisco Pascasio Moreno, und bringen ihre Sorge wie folgt zum Ausdruck:

> Wir richten uns besonders an Sie, Perito Moreno, der in edler Großzügigkeit dem argentinischen Volk, der wohlverdienten Frucht vieler Jahre intensiver Arbeit und harter Not, dem Nationalpark, angeboten hat. Verdient ist der allgemeine Applaus, der heute so uneigennützig ist. Aber auch hier – wir können Geister am helllichten Tag sehen – scheint es uns, auf Grund von Stimmen aus der Presse und anderen Gerüchten, das Damokles-Schwert über unseren Köpfen zu sehen: die Gefahr der Enteignung. (Memorial an Dr. Francisco Moreno und Dr. Isidoro Ruiz Moreno, 26.11.1913; MP, Colección Frey, Biblioratо 1)

Des Weiteren verweisen die Siedler hier noch auf die staatliche Strategie der Agrarkolonisation, deren Ruf sie selber gefolgt sind, so dass der Staat nun für Rechtsschutz zu sorgen hat.

> Ist es nicht das, was eine kolonisierende Regierung will? Männer, die wie der Baum Wurzeln in ihrem Land schlagen? Männer, die Liebe zum Boden und Liebe zum Land haben, sei es ihre Heimat oder die neue Heimat ihrer Kinder, die sie im Notfall mit ihrem Blut und ihrem Leben verteidigen werden? (Memorial an Dr. Francisco Moreno und Dr. Isidoro Ruiz Moreno, 26.11.1913; MP, Colección Frey, Bibliorato 1)

Und dann wenden sie sich explizit gegen das US-amerikanische Modell von Wilderness mit menschenleeren Parks und postulieren die grundsätzliche Vereinbarkeit von Agrarkolonisation und Tourismus im Nationalparkregime:

> Es gibt keinen Park ohne Bewohner, ohne Siedler, die diese Region auch für diejenigen bewohnbar machen, die dort für nur kurze Zeit Erholung suchen. (Memorial an Dr. Francisco Moreno und Dr. Isidoro Ruiz Moreno, 26.11.1913; MP, Colección Frey, Biblioratо 1)

In diesem Sinne gipfelt die Intervention in der Forderung, das Damokles Schwert von ihren Köpfen zu nehmen und sofort endgültige Landtitel auszustellen.

Dabei bleiben die Siedler hartnäckig. Angesichts der neuen politischen Konjunktur nach dem Amtsantritt des radikalen Präsidenten Hipólito Yrigoyen 1916 sendeten sie noch im gleichen Jahr ein Memorandum an den Präsidenten. (Memorial al presidente de la república, 14.12.1916; MP, Colección Frey, Bibliorato 1) Laut dem Sohn Francisco Morenos wurde dieses Memorandum von Emilio Frey und seinem Vater entworfen. Damit hat sich Moreno explizit vom US-amerikanischen Wilderness-Modell distanziert und tritt nun für die begrenzte Agrarkolonisation auch im Nationalpark ein. Damit ist der Appell der Siedler aus dem Jahre 1913 bei dem nun greisen Moreno angekommen, der sich nun dafür einsetzt, das Damoklesschwert von den Köpfen der Siedler zu nehmen. In dem Memorandum nehmen sie explizit auf die Willis-Pläne zur Kolonialisierung Nordpatagoniens Bezug und fordern den Ausbau der Eisenbahn für den Tourismus sowie die Förderung der Agrarkolonisation nach dem Vorbild Kaliforniens. Nach dieser Präsentation der geopolitischen Imagination Nordpatagonien im Zeichen von Agrarkolonisation und Tourismus schließt sich die konkrete Bitte an den Präsidenten an, die Landnutzung – auch im Nationalpark – zu regulieren:

> Was die Kolonie am Nahuel Huapi-See betrifft, so bitten wir darum, dass alle reservierten Parzellen der Pastoralkolonisation zur Verfügung gestellt werden und dass sie für diesen Zweck geeignet sind; auch innerhalb des Nationalparks sollte die Nutzung des Landes für Milchprodukte auf geeigneten Flächen erlaubt sein, solange die Wälder nicht zerstört werden. Wir wollen Parks mit Leben, je mehr Menschen von der Frucht des Landes leben können, desto mehr Reichtum wird es für die Region und für das Land geben. (Memorial al

> presidente de la república, 14.12.1916; MP, Colección Frey, Biblioratо 1)

Bei der Regularisierung der Landtitel wenden sich die Siedler allerdings explizit gegen die Ausweitung des Großgrundbesitzes, so dass hier sogar die Enteignung oder wenigstens die Parzellierung gefordert wird.

Während die Nationalparkbehörde noch bis in die 1940er Jahre die europäischstämmigen Siedler im Park unbehelligt ließ, nahm in den 1960er Jahren aus Gründen des Naturschutzes der Druck auf die Siedler zu. Die biopolitische Strategie der Nationalparkbehörde, die eine neue Regulierung im Verhältnis von Bevölkerung und Territorium im Park anstrebte, kommt in einem langen Beschwerdebrief der Vereinigung der Siedler im Nationalpark Los Alerces, die sich wohl vornehmlich aus europäischstämmigen und argentinischen Siedlern zusammensetzt, aus dem Jahr 1966 wie folgt zum Ausdruck:

> Mit der Einrichtung des Parks betrachtete die Nationalparkverwaltung alle diese Bewohner fast als Eindringlinge, und gab ihrer Aufenhaltsgenehmigung einen Charakter, den sie prekär nannte. So hat sie die Siedler den strengsten Beschränkungen unterworfen, sie hat es ihnen nicht erlaubt, Verbesserungen vorzunehmen, ihr Kapital zu erhöhen oder Fortschritte zu erzielen. Darüber hinaus wurde ihnen jedes Jahr Zahlungen für das Weiderecht für die Tiere auferlegt, mit hohen Bußgeldern für diejenigen, die die festgelegte Grenze überschritten haben. (Brief Unión de Pobladores del Parque Nacional Los Alerces an den Gouverneur von Chubut, 16. Oktober 1966; BM-APN, Caja PN Los Alerces)

Die Siedler kommen daraufhin zu folgender Schlussfolgerung:

> Konkrekt war die Politik der Verwaltung, die offiziell in irgendwelchen Akten festgehalten wurde, die der Entvölkerung des Parks. (Brief Unión de Pobladores del Parque Nacional Los Alerces an den Gouverneur von Chubut, 16. Oktober 1966; BM-APN, Caja PN Los Alerces)

Damit entstand ein massiver und langandauernder Landnutzungskonflikt, der sich um den Fall der Siedler im Nationalpark Lanín über 30 Jahre hinzog und zu einer Verhärtung der Fronten zwischen Siedlern und DPN geführt hat:

> Und das ist der Grund für den Konflikt zwischen der Parkverwaltung, die die Bewohner als Feinde betrachtet – und sie so behandelt – und den Bewohnern, die nicht gehen, weil sie nirgendwo hingehen können. (Brief Unión de Pobladores del Parque Nacional Los Alerces an den Gouverneur von Chubut, 16. Oktober 1966; BM-APN, Caja PN Los Alerces)

Doch scheinen sich die Siedler durchaus partiell behauptet zu haben. Während es bei der Ausweisung der Region als Reservat mit dem Ziel der Nationalparkgründung im Jahre 1937 noch zirka 100 Siedler gab, so konnten sich heute immerhin noch 30 Siedler, die hauptsächlich von der Viehzucht leben, in entsprechend ausgewiesenen Nutzungszonen des Nationalparks Los Alerces halten.

Während die Siedler im Nationalpark Los Alerces somit Widerstand gegen das Konzept des menschenleeren Parks leisteten, haben sich andere Siedler mit der neuen Situation abgefunden. So hat Benito Vereertbrugghen seine Räumung aus dem Nationalpark Nahuel Huapi akzeptiert und ist dabei durchaus von dem Naturschutzargument der DPN überzeugt: „wenn die Pflege des Parks und seiner Flora meinen Rückzug sowie den aller derzeitigen und zukünftigen Siedler, die sich in den gleichen Bedingungen befinden, erfordert“ (Brief Vereertbrugghen an DPN, 1.4.1969, Archivo DPN, Caja 1936), akzeptiere er ohne Widerwillen seine Umsiedlung. Während der angesehene Siedler Benito Vereertbrugghen, unter anderem auch Eigner des Hotels Tronador am Lago Mascardi sowie der Hosteria Pampa Linda, sich noch in den 1930ern der Unterstützung der Nationalparkbehörde bei Landstreitigkeiten mit der Mapuche Witwe de Millaqueo gewiss sein konnte, so wendet sich das Blatt 35 Jahre später. 1969 erhält der nunmehr hochbetagte Vereertbrugghen, der seit 1915 in der Region lebt, die Aufforderung zur Räumung. Er wendet sich nicht gegen die Räumung an sich, erbittet aber mehr Respekt und einen zeitlichen Aufschub, da 30 Tage kaum ausreichend sind, um seine 500 Rinder umquartieren zu können. Dieser Fall steht nahezu beispielhaft für das definitive Ende der Agrarkolonisation rund um den Nahuel Huapi-See. Und Benito Vereertbrugghen nutzt die Aufforderung zur Räumung, um nochmals Zeugnis von seiner Pionier-Leistung abzugeben, die in den 1960er Jahren nicht mehr gefragt ist. „Ich bin ein patagonischer Siedler, der seit 1915 Grenzgebiete bewohnt und kolonisiert.“ Dabei stellt er sich nostalgisch als mustergültigen Pionier dar:

> Ich habe mich stets an die Vorschriften des Nationalparks gehalten, ich habe in der nationalen Verteidigung gedient (als Kapitän, der von den Streitkräften der Nation benannt wurde), ich habe ein riesiges Gebirgsgebiet bevölkert und es mit meinen wirtschaftlichen Aktivitäten zum Erfolg geführt. All dies, seit der Zeit, als das Leben in Patagonien ein Abenteuer, ein unschätzbares Opfer bedeutete, und das hat in der Definition diese große nationale Hoffnung begründet, die jetzt das argentinische Gewissen weckt. (Brief Vereertbrugghen an DPN, 1.4.1969, APN, Caja 1936)

Offensichtlich wurde Vereertbrugghen auf Grund dieser Intervention mehr Zeit gewährt. Die endgültige Räumung wurde im Dezember 1975 vollzogen.

In der letztlich tragischen Figur von Benito Vereertbrugghen lässt sich das Scheitern des Modells der Agrarkolonisation und das Ende der ersten Phase des Schließens der Frontier ablesen. Insofern stellt sich Vereertbrugghen als nunmehr letzten in den Akten der DPN auftretenden Vertreter des fast ausgestorbenen Sozialtypus des robusten Pioniers dar. Wie auch der Westen in den USA, dem der Historiker Frederick Turner nach dem Schließen der Frontier mit seinem Aufsatz „The Frontier in American History“ ein akademisches Denkmal gesetzt hatte, wird nun auch in Argentinien die Frontier zur nostalgischen Erinnerung. Während in den USA die Wild-West-Romantik boomt, beschreibt Exequiel Bustillo ebenso nostalgisch die Lebenseinstellung seines Vorarbeiters, der „ganz ein Siedler des Wilden Westens“ (1997: 56) war, der das „Siedlerleben eines wahren

Kolonisten oder „Pioniers“ führte, mit allen Risiken und Unannehmlichkeiten, die dies beinhaltete” (1997: 61). Um dann aber für sich zu der Erkenntnis zu kommen, dass er selber doch die urbanen Annehmlichkeiten mit Telegraphen, Straßen und Geschäften bevorzugt.

Doch war Vereertbrugghen nicht nur ein einfacher Pionier. Er verkörperte auch den erfolgreichen Geschäftsmann der Frontier, der über die Ankurbelung des lokalen Hotelwesens zur Touristifizierung der Region beigetragen hat. Auf Grund seiner starken sozialen Position als Mitglied der lokalen Elite galt er lange Zeit im Park als unantastbar. In diesem Sinne konnte er sich auch problemlos bei den Landkonflikten mit chilenischen Mapuche, die im Park allgemeinhin als Eindringlinge kriminalisiert wurden, auf die Unterstützung der DPN verlassen. Zu Beginn der Hochphase der Touristifizierung von Nahuel Huapi unter dem Motto der „argentinischen Schweiz“ ab Ende der 1920er Jahre gab es auch zunächst keine grundlegenden Interessenskonflikte zwischen lokaler Viehwirtschaft und Tourismus, so wie es Vereertbrugghen mit seinen touristischen Installationen am Fuße des Tronadors vorlebte. Erst mit dem in den 1960er Jahren zunehmenden, international ausgerichteten Naturschutzdiskurs gerieten auch solche Persönlichkeiten wie Vereertbrugghen unter Druck und mussten den Park räumen. Dabei ist auch eine zunehmende Bürokratisierung und lokale Entbettung der Parkintendanz und APN festzustellen, so dass persönliche Meriten und historisch gewachsene Privilegien der kalten Mechanik der Zentralbürokratie gewichen waren. Und so wurde die Räumung vollzogen.

Im Nationalpark Iguazú – in extremen Nordosten des Landes – nehmen die Konflikte zwischen Agrarkolonisation und Nationalparkregime indes eine andere Form als in Nordpatagonien an. Dabei sind vor allem zwei strukturelle Unterschiede festzuhalten. Erstens ist der Konflikt mit der indigenen Bevölkerung weniger prominent, da die dortigen indigenen Völker früher – zum Teil schon im 17. Jahrhundert – erobert und großteils missioniert worden waren, während sich die verbliebenen indigenen Gemeinschaften in abgelegene Regionen des Urwalds zurückzogen. (Wilde 2007) Zweitens war mit der in der

Region bereits installierten Militärkolonie ein weiterer starker staatlicher Akteur in der Region vertreten, der eigene Interessen verfolgte.

Vor diesem Hintergrund kam es zwischen der neu gegründeten Nationalparkbehörde (DPN) und den Militärs zu einem Streit um 50.000 Hektar Land. Die Militärs hatten die Kontrolle über die 1928 vom Staat mit dem Ziel der Nationalparkgründung gekauften Ayarragaray-Hacienda übernommen. Mit der Gründung der DPN 1934 war nun das Militär gezwungen, dieses Gebiet der neuen Behörde zu überreichen. Doch waren die Militärs wenig gewillt, einer neuen, kaum institutionalisierten Behörde ein geopolitisch derart wichtiges Gebiet zu übergeben. Zudem generierte das sich auf dem Gebiet befindliche Hotel Einkünfte, die das Kriegsministerium nicht verlieren wollte. (Bustillo 1997: 428-9)

Um diese Landübergabe, inklusive der dortigen Installationen und Einrichtungen, zu regeln, entsandte Exequiel Bustillo den General Alonso Baldrich, ein Mitglied der DPN, im Juli 1935 nach Iguazú. (Freitas 2018: 115) Am 4. September 1935 schickt Baldrich Bustillo dann einen ausführlichen Bericht über seine Reise nach Iguazú. Nach einer kurzen Einführung über die Unannehmlichkeiten bei der Reise kommt er prompt auf die Landnutzung zu sprechen. Im August hatte der Präsident der Republik, der Militär General Agustín Pedro Justo, ein Dekret erlassen, nachdem das Militär von den insgesamt 75.000 Hektar des Latifundiums noch 20.000 behält, während 55.000 Hektar an die DPN übergehen. Nun schlägt Baldrich in seinem Bericht vor, dass von diesen 55.000 Hektar der DPN 5.000 Hektar vollkommen ausreichend seien, um Hotelinfrastruktur, die Parkverwaltung und ein Wegenetz zur touristischen Nutzung zu erstellen. Die verbliebenen 50.000 Hektar – so Baldrich – „haben keine Merkmale, die ihre Aufnahme in das Nationalparksystem rechtfertigen.“ Stattdessen schlägt er die Parzellierung vor, um dieses Land für ein großangelegtes Projekt der Agrarkolonisation zu nutzen, in dessen Rahmen 2.000 Familien in der Region angesiedelt werden sollen. (Bericht Baldrich an Bustillo 4.9.1935; APN, Caja 1935; Brief Baldrich an Bustillo, 3.10.1935; APN, Caja 1935)

Anfang Oktober 1935 legt Baldrich dann in einem weiteren Schreiben nach und nimmt – gegen Teile der DPN – deutlich Position gegen eine Eingliederung des strittigen Gebiets in den Nationalpark:

> Die Behauptung des Leiters der Technischen Abteilung, dass ihre natürlichen Bedingungen „erhalten bleiben müssen", ist unbegründet. Vielmehr sollten sie aus dem Reservat entfernt und an die für die Kolonisation zuständigen Verwaltungsbehörden zurückgegeben werden. (Brief Baldrich an Bustillo, 3.10.1935; APN, Caja 1935)

Zur Begründung greift Baldrich bemerkenswerterweise auf die noch offene Debatte im Naturschutz zurück, bei der in Hinblick auf den Schutz des Naturerbes zwischen Nationalpark und Naturmonument unterschieden wird. Sein Argument lautet, dass selbst der Leiter der technischen Abteilung konstatiert hätte:

> Iguazú ist kein Nationalpark, sondern ein Naturdenkmal, und da wären zweitausend Hektar ausreichend gewesen, um das charakteristische und interessante Gebiet zu umfassen. (Brief Baldrich an Bustillo, 3.10.1935; APN, Caja 1935)

Daraus folgert er dann aber – gegen die Empfehlungen der technischen Leitung – „Folglich waren die 50.000 verbliebenen Hektar nicht notwendig." (Brief Baldrich an Bustillo, 3.10.1935; APN, Caja 1935) Wenngleich sich Bustillo in dem Konflikt zwischen Kriegsministerium und Nationalparkbehörde für die Übergabe der Ländereien, gemäß der Gesetzeslage, einsetzte, so teilte er doch weitgehend die Einschätzung Baldrichs. Bei einer Begehung vor Ort im Nationalpark Iguazú kamen die Mitglieder der DPN Alsonso Baldrich, Luis Ortiz Basualdo, Antonio Lynch und eben Exequiel Bustillo wohl zu dem gemeinsam geteilten Schluss, „dass Iguazú mehr als ein Park, ein außergewöhnliches Naturdenkmal war." (Bustillo 1997: 437)

Im gleichen Sinne äußert sich auch der Intendant des Nationalparks Iguazú, Julio Amarante, der 20 bis 25.000 Hektar Land für die Agrarkolonisation freigeben will. Dabei müssten die zukünftigen Siedler allerdings einer strengen moralischen Kontrolle und Disziplinierung unterzogen werden, so dass eine „rigorose Reglementierung, die zuvor die Herkunft der Nationalität der zukünftigen Siedler, ihre persönlichen Bedingungen der ideologischen Orientierung und Arbeit untersuchen, und die den dauerhaften Besitzschutz des Staates auf das Land gewährleisten sollte“ notwendig sei. (Bericht Julio Amarante an Bustillo, 16.10. 1935; APN, Caja 1935)

Skeptische Einwürfe, die auch den Wert der subtropischen Wälder hervorheben, kamen vereinzelt von den Forstwirten und Agraringenieuren. So geben Franco Devoto und Máximo Rothkugel zu bedenken: „Kolonisation und Busch werden von einigen Technikern und Praktikern als antithetisch angesehen.“ (Devoto und Rothkugel 1936: 23) Doch auch sie schlagen sich nicht vollständig auf die Seite des Naturschutzes, vielmehr empfehlen sie ein Modell, das innerhalb des Nationalparks unterschiedliche Nutzungszonen und Schutzgrade ausweist:

> Die Lösung, die es ermöglicht, den Wald zu erhalten und die Kolonisation zu verteidigen, besteht darin, abwechselnde Zonen zu etablieren, Teile des Waldes für Dauerwaldreservate vorzusehen, die Vermehrung wertvoller Arten zu begünstigen, in Streifen nachzusäen, eine leichte Rodung vorzunehmen, die die Keimung und das Wachstum wertvoller Arten begünstigt, und in besonderen Fällen die Nachsaat und Pflanzung von Zeder, Lapacho, Petereby, Lorbeer usw. (Devoto und Rothkugel 1936: 27)

Doch solche Stimmen waren zu schwach für eine nachhaltige Kritik, und so gewann das Modell der Agrarkolonisation zunächst oberhand. Allerdings sollte es an der realen Umsetzung scheitern. Die geopolitischen Vorstellungen, Bevölkerung mit Territorium über das Instrument der Agrarkolonisation unter staatlicher Kontrolle abzustimmen, schlug fehl. Ende der 1930er Jahre mussten die Militärs das Scheitern des Kolonisationsprojekts konstatieren. Im September 1941 regelte dann ein erneutes präsidiales Dekret die Landverteilung: 500 Hektar innerhalb des Nationalparks wurden an private Akteuere zwecks Agrarkolonisation vergeben, das restliche Gebiete verblieb in staatlicher Hand unter der Zuständigkeit von DPN und Kriegsminsterium. (Freitas 2018: 115-117)

In diesem Sinne zeigt sich, wie das geopolitische Imaginarium der Erschließung der „weißen Flecken" der Nation durch Agrarkolonisation, das seinen Ursprung in der Mitte des 19. Jahrhunderts hat, in den 1930er Jahren des 20. Jahrhunderts seine imaginäre Kraft verliert und an sein Ende kommt. Stattdessen gewinnt der Nationalpark-Diskurs zunehmend an Bedeutung, vor allem auch mit dem Ziel, das Land für den Tourismus zu erschließen. Die Nationalparkbehörde ist dabei – vermittelt auch über die intensive und professionelle Öffentlichkeitsarbeit – eine zentrale Instanz, die einen Umbruch in der Imagination der Nation anschiebt. Von nun an steht – gemäß dem Motto der DPN „Conocer la patria es un deber / Das Vaterland kennenzulernen ist eine Pflicht" – die Erfahrung der Diversität der landschaftlichen Schönheiten Argentiniens im Zentrum einer neuen, wirkmächtigen geopolitischen Imagination der Nation.

Städte im Park: Urbanisierung am Iguazú

„Nationalpark, ein Gebiet, das von einer Nationalregierung für die Erhaltung der natürlichen Umwelt zur Verfügung gestellt wird." (https://www.britannica.com/science/national-park) definiert die British Encyclopedia und bringt damit eine im Gemeinsinn der meisten Menschen heutzutage verankerte Vorstellung von Nationalparks zum Ausdruck. 1994 hat die International Union for Conservation of Nature eine neue differenzierte Kategorisierung von Naturschutzgebieten vorgenommen, wobei die von Nationalparks geschützten Gebiete als

> große natürliche oder naturnahe Gebiete, die zum Schutz großflächiger ökologischer Prozesse vorgesehen sind, sowie die Ergänzung der für das Gebiet charakteristischen Arten und Ökosysteme, und die auch die Grundlage für umwelt- und kulturverträgliche, spirituelle, wissenschaftliche, Bildungs-, Freizeit- und Besucherangebote bilden (IUCN 2008)

definiert werden. Diese heute gültige Definition von Nationalpark seitens der International Union for the Conservation of Nature beruht auf einer strikten Trennung dualistischer Kategorien wie Natur und Kultur oder Wildnis und Zivilisation. Diese Trennung beruht sicherlich maßgeblich auf den US-amerikanischen Vorstellungen von Wilderness in der damaligen Park-Bewegung seit Mitte des 19. Jahrhunderts. Hier wurden die Nationalparks von Naturliebhabern explizit als Gegenpol zu dem nervösen Leben in der Stadt gesehen.

In Argentinien indes wird zu Beginn des 20. Jahrhunderts kein markanter Gegensatz zwischen Nationalparks und urbaner Entwicklung gesehen. Ganz im Gegenteil werden die staatlich eingerichteten Nationalparks als hervorgehobene Instrumente für die urbane Entwicklung peripherer Regionen betrachtet. Zwar gibt es in Argentinien gerade auch aus dem Bereich der Naturwissenschaftler Stimmen, wie die von Carl Curt Hosseus und später Jorge Dennler de la Tour, die auf die Einrichtung klassischer „Naturschutzparks" drängen. Doch diese Stimmen bleiben in der Minderheit.

Schon die ersten Ansätze zur Ausbildung urbaner Infrastruktur rund um die Iguazú-Fälle sind mit der touristischen Erschließung verbunden. Zwar ließen sich 1901 erste Kolonisatoren, die Brüder Nuñez y Gibaja, nieder, nachdem eine Jesuiten-Mission im 17. Jahrhundert früh aufgegeben werden musste. Ebenfalls 1901 kam eine erste organisierte Reisegruppe, die sich aus prominenten Mitgliedern der Patrizier aus Buenos Aires zusammensetzte, nach Iguazú. Ein Teil der Gruppe konnte zwar auf Grund der schlechten Infrastruktur nicht zu den Wasserfällen gelangen, aber ein Mitglied der illustren Reisegesellschaft, Victoria Aguirre, zeigte sich so beeindruckt von der Landschaft, dass sie 3.000 Pesos für den Bau eines Landestegs spendete. Der Bau wurde mit einer weiteren Spende der Brüder Nuñez y Gibaja, seinerzeit Konzessionäre des Gebiets rund um die Wasserfälle, fertiggestellt. Der edlen Spenderin zu Ehren wurde dieser Ort dann Puerto Aguirre genannt und der daran anschließende Weg in Richtung der Iguazú-Fälle etwas hochtrabend, Avenida Aguirre. (Morales 1929: 95-97) Damit war der argentinische Zugang zu den heute weltberühmten Wasserfällen erschlossen.

Letztlich war es jedoch sicherlich die Konkurrenz mit dem brasilianischen Nachbarn, die die urbanen Phantasien beflügelte. Denn Brasilien hatte am Iguazú bereits 1889 eine Militärkolonie errichtet, die einen Urbanisierungsprozess nach sich zog. Der Geograph Elisée Reclus beschreibt diesen Prozess so: „als Militärkolonie etabliert, stellt Foz de Iguazú heute eine freie Gemeinde dar, die 1893 eine Bevölkerung von 700 Personen umfasste." (Reclus 1894: 390) Wenige Jahre später, im Dezember 1892, hatte sich der Intellektuelle Juan Ambrosetti mit einem Pamphlet für den Bau von argentinischen Militärkolonien in Misiones ausgesprochen. (Ambrosetti 1903)

Das erste ausgearbeitete Projekt zur raumplanerischen Gestaltung des zukünftigen Nationalparks Iguazú wurde dann 1902 von dem belgisch-französischstämmigen Landschaftsarchitekten Carlos Thays ausgearbeitet. Neben der Nationalparkgründung stehen in dem Bericht dieses Experten ein urbanes Großprojekt im Zentrum. (Freitas 2018, Berjman 2002, Berjman und Gonzalez 1988: 80-85)

Carlos Thays setzte in seinen städtebaulichen Planungen an der bereits bestehenden Avenida Aguirre an. Indes weitete er die Avenida, die nunmehr als Monumentalachse konzipiert ist, in ein symmetrisch angelegtes Gitternetz aus, das von einem Quadrat eingegrenzt wird. (Freitas 2018:108, Berjman 2002: 30) Neben dieser Planung einer städtischen Siedlung wählte Thays auch die geeigneten Standorte für ein Hotel und ein Casino aus, die beide – ganz im Sinne des Gouverneurs von Misiones, Juan José Lanusse, – die touristische Entwicklung der Region fördern sollten.

Obwohl es in der Region mit Puerto Aguirre seit 1901 eine kleine Siedlung gibt, die auch als Relaisstation für den Besuch der Iguazú-Fälle gilt, so kann der Thays-Plan auf Grund seines Umfangs doch mit der Errichtung einer Planstadt verglichen werden. Hierbei greift Thays mit der Variation des aus Straßen gebildeten Gitternetzes auf ein etabliertes planerisches Instrument zurück, das in verschiedenen historischen Epochen aufgegriffen und angepasst wurde. Stadthistoriker und -soziologen haben dabei vor allem auch die Verbindung dieses städtebaulichen Rasters mit Prozessen der Kolonialisierung von Raum hergestellt. (Sennett 1991, Kaltmeier 2011: 1-19)

Konkret schließt Thays mit dem Gitternetz zum einen an eine urbane Tradition in Lateinamerika an, die auf die spanische Kolonialzeit zurückgeführt werden kann. Im Kontext der Indien-Gesetze erließ der spanische König Philipp II 1573 ein Dekret, demnach alle neuen kolonialen Städte in Spanisch-Amerika nach dem *damero*, dem Schachbrettmuster, zu errichten waren. Zum anderen kam die spanische Kolonialstadt ab den 1860er Jahren in den nunmehr unabhängigen lateinamerikanischen Nationen immer mehr in die Kritik, und die Städteplaner orientierten sich vor allem am französischen Beispiel des Second Empire.

Hier waren die von Baron George Eugène de Haussmann in Paris eingesetzten Monumentalachsen und segregierten Stadtzonen häufig kopierte Elemente. Insofern gilt Buenos Aires in Lateinamerika als die Stadt, die Paris am meisten ähnelt. Und die Avenida Aguirre könnte als Miniaturversion der Avenue des Champs-Élysées begriffen werden.

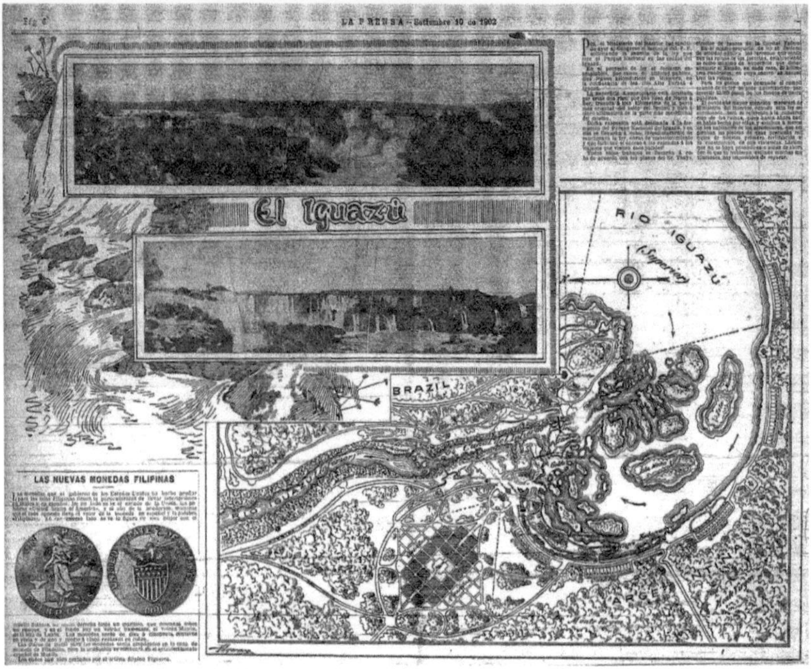

Abb. La Prensa, 10.9.1902

Diese Pläne zur Erschließung des zu gründenden Nationalparks Iguazú wurden bereits im Jahre 1902, wie hier in einer September-Ausgabe der Tageszeitung *La Prensa*, medial verbreitet.

Ende des 19. Jahrhunderts erfreute sich die Planstadt in den Amerikas einer gewissen Konjunktur. So erwies sich – gerade in Lateinamerika – die bestehende koloniale städtebauliche Struktur als zu eng für die neuen infrastrukturellen und hygienischen Bedürfnisse. Zudem setzte ein rasantes demographisches Wachstum – verstärkt durch die massiven Immigrationsprozesse seit Mitte des 19. Jahrhunderts – ein, das den Bau neuer Städte erforderlich machte. Ideologisch suchten die republikanischen Eliten zudem die Abkehr von den alten kolonialen Stadtstrukturen und trachteten danach, sich auch architektonisch und städtebaulich in die westeuropäische – sprich französischgeprägte – Moderne einzuschreiben.

In diesem Kontext wurde der französische Architekt Pedro Benoit von der argentinischen Regierung beauftragt, die neue Stadt La Plata zu planen. Zwischen 1873 und 1884 entwarf Benoit dann diese heutige Metropole in der Region La Plata auf dem Reißbrett. Diese Planstadt besteht in ihrem Grundriss aus einem perfekten Quadrat, in dessen Innerem eine sogenannte historische Achse mit Monumentalbauten platziert ist. Dabei wird das Quadrat durch markante Diagonalen gekreuzt, die derart Pyramiden und Rauten entstehen lassen, die durch Parks und Plätze akzentuiert sind. Dieser Generalplan wurde international auf der Weltausstellung in Paris 1889 mit zwei Goldmedaillen prämiert und als „Stadt der Zukunft" gepriesen.

Der Landschaftsarchitekt Carlos Thays, der von 1891 bis 1920 Leiter der Dirección de Parques y Paseos in Buenos Aires war, muss mit diesen Plänen bestens vertraut gewesen sein. Auch wenn sich in den spärlichen persönlichen Schriften Thays' kein Hinweis darauf finden ließ, ist es nicht unwahrscheinlich, dass dieser über die stadtplanerische und auch über die französischstämmige Gemeinschaft mit Benoit auch persönlich bekannt war. Zentrale Elemente des Benoit-Plans, wie das dominante Quadrat und die Monumentalachse, sind entsprechend auch in dem ersten Thays-Entwurf für Iguazú wiederzufinden. Nur die Diagonalen wurden nicht von Thays verwendet, wahrscheinlich wäre dies auch für die Planung einer Kleinststadt zu überdimensioniert gewesen.

Auf Grund der ungeklärten Landbesitzverhältnisse rund um die Iguazú-Fälle kam es letztlich aber nicht zur Umsetzung der städtebaulichen Planung. Angesichts des 1909 erlassenen Gesetzes zur Kolonialisierung der Grenzregionen musste Thays den ursprünglichen Plan überarbeiten und an die neuen Gegebenheiten anpassen. (Freitas 2018: 110, Berjman und Gonzalez 1988: 80)

1909 wurde der Plan dann überarbeitet und 1912 übergab Thays einen ausführlichen und reichlich mit Schwarz-Weiß-Fotografien bebilderten Bericht zum „Parque Nacional Iguazú" an den Landwirtschaftsminister Adolfo Mujica, der auch die neuen städtebaulichen

Pläne an den Wasserfällen enthielt. Dabei hält Thays auch nochmals die schwache urbane Struktur der Region fest und konstatiert:

> In der Nähe der Wasserfälle gibt es derzeit keine ansässige Bevölkerung. [...] Es gibt nur in Puerto Aguirre und an den Fällen zwei Holzpavillons, die als Hotels dienen. (Thays [1912] 2002: 327)

Bei seiner erneuten Inspektion der Region macht Thays einen neuen Hafenstandort aus, der sieben Kilometer näher an den Cataratas liegt als Puerto Aguirre. An diesem Standort schlägt Thays dann die Neugründung der Stadt „Iguazú" vor. Dazu entwirft er folgende städteplanerische Vision:

> Die Gesamtfläche, einschließlich der Fläche für mögliche zukünftige Erweiterungen und Vororte, beträgt ca. 900 Hektar. Ein Boulevard parallel zum Fluss (dem Iguazú, O.K.) begrenzt die Bauzone, so dass die schönen Flusslandschaften zu sehen sind und die Nachteile der zu niedrig angesiedelten Bevölkerung in der Nähe des Flusses vermieden werden. Mehrere Plätze und Squares, ein zukünftiges Hippodrom und ein Stadion, ein Flugplatz, etc. werden die Orte der Erholung und Bewegung der neuen Stadt sein. (Thays [1912] 2002: 328)

Komplementiert wird dieses urbane Zentrum in dem Thays-Plan von einer 1.500 Hektar umfassenden Militärkolonie.

Auch in den zweiten Planungen von Pueblo Iguazú verfolgt Thays weiter eine geometrisch-symmetrische Stadtstruktur, ersetzt aber das strukturierende, stadtumgrenzende Quadrat durch eine radiale Formgebung, die auf den Mittelpunkt einer Uferpromenade zuläuft und deren Achse durch die erweiterte Avenida Aguirre gebildet wird. Damit enthält der neue Plan eine radikale Abkehr von der traditionellen, kolonial geprägten lateinamerikanischen Stadtmorphologie hin zu einem französisch beeinflussten Neobarock, der die Bautradition Haussmanns aufgreift. Entsprechend urteilen die argentinischen Park- und Stadtbauexperten Sonia Berjman und Rodrigo Gónzalez:

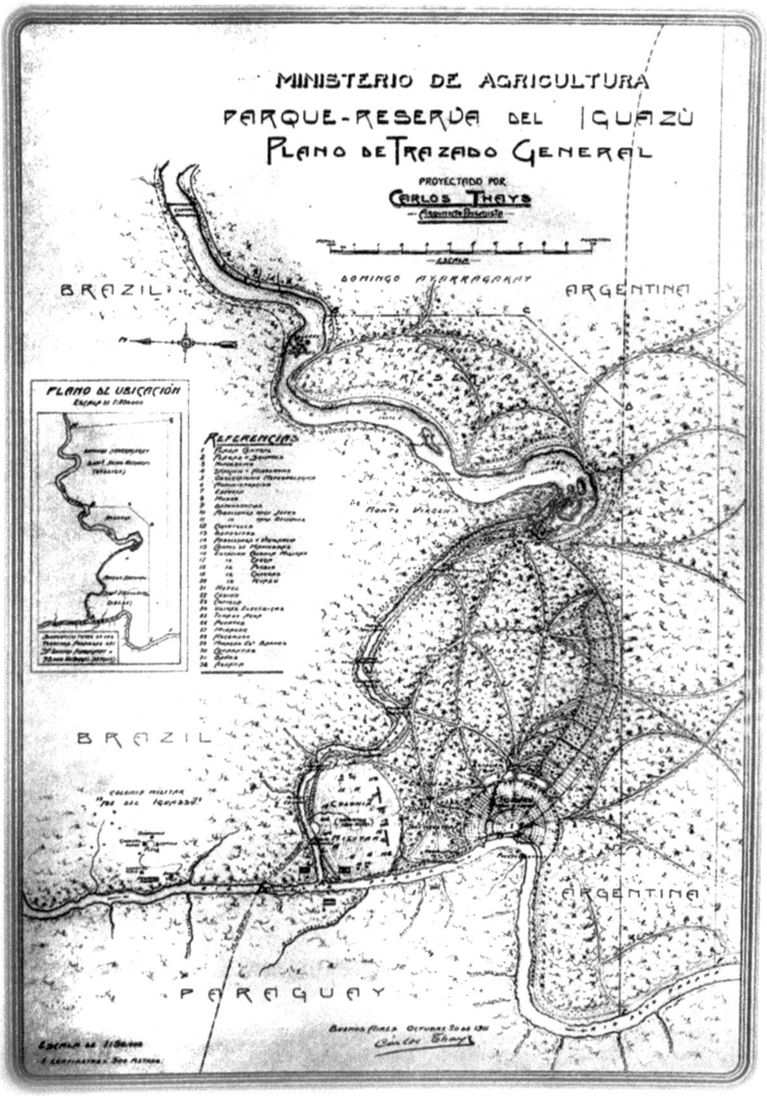

Abb. Thays 1912. Parque Reserva Iguazú. Plano trazado general.

> Die Anlage des Dorfes Iguazú ist ein eindrucksvolles Beispiel für die Modetrends des französischen Städtebaus zu Beginn des Jahrhunderts, der versuchte, Kriterien der Stadtästhetik, Hygiene und des Verkehrsflusses zu kombinieren, indem er auf die Verwendung von Diagonalen und ein differenziertes Netz von Straßen und Alleen setzte. (Berjman und Gónzalez 1988: 83)

Möglicherweise war Thays in seiner Neukonzeption auch von den neuen Debatten in dem unbestrittenen geistigen, kulturellen und politischen Zentrums Argentinien, der Hauptstadt Buenos Aires, beeinflusst. 1907 und 1909 hatte der Pariser Urbanist Joseph Bouvard Buenos Aires besucht, um dort seine Haussmann-orientierten Pläne zur urbanen Transformation der argentinischen Hauptstadt vorzulegen, die auch eine Abkehr vom kolonialen Schachbrettmuster beinhalteten. Zur Evaluierung dieser Pläne setzte die Stadtverwaltung eine Expertenkommission – der auch Carlos Thays angehörte – ein. Diese Kommission kam zu dem Schluss, dass es notwendig sei, die Schachbrettstruktur zu durchbrechen und stattdessen „konvergente und konzentrische Straßen an bestimmten wichtigen Punkten" zu etablieren. Zudem ist „die Gestaltung diagonaler Straßen, ein neues urbanes Allheilmittel, das mit der unvorstellbaren Monotonie des alten Designs brechen würde" notwendig, um dem urbanen Ensemble ein „malerischeres, abwechslungsreicheres und angenehmeres Erscheinungsbild" zu geben. (zitiert nach Gutiérrez 2002: 57)

Während sicherlich ein Großteil von Thays' Zeitgenossen, die durchaus dem Fortschrittsdenken verschrieben waren und die zudem zunehmend die Iguazú-Fälle als Tourismusmagnete – als must-visit-place – entdeckt hatten, die Pläne des belgisch-französischen Landschaftsarchitekten teilten, so gab es doch auch vereinzelte Kritik. Im intellektuellen Feld der aristokratischen Elite in Buenos Aires war es der französische Kulturkritiker Paul Groussac, der die schärfste Kritik äußerte. Groussac hatte bereits Aarón de Anchorenas Präsenz auf der Isla Victoria im Nahuel Huapi-Park so massiv kritisiert, dass dieser von seiner Konzession zurücktrat und die Insel an den argentinischen Staat zurückgab. Nun also ist der zweite emblematische

Nationalpark im Visier der scharfen Feder Groussacs. Mit zivilisationskritischem Unterton und internationale Vergleichs-dimensionen heranziehend bemerkt dieser:

> Auch wenn wir uns in den einfachen Blickwinkel eines mäßig gebildeten Tourismus stellen – dafür reicht es beispielsweise aus, die enorme systematische Degradierung der Landschaft durch Industrie oder Hotels in der Schweiz zu betrachten – ist es unmöglich, angesichts dieses Projekts nicht den Eindruck eines Übermaßes zu bekommen, einer Inkongruenz zwischen dem bloßen Begriff ‚jungfräulicher Dschungel' und den Barbareien von Boulevards, Plätzen, Kasinos, Flugplätzen usw., die im Projekt verschwenderisch sind und so vielen anderen Schändungen der Natur entsprechen. (Groussac 1920: 233)

Insgesamt steht Groussac den touristischen Visionen von Lanusse und Thays somit höchst skeptisch gegenüber, da die Region zu abgelegen und klimatisch belastend für europäische und nordamerikanische Touristen sei. Dabei kritisiert er auch den argentinischen Staat, dessen Aufgabe es nicht sei, Ferienorte zu schaffen. Diese Kritik konnte sich jedoch kaum durchsetzen. Doch scheiterten die weitreichenden urbanen Visionen im Nationalpark des Nordens vor allem an der fehlenden staatlichen Durch- und Umsetzung der Pläne.

Die 1934 eingerichtete Dirección de Parques Nacionales, die – wie wir später zeigen werden – im patagonischen Süden des Landes weitreichende Urbanisierungsstrategien umsetzte, trieb auch im Nationalpark Iguazú die Urbanisierung voran. Wenngleich die Urbanisierungsbestrebungen hier – was wohl auch den persönlichen Präferenzen von Exequiel Bustillos geschuldet war – nicht die gleiche Zentralstellung wie im Nationalpark Nahuel Huapi und dessen „Hauptstadt" Bariloche erreichten. Doch auch unter der Ägide Bustillos gingen die Urbanisierungsmaßnahmen durchaus massiv voran. 1935 wurde die erste Nationalschule in Puerto Aguirre gebaut und 1937 wurde die Nationalpark-Intendanz fertiggestellt. Ebenfalls 1937 wurden die umfangreichen Renovierungsarbeiten des Hotels Cataratas mit einem Schwimmbad, Tennisplätzen, einem Musiksalon samt

Flügel sowie Gemüsefelder für die Versorgung des Hotels abgeschlossen. Zudem wurde die Verkehrsinfrastruktur mit dem Ausbau des Weges nach Puerto Canoas – dem Eingangstor zu den Wasserfällen –, der nun mit dem Auto befahren werden konnte, sowie dem Bau einer Landepiste für Flugzeuge abgeschlossen. (Vallejos und Gonzalez 2014: 22)

1939 wurde dann die städteplanerische Vision von Puerto Aguirre, dem heutigen Puerto Iguazú, entscheidend vorangetrieben. Die zentrale Planungshoheit lag hier bei Exequiel Bustillos Bruder, dem angesehenen Architekten Alejandro Bustillo, der bereits die Intendanz in Iguazú sowie zentrale Bauten im Nationalpark Nahuel Huapi entworfen hatte. Dieser führte die Planungen – wie auch in Bariloche – in enger Zusammenarbeit mit dem Architekten und Urbanisten Ernesto Estrada durch, der zunehmend die Federführung übernahm. In seinen Plänen nahm die DPN zentrale Elemente des Thays-Plans von 1912 für das letztlich nicht realisierte Pueblo Iguazú am Standort Puerto Aguirre auf. Dazu gehörte der Entwurf zweier zentraler Plätze, die mit Sicht auf den Fluss Iguazú ausgerichtet sind. Entlang des ersten Platzes, der mit einer Aussichtsplattform ausgestattet ist, richten sich eine Kapelle, das Postamt, ein Hotel und mehrere Geschäfte aus. Um den zweiten, dem Fluss zugewandten Platz, gruppieren sich eine Schule, ein Museum sowie eine medizinische Station. (Berjman und Gonzalez 1988: 87)

Jedoch hatte der Bustillo-Plan nicht mehr die strenge Konsequenz der beiden Thays-Pläne, sondern war durch einen gewissen Eklektizismus gekennzeichnet. „Von einem zentralen Bezugspunkt aus, von dem aus Diagonalen, Straßen und unterbrochene Wege ausgehen“ – zumindest in den Diagonalen sind Anklänge an das radiale Thays-Modell zu finden – „wird eine gemischte Menge von regelmäßigen und irregualen Blöcken strukturiert, deren Umfang durch die Topographie der Küste, des Grabens und der angrenzenden niedrigen Gebiete bedingt ist.“ (Berjman und Gónzalez 1988: 91) Die letztgenannte städtebauliche Struktur des Gitters hing wohl auch mit dem Versuch zusammen, die urbanen Areale zu besiedeln.

Zu diesem Zweck schlägt der örtliche Intendant des Nationalparks Iguazú, Julio Amarante in seinem Bericht von 1935 an Exequiel Bustillo einen Kriterienkatalog für das Urbanisierungsprojekt vor, in dem dessen erster Punkt empfohlen wird,

> dass die Stadt in Blöcke von 100x100 Metern unterteilt ist, so dass zwischen ihnen, breite Straßen von mindestens 26 Metern, einschließlich der Bürgersteige, verbleiben. (Brief Julio Amarante an Director Secretario DPN Víctor Pinto, 16.10.1935, AGN, Legajo Bustillo, Caja 3344)

Innerhalb dieser Blöcke sollen dann einzelnen urbanen Siedlern Landstücke in der Größe von 50x50 Metern angeboten werden.

Trotz dieser Pläne jedoch kann die städtebauliche Planung der Dirección de Parques Nacionales im Nationalpark Iguazú weder die Klarheit und Gradlinigkeit der Thays-Entwürfe noch die der zeitgleichen Bustillo-Estrada Pläne in Bariloche erreichen. Gleiches gilt für die architektonische Vision, die Bustillo und Estrada in Puerto Iguazú durchsetzten. Zwar postuliert die DPN einen vermeintlich typischen Kolonialstil in Misiones, den es so jedoch wohl kaum gibt. Stattdessen greifen die Architekten auf eine neokoloniale Bricolage zurück. Berjman und González kommen dabei zu folgendem kritischen Schluss:

> Eine ‚koloniale' Architektur an einem Ort, an dem die Holzhäuser der europäischen Siedler vorherrschen, die von der kreolischen Republik weiterentwickelt wurden, war ein kultureller Eingriff, der sowohl in Hinblick auf die Zeit als auch auf den Raum unangemessen war. (1988: 92)

Dabei hat die Parkintendanz vor Ort zwar durchaus empfohlen, die architektonische Kohärenz in den geplanten Siedlungen zu bewahren. So fordert Julio Amarante bereits im Oktober 1935 angesichts der geplanten Urbanisierung, „dass bereits am ersten Tag das Material des Gebäudes nach den Standardplänen, die von der Direktion der Nationalparks ausgewählt werden, bestimmt wird [...], so dass der Interessent zwischen diesen Modellen wählen kann.“ (Brief Julio Amarante an Director Secretario DPN Víctor Pinto, 16.10.1935, Archivo APN) Doch konnte die DPN diese Forderung vor Ort kaum durchsetzen.

Ähnlich wie Paul Groussac bereits die städtebaulichen Pläne von Carlos Thays kritisiert hatte, gab es auch kritische Stimmen zu dem von der DPN anvisierten architektonischen Kolonialstil. Erstaunlicherweise wurde diese Kritik im Inneren der DPN geäußert. Während dem neokolonialen Stil eine gewisse Monumentalität innewohnt, die auch die koloniale Herrschaft über die Landschaft zum Ausdruck bringen soll, plädieren die Forstwirte Franco Devoto und Máximo Rothkugel innerhalb des Nationalparks Iguazú für eine bescheidene, ja fast demütige, naturnahe Architektur.

> Das Gebäude muss dem bestehenden regionalen Stil entsprechen und dessen Elemente aufnehmen. Dazu werden für kleine Bauwerke Palmblätter, Bretter, lokale Steinsockel sowie roter Lehmputz verwendet. (Devoto und Rothkugel 1936: 49)

Eine solche Architektur fügt sich harmonisch in das Landschaftsbild ein, ohne dieses zu dominieren:

> Es ist notwendig, einen Stil vorzuschlagen, oder besser gesagt, die Wiedervereinigung einer Reihe von architektonischen Elementen, die es ermöglichen, die Gebäude als natürliches Element der Landschaft zu betrachten [...]. Und das kann nur auf der Grundlage von ‚Aufrichtigkeit‘ und Natürlichkeit im Stil erreicht werden. (Devoto und Rothkugel 1936: 49)

Schlichtheit und Natürlichkeit indes sind nun nicht die architektonischen Kriterien, die Exequiel Bustillo für seine Vision, die auf den Luxustourismus der Geldaristokratie abzielt, im Kopf hat.

Anders als in Bariloche kann Bustillo in Puerto Iguazú kein städtebauliches Gesamtkonzept durchsetzen. Wenngleich somit in Puerto Iguazú kaum ein harmonisch, durchkomponiertes Stadtbild geschaffen werden konnte, so ist doch festzuhalten, dass die Landschaft durch die Baumaßnahmen in kolonialer Ästhetik neu imaginiert wurde. Und zwar in einer Weise, die den Überlegungen von Franco Devoto und Máximo Rothkugel diametral entgegenstehen. Der sichtbarste Ausdruck für diese neokoloniale Resemantisierung der Landschaft und der damit zum Ausdruck gebrachten Planungsmacht des Nationalstaates und seiner Behörden ist die von Alejandro Bustillo entworfene und 1937 fertiggestellte Verwaltungsgebäude der Nationalparkbehörde. In diesem neokolonialen Gebäude wird die neue Macht der DPN symbolisch zum Ausdruck gebracht. Die Wirkung wird hier nicht allein über die neokoloniale Architektur, sondern vor allem über die Einpassung des Bauwerks in die Parklandschaft erzielt. Die Parkintendanz thront wie ein Leuchtturm über dem Fluss und ist somit und verstärkt durch die leuchtend weiße Fassade für die – zu der Zeit noch meist mit dem Schiff anreisenden Touristen – weithin sichtbar.

Abb. Nationalparkintendanz Iguazú. DPN. 1937. Parque Nacional del Iguazú. Buenos Aires. DPN: o.S.

Während die DPN ab Mitte der 1930er Jahre die Grundsteine für die Urbanisierung der Landschaft legte, kam es nach dem Abtritt von Exequiel Bustillo ab 1943 und dem nachfolgenden Aufstieg von Juan Domingo Perón als argentinischen Präsidenten zu einer erneuten Beschleunigung des Urbanisierungsprozesses. 1943 wurde Puerto Aguirre durch ein Präsidialdekret in Puerto Iguazú umbenannt. Es folgte der weitere Ausbau der urbanen Infrastruktur, unter anderem durch ein Krankenhaus. Zudem wurde der verkehrsinfrastrukturelle Anschluss von Puerto Iguazú an das Straßennetz vorangetrieben und 1948 ein erster Flughafen errichtet, der die bestehende Landepiste ersetzte. Die demographische Entwicklung der Stadt war jedoch begrenzt. So gab es 1947 in Puerto Iguazú 480 Einwohner, die Hälfte davon Kinder. (Berjman und Gonzalez 1988: 91) Doch dann geht es auch demographisch bergauf, und so hält der Historiker Federico Freitas fest: „Um 1950 war Puerto Iguazú eine boomende Stadt." (2018: 121) Heute hat die Kleinstadt Puerto Iguazú mehr als 30.000 Einwohner, die großteils vom Tourismus leben. Die wirkliche Entwicklung der ab 1901 entstandenen und entworfenen Stadt an den imposanten Iguazú-Fällen fand also erst unter dem Peronismus statt. Die Verbindung von Peronismus und Puerto Iguazú geht dabei so weit, dass Perón Puerto Iguazú nach dem Tode seiner Frau und politischen Ikone des Peronismus 1951 in Evita Perón umbenennen wollte. Der Militärputsch von 1955 schob dieser Umbenennung jedoch einen Riegel vor.

Bariloche: Hauptstadt der Nationalparks

„Llao Llao ist die Stadt der Zäsaren. Sie erfüllt damit den Traum der Eroberer, die diesen patriotischen Eindruck von diesen Gebieten hatten, die noch in die Nation eingegliedert werden musste." (Levisman 2010: 43) Mit diesen Worten bringt die Architektin und Architekturhistorikerin Marta Levisman die Bedeutung des von der Nationalparkbehörde gebauten Luxushotels Llao Llao auf den Punkt und verweist auf die Einschreibung dieses Hotels in einen historischen Diskurs kolonialen Ursprungs, der inmitten Patagoniens die sagenumwobene goldene und silberne Stadt der Cäsaren vermutet. Damit wird Llao Llao von der Architekturhistorikerin nicht nur zu einem zentralen Element einer kolonialen, historisch tief verankerten geographischen Imagination der Eroberung Patagoniens gemacht, sondern gar zur Apotheose dieser Narration, in der der Mythos seine Verwirklichung findet. Frappant ist, wie die Akademikerin noch im 21. Jahrhundert diesen kolonialen Mythos unkritisch heranzieht, was deutlich macht, wie sehr diese Imagination in der argentinischen kollektiven Vorstellungswelt verankert ist.

Wie kein anderes Bauwerk steht das Hotel Llao Lao für die Bemühungen der Kolonialisierung der Landschaft durch Tourismus, die von der Dirección de Parques Nacionales (DPN) unter der Leitung von Exequiel Bustillo unternommen wurden. Dabei entsprach die Einrichtung von aristokratischen Gran Hotels in pittoresken Landschaften durchaus dem Zeitgeist des ausgehenden 19. und beginnenden 20. Jahrhunderts, wie Exequiel Bustillo selbst anlässlich der Einweihung des Straßennetzes im Nationalpark 1937 festhält:

> Der Bau von staatlichen Hotels ist keine Neuerung. Andere Länder sind uns dabei vorausgegangen. Kanada mit seinem großen Spring-Hotel in Banff, die Vereinigten Staaten mit seinen schönen Nationalparkhotels, Brasilien mit dem Poço de Caldas-Hotel, Uruguay mit dem Carrasco und Chile mit den drei kürzlich errichteten Hotels in Viña del Mar, Pucón und Puerto Varas sind Ausdruck einer praktischen Politik, die wir ohne Verzögerung umsetzen sollten. (Bustillo 9.1.1937)

In Hinblick auf Größe, Grundanlage, Konzeption und Ausrichtung auf die (Geld-)Aristokratie der Zeit scheint Llao Llao wohl deutlich am Hotel Banff Springs orientiert gewesen zu sein, während für die architektonische Ausgestaltung die Hotels in den US-amerikanischen Nationalparks Pate standen. Hier hatte sich, unter anderem im Yellowstone- Nationalpark mit dem von Robert Reamer entworfenen Hotel Old Faithfull Inn, ein eigenständiger Stil der architektonischen Bricolage ausgebildet, der später als „parkitecture" – ein Neologismus, der sich aus „park" und „architecture" zusammensetzt – bezeichnet wurde. Vorangetrieben wurde dieser Baustil in den USA von dem National Park Service. Es handelt sich um einen rustikalen, pittoresken Stil, der die rurale westeuropäische Architektur, unter anderem der Schweizer Hütte, aufnimmt und mit den architektonischen Stilen des US-amerikanischen Westens, vor allem mit dem Blockhaus, verbindet. Andrew Jackson Dowing hatte diesen schweizerischen Stil in den 1850er Jahren in den USA eingeführt. Er traf damit auf einen Zeitgeist, der sich dem Romantizismus des 19. Jahrhunderts zuwandte und mit nostalgischen Anflügen neugotische Elemente aufnahm. Gerade in der aufstrebenden Geldaristokratie des Gilded Age am Fin de Siècle waren zudem nostalgische europäische Bauelemente, die Bezüge zum Adel herstellten, en vogue. Sie dienten vor allem auch der sozialen Distinktion gegenüber der Bevölkerungsmehrheit der popularen Klassen. (Kaltmeier 2019) Diese Strategie der architektonischen Distinktion fand sich indes nicht nur bei den Vanderbilts, Rockefellers und Carnegies in den USA, sondern auch unter den argentinischen Patriziern. Während der heutige unbedarfte Wanderer wohl höchst erstaunt sein wird, wenn er bei seinen Streiftouren rund um Lao-Lao plötzlich auf die Ruine einer römischen Brücke trifft, so lässt sich dieser Umstand gerade mit dem Versuch der Parkleitung erklären, nostalgische, neugotische Erlebniswelten zu schaffen und gleichzeitig die Landschaft zu europäisieren.

Der von Bustillo angeführte Vergleich mit dem Banff Springs, das so edle Gäste wie die britische Queen beherbergt hatte, entbehrt nicht einer gewissen historischen Ironie. Seine Einweihungsrede für das erste Luxushotel im argentinischen Patagonien beschließt

Exequiel Bustillo noch mit dem Wunsch „sehnen wir uns für Llao Llao nach einem gleichen Schicksal“, nicht wissend, in welch tragischer Art und Weise er recht behalten sollte. Denn das Banff Springs Hotel, ursprünglich weitgehend aus heimischem Holz gebaut, brannte 1926 vollständig nieder und wurde 1928 durch einen neuen Stein-Bau im schottischen Burgenstil wiedererrichtet. Das gleiche Schicksal ereilte Llao Llao noch nicht einmal ein Jahr nach der offiziellen Einweihung am 19. November 1938. Ein elektrischer Defekt führte 1939 zu einem Brand, der das Hotel, dessen Konstruktion seinerzeit den Hauptetat der frisch eingerichteten Nationalparkbehörde verbraucht hatte, bis auf die Fundamente niederbrannte. Zum Bau des Hotels waren damals circa 5.000 Bäume gefällt und getrocknet worden. (Bustillo 1988 [1982]: 42) Die gute Vernetzung Bustillos und die durch den 2. Weltkrieg günstige touristische Konjunktur in Nordpatagonien führten jedoch zu einem raschen Neubau, so dass Llao Llao 1940 wieder vollständig in Betrieb genommen werden konnte.

Abb. Hotel Llao Llao vor dem Brand. AGN, Legajo Bustillo, Caja 3354.

Die Ausschreibung des Architekturwettbewerbs zum Bau von Llao Lao gewann Alejandro Bustillo, Bruder von Exequiel, der aber, um Spekulationen über Günstlingswirtschaft und Korruption den Boden zu entziehen, auf eine Bezahlung verzichtete. Auch für den Wiederaufbau machte Alejandro Bustillo die Pläne, der zudem auch zehn bis fünfzehn weitere Gebäude innerhalb des Nationalparks entwarf. In diesem Sinne gilt er als ästhetischer Mentor des in Nahuel Huapi angewandten Architekturstils, der später als „Bariloche-style" (Zusman 2010) bezeichnet werden sollte.

Das Hotel Llao Llao liegt am Anfang der Halbinsel gleichen Namens, zwischen dem Nahuel Huapi und dem Morales-See, mit einem Panorama-Blick über die genannten Gewässer und auf den majestätischen Gipfel des Tronador, in 25 km Entfernung des urbanen Zentrums Bariloche. Kurz: Die Einbettung von Llao Llao in die Seen- und Bergenlandschaft des Nationalparks ist atemberaubend. Insofern gibt es bereits 1924 erste Pläne für die Einrichtung an diesem Standort (Biedma 2003: 212-213), so dass die Erzählung, Alejandro Bustillo habe diesen Ort wie einen Rohdiamanten entdeckt, als einen weiteren Aspekt der Selbstmythifizierung der Bustillo-Brüder abgetan werden kann. (Bustillo 1997: 133-134) Die Panorama-Anlage des Hotels befördert eine ästhetische, kontemplative Aneignung der Landschaft, die auch auf der Möglichkeit zur arbeitsfreien Muße beruht und somit eng an aristokratische Lebensstile gebunden ist. Zugleich wird durch die erhobene Lage die Illusion von Allmacht und Kontrolle geschaffen, die die koloniale Beherrschung der Landschaft befördert. Genau diese Aspekte soll Llao Llao auch zum Ausdruck bringen.

Der zivilisatorische Imperativ des Kolonisationsprojekts wird anschaulich in der 1938 von der DPN veröffentlichten Broschüre, in der die Fortschritte bei den öffentlichen Bauten präsentiert werden, dargestellt. Hier wird in didaktischer Manier der Fortschritt in der Gegenüberstellung von „Gestern" und „Heute" veranschaulicht. An dem tief in der argentinischen Imagination verankerten Gegensatz von Zivilisation und Barbarei ansetzend macht die DPN deutlich, wie sich die Region entwickelt. Sie setzt sich grundlegend von der indigenen, „rückständigen" Vergangenheit ab und präsentiert sich als höchst modern und zivilisiert mit neuester Infrastruktur, Architektur und Kommunikationsmedien. Damit wird herausgestrichen, dass die Kolonialisierung durch die Arbeit der DPN erfolgreich realisiert ist.

Doch beschränkt sich die Nationalparkbehörde nicht darauf, nur ein singuläres Bauwerk zu errichten. Die Pläne der urbanen Erschließung der Region reichen viel weiter. Bemerkenswert ist in diesem Sinne, dass die DPN für diesen Zweck sogar eine eigene Sección de Arquitectura y Urbanismo eingerichtet hatte, deren Leiter 1936 der Architekt Ernesto de Estrada wurde. Die städteplanerische und architektonische Konzeption, Leitung und Ausführung lag somit bei dem Architekten Alejandro Bustillo als eine Art Mentor, dem Stadtplaner und Architekten Ernesto de Estrada, der sich auf die städtebaulichen Planungen – unter anderem des Centro Cívico konzentrierte – und Miguel Ángel Cesari, der die Bauaufsicht über zahlreiche Projekte führte. (Ramos 1993) Bustillo entwarf mit Bleistift und Papier die Entwürfe für die ersten Bauten im Nationalpark, die Cesari dann umsetzte. (Berjman und Gutiérrez 1988: 20).

Abb. Unterkünfte – Gestern und Heute. DPN 1938. *Obra Pública.*

Eine Hauptzielscheibe der städtebaulichen Visionen der Nationalparkbehörde stellte die kleine Ansiedlung San Carlos de Bariloche am Rande des Nahuel Huapi-Sees dar, die 1934 an das argentinische Eisenbahnnetz angeschlossen worden war. Der Anspruch, eine neue, geordnete Stadt zu bauen, die als Bollwerk der Kolonialisierung Patagoniens wirkt, wird von Bustillo deutlich artikuliert und in eine historische Linie gestellt, die mit dem Eroberungskrieg gegen die Mapuche Ende des 19. Jahrhunderts beginnt:

> Eine schöne Stadt, gut abgegrenzt, mit einer typisch regionalen Architektur, mit ihren Vergnügungsparks und Kunstdenkmälern. Ein ganzes menschliches Werk, das die Bemühungen um Eroberung und Zivilisation widerspiegelt, von denen General Roca, Dr. Moreno, Ramos Mejía und all die großen Patrioten der Vergangenheit geträumt haben, die ihre Augen auf die erweiterte patagonische Wüste gerichtet hatten. (Bustillo 1940 zitiert nach Biedma 2003: 219-220)

Nun war die Region rund um die heutige Kleinstadt San Carlos de Bariloche Mitte des 19. Jahrhunderts keineswegs eine „patagonische Wüste", vielmehr bauten dort Mapuche, die über den Variloche-Pass in enger Verbindung zu den Mapuche auf der chilenischen Seite der Kordillere bis hin zu Insel Chiloé standen, Weizen an. Aus Chile kamen dann Ende des 19. Jahrhunderts erste deutsche Siedler nach Bariloche und ließen sich dort nieder. Um 1897 wohnten – nach Aussagen des deutschen Geographen Hans Steffen –um das heutige Bariloche nicht mehr als vierzehn Siedler. Indes diente der Ort selber als ein von dem deutsch-chilenischen Siedler Carlos Wiederholdt eingerichteten Handelsplatz für Wolle, die unter anderem im Austausch mit den Mapuche der Region gewonnen wurde. Es folgten weitere Siedler, und es entstand eine erste prä-urbane Infrastruktur. Die offizielle Gründung der Stadt erfolgte dann 1902, was mit dem staatlich geleiteten Prozess der Vergabe von Grundstücken einherging. (Biedma 2003: 151-173) Insofern setzten die Planungen der Nationalparkbehörde an einer bereits bestehenden Kleinstadt an, die ihrerseits aber weder die infrastrukturellen noch organisatorischen

Kapazitäten für eine wirkliche Stadtplanung hatte. Insofern hat das städtebauliche Projekt der DPN durchaus Elemente einer Planstadt.

Die Kolonialisierung durch Urbanisierung voranzutreiben, ist indes keine eigene Idee der DPN. Exequiel Bustillo war in diesem Unterfangen von dem Prozess der französischen Kolonialisierung Marokkos inspiriert, die von Marschall Lyautey durch urbane Projekte vorangetrieben wurde. (Bustillo 1997: 277-279) Zudem muss dem guten Kenner der Geschichte Patagoniens auch die wichtige Rolle der Stadt- und Festungsgründungen Mitte des 19. Jahrhunderts im chilenischen Teil Patagoniens beim Kampf gegen die Mapuche bekannt gewesen sein. (Kaltmeier 2004: 89-91)

Aber auch im argentinischen Nordpatagonien gab es bereits Ansätze zur staatlich gelenkten Urbanisierung. Die weitreichendsten Urbanisierungspläne rund um den Nahuel Huapi See hatte der US-amerikanische Geologe Bailey Willis im Rahmen der von ihm geleiteten Hydrologischen Mission entworfen. Willis und sein Topograph Lewis indes sahen eine vollständig neu angelegte Planstadt – eine „ciudad fabril" (Willis 1988: 437) – an der Mündung des Flusses Limay in den Nahuel Huapí See vor. Zur hydroelektrischen Versorgung der neuen Stadt sollte am nordöstlichen Stadtrand der Stausee Limay angelegt werden. Im unteren Teil der Stadt, in Richtung Nahuel Huapi, sollten sich Industrien sowie die Eisenbahn ansiedeln, während der obere Teil von öffentlichen Gebäuden und Geschäften geprägt sein sollte. Hier sollte nach Willis auch ein zentraler Platz entstehen. Willis selbst beschreibt die Planstadt Nahuel Huapi wie folgt:

> In dieser Ebene, deren Fläche 1.100 Hektar beträgt, wird die zukünftige Stadt Nahuel Huapi auf einem von der Regierung entworfenen Plan mit Straßen, Plätzen, Parks, öffentlichen Gebäuden und der Wasserversorgung entstehen. Diese Stadt wird über Abschnitte für Produktion, Handel und Wohnen verfügen und sie wird das Zentrum der Industrie und des Verkehrs in der Region der Seen sein. (Willis 1988: 212)

Dabei preist Willis das gesunde Klima und die hervorragende naturräumliche Ausstattung der zukünftigen Stadt am Nahuel Huapi-See, die über ihre industrielle Funktion hinaus auch als zentrales Eingangstor für den dort vorgesehenen Nationalpark dienen soll:

> Die Lage der zukünftigen Stadt ist sonnig und geschützt, gut entwässert und gesund. So ist die Stadt am Eingang des Nationalparks in einer Region mit herrlichem Sommerklima dazu bestimmt, nicht nur als Produktions- und Handelszentrum, sondern auch als attraktiver Ort für den Tourismus zu fungieren. (Willis 1988: 213)

Damit wird deutlich, dass für Bailey Willis die Gründung des Nationalparks und der Stadt am Nahuel Huapi untrennbar miteinander verbunden waren. So heißt das vierte Kapitel seines Buches über Nordpatagonien schlicht „Lago Nahuel Huapi", und der Untertitel präzisiert „Der Nationalpark und zukünftige Städte". (Willis 1988: 427). Geopolitisch ist die neue Stadt als wahres „geographisches Zentrum" (1988: 212) imaginiert, das die Atlantikküste über die Andenkordillere mit der Pazifikküste und der dortigen chilenischen Hafenstadt Valdivia verbindet. Die Stadt als multipler Entwicklungsmotor für Nordpatagonien.

Willis zitiert aus dem Bericht, den er an die argentinische Regierung übergeben hat, nochmal die Mission der zu bauenden Stadt.

> Die Stadt wird nach den Anweisungen des Ministers für öffentliche Arbeiten, Dr. Ramos-Mexía, entworfen, sie soll das Hauptzentrum der Bevölkerung und der Manufaktur der Andengebirge südlich von Mendoza sein." (Willis 1988: 442)

Dabei betont Willis an anderer Stelle die herausragende Bedeutung des argentinischen Politikers Ezequiel Ramos Mexía für die geplante Kolonialisierung Nordpatagoniens:

> Vielleicht war es ein Traum, der Traum eines großen Patrioten, Ramos-Mexía, aber wenn ja, war es ein Traum. In der wunderschönen Umgebung von See und Berg sah Ramos eine blühende Stadt mit vielen tausend fleißigen Bürgern, die sich mit der Herstellung von Gütern, dem Handel, der Bildung und dem Sport beschäftigten und

> Eigentum für sich und die Republik gewannen; sie erhielten auch von ihrer Umgebung die Kraft, die Inspiration für visionäres Denken und nationales Unternehmertum. (Willis 1947: 123).

Die Pläne zur Gründung dieser Stadt wurden allerdings nicht umgesetzt, auch weil der politische Fürsprecher der Kolonisation Ramos Mexía im Rahmen der politischen Umbrüche Mitte der 1910er Jahre seinen Einfluss verloren hatte.

Nichtsdestotrotz waren die Urbanisierungsbemühungen am Nahuel Huapi 20 Jahre später sicherlich, wie bereits die Park-Gründung selber, von Willis beeinflusst. Nur findet die Kolonialisierung nunmehr unter veränderten Vorzeichen statt. Während Willis noch eine industrielle Entwicklung der Region sieht, die sich mit den touristischen Parkplänen harmonisieren lässt, so setzt die DPN nun vollständig auf die Touristifizierung. Die von Willis anvisierten Aspekte der Entwicklung eines industriellen Clusters spielen dabei keine Rolle mehr.

Doch geht auch die Ausarbeitung des touristischen Projekts am Nahuel Huapi nicht allein auf die DPN unter Exequiel Bustillo zurück. Im Vorfeld der Einrichtung des Parque Nacional del Sud, 1922, entwirft Emilio Frey – der mit Willis in der Hydrologischen Mission in Patagonien eng zusammengearbeitet hatte – im August 1918 ein detailliertes, sechsseitiges Konzeptpapier zur Förderung des Tourismus am Nahuel Huapi. Dieses enthält den Aus- und Umbau der bestehenden rudimentären Hotelstruktur sowie umfassende Überlegungen zum Ausbau der Verkehrsinfrastruktur. Institutionelle Kernforderung ist die Bildung eines argentinischen Unternehmens, das den Tourismus zwischen Buenos Aires und dem Nahuel Huapi organisiert. Ein solches Projekt ist von Herrn Roth anvisiert und soll auf der Grundlage des von Frey ausgearbeiteten Konzeptpapiers weitere finanzielle Unterstützung erhalten. (Frey, August 1918; MP, Biblioratо 1)

Mit Gründung der Dirección de Parques Nacionales 1934 wurde die bestehende Ansiedlung San Carlos de Bariloche zum unbestrittenen politischen Zentrum dieser neuen Behörde und logistischen Ausgangspunkt für deren Bemühungen der Erschließung und Entwicklung Nordpatagoniens durch den Ausbau des Nationalparks. Bariloche war von der DPN als administrative, ökonomische und touristische Hauptstadt der Region konzipiert worden, die als Knotenpunkt für die politische Kommunikation mit der Hauptstadt Buenos Aires und dem benachbarten Chile fungiert und in der Region die kleineren Städte und Dörfer koordiniert. (Estrada 1988 [1985]: 38) Diese geopolitischen Überlegungen waren nun keineswegs neu. Bereits seit 1912 arbeitete eine Kommission, die von Exequiel Ramos Mexía im Ministerium für Öffentliche Arbeiten eingesetzt wurde, an einer Studie, die die Verschränkung von Bariloche mit dem Nationalpark des Südens untersucht. Der Leiter dieser Kommission kommt in einem Brief an Manuel Castro, dem Sekretär der von Emilio Frey geleiteten Comisión de Fomento de Bariloche, zu folgendem klaren Schluss:

> Es besteht kein Zweifel daran, dass Bariloche zum Tourismuszentrum des Nationalparks werden muss, wo Hunderte von Touristen auf der Strecke mit der Eisenbahn von Buenos Aires über den Nahuel Huapi-See bis hin nach Chile rasten werden. Damit wird Bariloche die Rolle übernehmen, die die wichtige Stadt Luzern derzeit in der Schweiz spielt. (Brief aus dem Ministerium für Öffentliche Arbeiten an Manuel Castro, Sekretär der Comisión de Fomento de Bariloche, 4.4.1914; MP, Colección Frey Bibliorato 7)

Zentrale Elemente des späteren Diskurses der DPN wie die Touristifizierung, der Vergleich mit der Schweiz und die Bedeutung von Bariloche als Eingangstor für den Nationalpark sind hier bereits formuliert.

Der Verdienst der DPN unter Exequiel Bustillo ab 1934 besteht nun aber darin, dass diese geopolitischen Imaginationen nun mit Holz, Stein und Asphalt in die Tat umgesetzt wurden. Dazu mussten strukturelle städtebauliche Probleme im bestehenden Bariloche bewältigt werden. Bariloche war – wie viele Frontier- und Kolonisationsstädte in den Amerikas – im Schachbrettmuster angelegt. Jedoch gab es auf Grund der starken Steigungen von bis zu 20% das Problem, die Straßen überhaupt passierbar zu machen. Dieses Problem löste die Stadtplanungsabteilung der DPN durch den Bau von Terrassen mit Treppen für den Fußverkehr und neu errichtete, weniger steile Rampen. Zudem wurde eine Strandpromenade angelegt, deren Verlängerung als Avenida Exequiel Bustillo dann später bis zum Hotel Llao Llao führen sollte.

Meisterwerk der städtebaulichen Intervention der Nationalparkbehörde aber war die komplette Neuanlage eines Stadtzentrums mit zentralen öffentlichen Bauten, das der Stadt ein unverkennbares Gesicht verleihen sollte. Um diesen starken Verwaltungsanspruch – den Staat in einen abgelegenen Ort der Peripherie zu bringen – gerecht zu werden, ist es der junge Stadtplaner der DPN Ernesto de Estrada, der einen vollständigen, räumlich konzentrierten Neubau der öffentlichen Bauten vorschlägt.

> Es war daher notwendig, die Gebäude zu einem harmonischen Ganzen zusammenzufassen, das heisst nicht den klassischen Platz aller unserer Städte zu wiederholen, auf dem vor dem Platz Baugrundstücke ausgewiesen wurden, die für öffentliche Gebäude reserviert waren, und die übrigen der Öffentlichkeit anzubieten, wobei jedem Einzelnen die Möglichkeit gelassen wurde, die Art der Architektur zu bestimmen.“ (Estrada 1988 [1985] 39)

Dabei wurde der Blick auf den See offen gehalten. Der Neubau dieses Centro Cívico konnte durch den Ankauf von Grundstücken, die Primo Caparo, die einem der Gründungsväter Bariloches gehörten, realisiert werden.

Die Architektin Liliana Lolich sieht das Centro Cívico in Bariloche als ein prominentes Beispiel für „die Nutzung von Architektur als Werbung für den Staat.“ (2007: 79) Die staatliche Intervention, ein neues Stadtzentrum zu bauen, ist somit keine einfache Infrastrukturmaßnahme, sondern eine Strategie, um Staatlichkeit in einer peripheren Region überhaupt erst herzustellen. Das Bauwerk selbst ist ein prominentes Medium, um die Imagination von Staatlichkeit herzustellen. Die Produktion von Staatlichkeit und der weiterreichende Versuch, nationale Identität über Architektur herzustellen, entsprach dem damalige Zeitgeist der westlichen Welt und wurde von dem nationalsozialistischen Deutschland soweit auf die Spitze getrieben, dass Architektur als Propaganda fungierte. Dieser nationale, propagandistische Zug, getrieben von der Idee der Kolonisierung, findet sich auch in den architektonischen und städtebaulichen Plänen der Nationalparkbehörde.

Exequiel Bustillo hatte die von Ernesto de Estrada entworfene Skizze des ambitionsreichen Centro Cívico begeistert aufgegriffen und mit der schon vorher schwelenden Idee, eine Statue von General Julio Argentino Roca in Bariloche zu errichten, verbunden. Rund um die Hundertjahrfeiern der Unabhängigkeit von Spanien und angesichts massiver sozialer Spannungen durch Migration und sozialer Polarisierung war es in dieser Zeit ein Bestreben im öffentlichen Raum – von Denkmälern bis hin zu Museen –, einen homogenen nationalen Diskurs, der auf Whiteness, Europäisierung, Zivilisation und Fortschritt basiert, zum Ausdruck zu bringen. (Crespo 2020) Ganz in diesem Sinne war der General Julio Argentino Roca, 1880-1886 und 1898-1904 Präsident Argentiniens, eine zentrale Figur in der Monumentalisierungsstrategie von Bustillo, die eine ähnliche Stoßrichtung verfolgte. Roca war einer der wesentlichen militärischen Verantwortlichen für die Campaña del Desierto, ein Vernichtungskrieg mit genozidären Zügen, der gegen die Mapuche-Bevölkerung in Patagonien geführt wurde. Gerade dieser Aspekt war für Bustillo einer der Hauptgründe für das Ehrenmal im Centro Cívico, das „zur gleichen Zeit der Dekoration und der großen Hommage demjenigem dient, dem es Patagonien es zu verdanken hat, dass die Region von den Indianern, die es verwüsteten, befreit ist.“ (Bustillo 1997: 222) Entsprechend sollte der zentrale Platz des Centro Cívico auch „Platz der Eroberung der Wüste“ genannt werden. Mit Spendengeldern des Jockey-Clubs wurde der Bildhauer Emilio Sarniguet beauftragt, die Bronzestatue anzufertigen, und Alejandro Bustillo entwarf deren Sockel. Am 14. Januar 1940 wurde die Statue in Bariloche eingeweiht. Nur wenig später sollte er auch den Sockel der 1941 erstellten Roca-Statue in Buenos Aires gestalten. Das Bildmotiv – Roca zu Pferd – wurde auch hier aufgegriffen, nur wurde in der Metropole ein anderer

Bildhauer kontraktiert. Hintergrund hierfür ist womöglich, dass die Bariloche-Statue insofern heftige Kontroversen ausgelöst hatte, als dass Roca hier nicht als heroischer Krieger dargestellt wurde, sondern als müder Reiter. José Luis Zorilla de San Martin, der Künstler der zweiten Roca-Statue, hatte diese Darstellung in Buenos Aires dann korrigiert.

Heute hat sich an der Darstellung Rocas im öffentlichen Raum seitens indigener Organisationen und kritischer Intellektueller, vorangetrieben von dem argentinischen Historiker Osvaldo Bayer, eine heftige geschichtspolitische Debatte entzündet, die mit einer Gesetzespetition, die die Demontage der Roca-Statue in Buenos Aires fordert, verbunden ist. (Bayer 2010, GAC 2004) 2012 versuchten Mapuche-Aktivisten am 12. Oktober, dem Jahrestag der Eroberung Amerikas, die Roca-Statue zu stürzen.

Abb. Mapuche-Aktivisten – rechts der chilenische Mapuche-Journalist Pedro Cayuqueo – vor der Roca-Statue und dem Turm des Centro Cívico in Bariloche, Cayuqueo (2018)

Während Exequiel Bustillo sich die Roca-Statue auf die Fahnen geschrieben hatte, setzte Emilio Frey alles daran, seinem Mentor Francisco P. Moreno ein Denkmal zu setzen. Und so gelang es ihm wohl, auch Bustillo von diesem Schritt zu überzeugen, so dass nicht nur ein Denkmal am Ortseingang von Bariloche errichtet wurde, sondern auch die sterblichen Überreste Morenos, der 1919 in Buenos Aires verschieden war, auf einen Regierungsbeschluss von 1934 hin, 1944 in ein Mausoleum auf der Insel Centinela inmitten des Nahuel Huapi-Sees überführt wurden. Mit diesen Maßnahmen betrieb die DPN eine Resemantisierung Nordpatagoniens und schrieb über Architektur und Monumente die Geschichte der weißen Sieger auch materiell in die Landschaft ein.

Angesichts dieser weitreichenden, bis heute sichtbaren und höchst präsenten Resemantisierung von Landschaft ist es erstaunlich, wie vage die Triade der Architekten der DPN Bustillo, Estrada und Cesari, die allesamt von der Historikerin Sonia Berjman interviewt wurden, auf die architekturgeschichtlichen Fragen antworten. Am präzisesten äußert sich Ernesto de Estrada in einem Interview 1985:

> Die Art der Architektur wurde auf der Grundlage der Harmonie mit der Landschaft und ihrer Topographie, mit regionalen Materialien, rustikal und unter Berücksichtigung des Klimas und der Farben der Natur angewendet. (1988: 41)

Alejandro Bustillo hingegen generiert sich als Künstler-Philosoph, der quasi geniehaft aus sich heraus Neues und Authentisches schafft. Estrada hebt zudem die Bedeutsamkeit der öffentlichen Einrichtungen für die Zivilgesellschaft – wie Bibliothek und Museum – hervor.

Doch war die Zivilgesellschaft, wie das Foto von der Einweihung des Centro Cívico zeigt, alles andere als zivil. Stattdessen kommt in den Bildern der Einweihung, die sich in Bustillos persönlichem Archiv finden, eine martialisch-militaristische Komponente zum Ausdruck, die von der Architektur des Orts getragen und verstärkt wird. Dies ist durchaus kongruent zu dem von DPN verwandten Diskurs der Kolonialisierung Patagoniens. An diesen Bildern wird deutlich, dass der Platz des Centro Cívico weniger als offener

Ort der Begehung von Bürgern konzipiert wurde, sondern vor allem auch als Aufmarschplatz, der die Kolonialisierung der Region zum Ausdruck bringt. Nach Innen wird hier Ruhe und Ordnung manifestiert, während das Centro Cívico – vergessen wir nicht Bustillos Ängste einer chilenischen Annexion der Region – nach außen Wehrhaftigkeit demonstriert.

Eine solche martialische Imagination eines starken, militärisch geprägten Staates lässt sich mit der in den konservativ-aristokratischen Kreisen Argentiniens vorherrschenden germanophilen Nähe zu den faschistischen Regimen der Zeit in Verbindung bringen. Alejandro Bustillo hatte sich scharf gegen den Historizismus und Eklektizismus, aber vor allem auch gegen die moderne Architektur gewandt. Stattdessen vertrat er einen nüchternen, aber monumentalen Neo-Klassizismus, wie er auch im faschistischen Italien oder von dem Chefarchitekten des nationalsozialistischen Deutschlands, Albert Speer, vertreten wurde. Der argentinische Architekturhistoriker Jorge Ramos urteilt:

> Die Verwendung der vereinfachten klassischen Kunst, um Macht auszudrücken und die eigene Prosa anzunehmen, war Teil des politischen Projekts der zeitgenössischen autoritären Staaten (Deutschland, Spanien und Italien) und wurde hier – von der elitären Lesart des Bustillo – als argentinischer Weg zu einem neuen Entwicklungsniveau und Glanz gerechtfertigt. (Ramos 1993)

Sichtbarster Ausdruck der Hommage an die Nazi-Architektur ist sicherlich das „Monumento a la bandera“ in der Stadt Rosario, das auf gigantischen neoklassischen Säulen sowie weiten horizontalen Achsen beruhend eine massive Monumentalität ausstrahlt, die den Einzelnen im Kollektiv auflöst. In diesem Sinne erinnert sich der Enkel Alejandro Bustillos, dass jener die Architektur Albert Speers sehr schätzte: „Er war sehr an diesem Ausdruck interessiert, weil er der einzige war, der damals die in Griechenland geborenen klassischen Werte verteidigte, und er war ein Bewunderer der griechischen Kultur.“ (Gambier 2007)

Abb. Einweihung Centro Cívico , 17.3.1940, AGN, Legajo Bustillo, Caja 3354.

Eine gewisse Nähe zum Nazismus scheint es auch bei weiteren Personen im Umkreis von Bustillo gegeben zu haben. Der später im Nahuel Huapi See tödlich verunglückte Carlos Ortiz Basualdo schrieb aus Nazi-Deutschland eine begeisterte Postkarte an Exequiel Bustillo, auf der ein Zeppelin, ein Flugzeug und ein Ausflugsschiff auf dem Bodensee abgebildet sind, in der er für deutsche Schiffe für den Nahuel Huapi See warb. Er beendete diese Karte mit dem deutschen nationalsozialistischen Gruß „Heil Hitler!". (Postkarte Ortiz an Exequiel Bustillo, 6.7.1935, AGN, Legajo Bustillo, Caja 3354)

Auch der Stadtplaner im Planungsteam der Nationalparkbehörde war von der nationalsozialistischen Architektur fasziniert. Ernesto de Estrada kannte die Nazi-Bauten aus eigener Anschauung und verfasste 1936 einen begeisterten Bericht zum Berliner Olympia-Stadion. (Estrada 2007 [1936] 211-212) Dabei beeindruckte Estrada vor allem auch „der dem Führer gewidmete Turm" (Estrada 1936: 239), der die zentrale Achse im Olympiastadium bildete. Diese Ausrichtung auf einen wehrhaften Turm als Zentralelement findet sich auch im Centro Cívico wieder. Hier war der Turm seinerzeit das höchste und zentralste Gebäude in Bariloche und damit ein zentrales architektonisches Landmark. In einem 1996 geführten Interview beschreibt Estrada die Funktion des Turms wie folgt:

> Wir dachten an ein Gebäude mit Charakter, mit einem starken Außenbild, das in seinem Inneren die Aktivitäten eines öffentlichen Gebäudes beherbergte, und wir beendeten es mit dem Turm als bürgerlichem Symbol. Darüber hinaus sollte dieser Turm die Aufmerksamkeit der Menschen auf sich ziehen und ein Symbol des Ortes sein. (Estrada 2007: 126)

Doch offensichtlich ist das Centro Cívico keine bauliche Imitation des Olympia-Geländes in Berlin, des Reichsparteitagsgeländes in Nürnberg oder der geplanten Reichshauptstadt Germania. Stattdessen sind für die architektonische Gestaltung auch andere Einflüsse zentral gewesen wie die bereits erwähnte US-amerikanische Parkitecture des dortigen National Park Service. Zudem werden Bezüge zu historischen Stadtpassagen Westeuropas wie der Gerechtigkeitsgasse in

Bern (Lolich 2007: 69) hergestellt. Insgesamt zeichnet sich der Bariloche-Stil durch die eklektische Verwendung pittoresker, alpiner, rustikaler Elemente aus. Dabei werden naturnahe Materialien wie Natursteine und – nach dem Brand von Llao Llao recht eingeschränkt – Hölzer aus der Region verwendet. Anders aber als bei freistehenden, luftigen Gebäuden wie dem Hotel Llao Llao hat das Centro Cívico durch Bögen, Gänge, Turm und dicke Mauern den Charakter einer mittelalterlichen Festungsanlage Europas.

Stilbestimmend sind die alpinen Architekturelemente, die zwar Ende des 19. Jahrhunderts auch in den USA aufgegriffen wurden, aber vor allem auch im Nazi-Deutschland en vogue waren. Hitlers „zweiter Regierungssitz“ am Obersalzberg im Berchtesgadener Land war von diesen Stilelementen ebenso bestimmt wie die umliegenden Domizile weiterer Nazi-Größen. In Nazi-Deutschland wurde dieser Architekturstil – komplementär zum Monumentalismus neoklassischer Prägung – weit vermarktet. Insbesondere Hitlers „Berghof“ wurde in der nationalsozialistischen Propaganda breitenwirksam eingesetzt. (Feiber 2016: 124-139) In Bariloche nannte der dort lebende Auslandsdeutsche, Mitgründer des Club Andino und seinerzeit durchaus überzeugte Nationalsozialist Otto Meiling, seine Berghütte am Cerro Otto in diesem Sinne „Berghof“. Ein Name, der auch heute noch vom Club Andino weitergeführt wird.

Die Nationalparkleitung kokettierte mit dem von ihr geprägten architektonischen Stil durchaus mit der in Nazi-Deutschland betriebenen Architektur. Neben dem Anspruch, Architektur als Propagandamittel zum symbolischen Abschluss einer erfolgreichen Kolonialisierung einzusetzen, war sicherlich auch das bereits in der Region vorherrschende architektonische Erbe für die Stilbildung relevant. Von Chile kommend hatten sich Ende des 19. Jahrhunderts vor allem deutsche Siedler in der Region niedergelassen, die einerseits ihre Architektur mitbrachten und andererseits höchst empfänglich für den pittoresk-alpinen Stil – und dessen Verbindungen zum nationalsozialistischen Deutschland – waren.

Des Weiteren fügt sich der Bariloche-Stil in ein Narrativ ein, das Nordpatagonien als „argentinische Schweiz“ tituliert hat. Wie der

Historiker Pedro Navarro Floria (2008, 2010) aufzeigen kann, ist das Motiv der „Schweiz“ bereits Ende des 19. Jahrhunderts ein patagonischer Mythos, der von der 1934 eingerichteten Nationalparkbehörde konsequent genutzt wird, um die Touristifizierung der Region voranzutreiben.

Darüber hinaus werden aber auch andere, regionale Stilmittel aufgegriffen. Gerade bei dem Bau von Kapellen wie La Asunción in Villa La Angostura (1936), San Eduardo in Llao-Llao (1938) und der Villa Catedral (1940) wurden architektonische Formelemente der – 2000 zum UNESCO-Weltkulturerbe erklärten – Holzkirchen der chilenischen Insel Chiloé aufgegriffen. Diese Holzkirchen sind zwar auch auf den Einfluss deutscher, vor allem bayrischer Missionare aus dem 17. und 18. Jahrhundert zurückzuführen, aber es gibt auch eine Bricolage mit Mapuche-Elementen. Zugleich erkennt die DPN damit auch die enge, über den Variloche-Pass von den Mapuche hergestellte Verbindung der Region nach Chile an.

Doch beschränkten sich die städtebaulichen Ambitionen der Nationalparkbehörde nicht nur auf eigene Bauprojekte. Bereits wenige Zeit nach der offiziellen Etablierung der DPN machte diese ihren Führungsanspruch in der Stadtplanung Bariloches deutlich. In dem 1935 erlassenen Reglamento de Construcciones – einer Art Bebauungsplan – werden auch Bauregelungen wie das Verbot von ortsfremden Materialien und die bevorzugte Nutzung von Naturstein vorgeschrieben. Damit nimmt die – lokal demokratisch nicht verankerte DPN – eine autoritäre Rolle in der Stadtpolitik ein. Letztlich handelt es sich bei der DPN um eine in Buenos Aires eingesetzte, zentralstaatliche Instanz, die nunmehr in alle Planungsfelder der Region interveniert. Da sich das Territorium des Nationalparks Nahuel Huapi mit dem Gebiet anderer politischer Administrationsbereiche wie der Stadtverwaltung von San Carlos de Bariloche überschneidet, gibt es ungeklärte Zuständigkeiten. Der Architekt der DPN Miguel Angel Cesari spricht in dieser Hinsicht von einer Übereinkunft zwischen DPN und Municipio, wobei die DPN mit den zentralen öffentlichen Gebäuden die Stadt verschönert und die Stadt sich im Gegenzug verpflichtet, bei weiteren Neubauten die architektonischen

Vorgaben der DPN einzuhalten. Ein Pakt, der später – zum Bedauern Cesaris – von der Stadt aufgekündigt wurde und ein – so der Architekt – urbanes „tutti frutti" hinterlassen habe. (Cesari 1988: 44)

Der städteplanerische Anspruch der DPN indes geht weit über Bariloche hinaus und erstreckt sich auf das gesamte Parkgebiet. Während Bariloche als Hauptstadt der Region konzipiert ist, wird auf untergeordneter Ebene ein weitreichendes Konzept von Dörfern – „villas" – konzipiert, die den Park erschließen sowie infrastrukturell und administrativ mit Bariloche verknüpft sind.

Auch diese regionalplanerische Strategie steht unter dem Primat der Touristifizierung, wie die DPN in einer Broschüre hervorhebt: „Die „villas" in den Nationalparks reagieren auf das Interesse an der Schaffung von Bevölkerungskernen (Wohntourismus), die als Treffpunkt und Ruhepunkt auf den Routen die zerklüftete Schönheit der Landschaft unterstreichen." (DPN 1938) Die Villas sind also als touristische Anlaufstellen konzipiert, die es den Touristen ermöglichen, die verschiedenen Sektionen des Nationalparks zu erkunden. Ein nachgelagertes Ziel war dabei auch die gezielte Ansiedlung von argentinischen Siedlern, um das Grenzgebiet zu argentinisieren. (Gutierrez 2007) Bereits im Bericht der DPN von 1935 wurde der Vorschlag, Villas in El Correntoso, Lago Mascardi und Traful einzurichten, umgesetzt. Weitere Villas wurden dann in Angostura, Tacul, Quila Quina, Futalaufquen und Catedral errichtet.

Und auch im 1937 gegründeten, angrenzenden Nationalpark Lanín entfaltete die DPN städtebauliche Aktivitäten. Dabei wurde das historische Projekt der Stadtgründung von General Rudecindo Roca, dem Bruder von Argentino Roca, im Jahr 1898 vorangetrieben. Diese Gründung der Stadt, die mit einem ehemaligen Fort verbunden war, sollte damals die Kontrolle über die Region nach dem Sieg gegen die Mapuche zum Ausdruck bringen. Bis 1907 stand der Ort, der ganz im Schachbrettmuster angelegt ist, unter Militärverwaltung und erfuhr unter der städteplanerischen Aufsicht der DPN und der architektonischen Hand von Alejandro Bustillo einen neuen Aufschwung. So wie Bariloche als Eingangstor für den Nahuel Huapi-Park gilt, ist

San Martín de los Andes der erste Anlaufpunkt für die Besucher des Lanín Nationalparks.

Die Urbanisierung in den Nationalparks erwies sich rasch als Erfolgsmodell. Zwischen 1935 und 1940 wuchs allein die Einwohnerzahl im Nationalpark Nahuel Huapi von 1.524 auf 9.800 an, wovon sich der Großteil in Bariloche – wo Estrada neue Wohnviertel ausgewiesen hatte – niederließ. Heute hat San Carlos de Bariloche zirka 150.000 Einwohner. Zeitgenössische Kritik an der Urbanisierung- und Besiedlungspolitik inmitten des Nationalparks gab es kaum. Nur vereinzelte Naturschützer wie Hugo Salomón wandten sich gegen die Urbanisierung und befürworteten, dem US-amerikanischen Modell von Wilderness folgend, einen Naturschutzpark ohne menschliche Präsenz und Nutzung. Im Inneren der DPN war es der Forstwirt Oscar Arce, der eine ähnliche Position vertrat. (Berjman und Gutierrez 1988: 20)

Biologische Kolonisation

Wer als Wanderer im Frühsommer durch den Nationalpark Nahuel Huapi streift, wird von einer wahren Farbexplosion überrascht. Auf den Wegen rund um Bariloche, Villa Angostura und Traful leuchtet das strahlende Gelb der Ginsterbüsche, das harmonisch von dem satten Blau der prallen Lupinendolden begleitet wird. Hier und da unterbrechen zartrosa, gelb gefüllte, pastellige Wein-Rosen, welche die Hagebutten zu der in Bariloche traditionell hergestellten Marmelade liefern, die opulente Farbeswucht. So idyllisch diese Blütenpracht dem ästhetischen Landschaftsbetrachter anmuten mag, so sehr bereitet sie den Ökologen und Botanikern Kopfschmerzen. Denn bei all diesen Pflanzen handelt es sich um sogenannte Neophyten, oder – wie sie in der Nationalparkdirektion von Bariloche von den Biologen der Parkverwaltung genannt werden – exotische Pflanzen. Der Besenginster (Cytisus scoparius) und die Wein-Rose (Rosa rubriginosa) kommen aus Zentraleuropa, während die Vielblättrige Lupine (Lupinus polyphyllus) aus dem Nordwesten Amerikas stammt.

Die Verbreitung dieser neuen Arten ist Ausdruck einer biologischen Globalisierung, die in der europäischen Kolonialisierung ihren Anfang nahm. Entsprechend gilt in der Invasionsbiologie der 12. Oktober 1492, der Tag an dem Kolumbus seinen Fuß auf amerikanisches Land setzte, als Stichtag für eine neue, durch menschliche Einflüsse begründete Epoche der Ausbreitung von Biota. Erst nach dieser Zeitenwende wird in der Biologie von Neophyten gesprochen, während die bis dahin etablierten gebietsfremden Pflanzen als Archäophyten gelten. (Schreuder 1969: 229-230) Während diese Klassifikation auf einer historisch-räumlichen Trennlinie beruht, haben Umwelthistoriker unlängst auf eine zunehmende, globale Homogenisierung von Ökosystemen hingewiesen. So argumentiert Charles Mann (2011: 3-50; 2019), dass mit dem 1492 beginnenden biologischen Austausch die Ökosysteme Eurasiens, Afrikas und der Amerikas, die seit der Fragmentierung von Pangäa durch für Pflanzen und Tiere unüberwindbare Ozeane getrennt waren, nunmehr wieder verflochten sind.

In diesem Sinne versteht Mann das gegenwärtige Zeitalter des Anthropozäns vor allem als Homogenozän. 1492 wird zwar zu recht als Wendpunkt definiert, doch hat die biologische Globalisierung auch verschiedene Konjunkturen. Gerade im 19. Jahrhundert kommt es in weiten Teilen der Amerikas im Zuge der internen Kolonialisierung – wie im Marsch gen Westen in den USA und der Eroberung Patagoniens in Argentinien und Chile – zu einer neuen Beschleunigung der Zirkulation von Neobiota. (für die USA siehe Mosena et al. 2018)

Die enge Verbindung von biologischer Globalisierung und Kolonisierung hat sich bis in die heutige Zeit in der sprachlichen Bezeichnung des Phänomens erhalten, das als „biologische Invasion“ bezeichnet wird, während die gebietsfremden Biota als „Fremde“, „Eindringlinge“, „Exoten“ oder „Invasoren“ gelten. Diese Bezeichnungen aus dem militärisch-kolonialen, semantischen Umfeld gehen im Wesentlichen auf das einflussreiche Buch *The Ecology of Invasions by Animals and Plants* von Charles Elton aus dem Jahre 1958 zurück. Dieses Buch gilt als Gründungsmanifest der Invasionsbiologie und hat die Besonderheit, dass es das Phänomen der Neobiota nicht nur beschreibt und kategorisiert, sondern mit weiterführenden Fragen des Naturschutzes (conservation) und des Erhalts der Biodiversität verbindet. (Davis 2006: 36-37) In der Umweltgeschichte ist es dann vor allem Alfred Crosby (1972), der ebenfalls von der Zeitenwende 1492 ausgeht und diese als Beginn eines „columbian exchange“ von Biota betrachtet. Dieser Austausch, so Crosby (2004), ist integraler Bestandteil des kolonialen Projekts und kann als „ökologischer Imperialismus“ begriffen werden. Hier verbindet sich die intentionale Aussetzung und Ansiedlung von gebietsfremden Biota mit eigenen Dynamiken, die diese Tiere und Pflanzen bei der Umgestaltung ihrer neuen Habitate entfalten. In der aktuellen Debatte ist der Gebrauch von negativ konnotierten Begriffen für das Phänomen der biologischen Globalisierung höchst umstritten, da hier xenophobe Begrifflichkeiten verbreitet werden und die Vorstellung einer – historisch und evolutionsbiologisch – nicht haltbaren Homogenität von vermeintlich autochthonen Ökosystemen hergestellt wird. Aber auch eine neutralere Begriffsverwendung – wie „gebietsfremde Arten“ –

ist insofern problematisch, als dass hier die historische Verbindung zu den kolonialen Projekten unsichtbar gemacht wird.

In naturwissenschaftlichen Arbeiten, die vor Eltons bahnbrechendem Werk erschienen sind, wird bemerkenswerterweise eine neutralere Wortwahl benutzt, die von „eingeführten" und „verbreiteten" Biota bzw. von Adventivpflanzen spricht. Während Elton vor allem die Neozoen im Blick hatte, setzt die erste naturwissenschaftliche Auseinandersetzung mit Neobiota wohl in der Biologie ein. So hat der Schweizer Botaniker Albert Thellung 1918 den Begriff der Neophyten in einer Studie zu Montpellier eingeführt. Zu diesem frühen Zeitpunkt setzten sich bereits die in Argentinien ansässigen Botaniker mit diesem Phänomen vor Ort auseinander. Die erste Auflistung von Neophyten in Patagonien findet sich wohl bei dem deutschen Naturwissenschaftler Carlos Berg, der in einem Aufsatz in den *Anales de la Sociedad científica argentina* aus dem Jahre 1877 einhundertvierfünfzig europäische Adventivpflanzen in der Provinz Buenos Aires und in Patagonien identifiziert hat. (Berg 1877: 183) Von den hier genannten Pflanzen fand Berg 64 selber auf einer zwischen August und Dezember 1874 durchgeführten, naturwissenschaftlichen Expedition in Patagonien. Dabei stellt Berg eine enge Verbindung zwischen der Ausbreitung von Neophyten und der Kolonisierung des Südens fest. Denn die Neophyten folgen dem Siedler und dessen Agrarkolonisation: „Die meisten befinden sich in der Nähe des Rio Negro, wo es Landwirtschaft und Gartenbau gibt, hauptsächlich Weizenanbau." (1877: 183-4) Doch ist das Phänomen der Neophyten mit diesem Aufsatz in seinem Ausmaß noch nicht vollständig erfasst. So geht Carl-Curt Hosseus davon aus, dass viele vermeintlich argentinische Arten wohl intentional oder unintentional eingebracht wurden und somit einen gebietsfremden Ursprung haben. (Hosseus 1916: 25) Dabei wägt er ab, dass dieser Prozess der biologischen Globalisierung einerseits durchaus zum Wohl des Landes sei, andererseits aber auch Gebiete vom Kontakt mit fremden Arten geschützt werden sollen, um den ursprünglichen Charakter der Landschaft zu bewahren.

Den ersten grundlegenden Aufschlag zu einer systematischen Diskussion zu dem Phänomen der Neophyten in Argentinien macht dann der belgische Botaniker Lucién Hauman, der 1925 in den *Anales del Museo Nacional de Historica Nacional* den Aufsatz „Les Phanérogames adventices de l'Argentine" veröffentlicht. 1926 legt dann dessen Kollege Lorenzo Parodi mit dem Artikel „Malezas de los cultivos en el partido de Pergamino" nach und José Molfino veröffentlicht – auch in den *Anales* – den Beitrag „Adiciones a la Flora fanerogámica adventicia de la Argentina", den er dann zwei Jahre später mit „Nuevas adiciones a la Flora fanerogámica adventicia de la Argentina" aktualisiert. Das Hauptwerk zur Neophyten-Debatte in Argentinien ist dann aber der 1928 von Lucién Hauman verfasste *Essai de géobotanique humaine. Les modifications de la flore argentine sous l'action de la civilisation*, den sein Kollege José Molfino folgendermaßen beschreibt:

> Es handelt sich um eine gewissenhafte Studie der menschlichen und wirtschaftlichen Geobotanik mit philosophischem Anspruch, in der der Autor, nach Prüfung der aufeinanderfolgenden Transformationen, die die einheimische Vegetation unseres Landes seit zwanzig Jahren durchläuft, mit der Analyse der relevanten Faktoren und der Sammlung von Informationen, die mit einer methodischen Liste der bestehenden adventiven Blütenpflanzen abschließt. (Molfino 1928: 139)

Lucién Hauman veröffentlichte seinen Essay über die *Géobotanique Humaine* als Separata eines umfassenden Berichts an die Königliche Akademie von Belgien. Thema des exakt 100-seitigen Essay sind – wie bereits erwähnt – „Les modifications de la flore argentine sous l'action de la civilisation." Ausgangspunkt seiner Überlegungen ist die Tatsache, dass der „zivilisierte und soziale Mensch" (1928: 3) die Umwelt, in der er lebt, in den Bereichen Boden, Wasser, Flora und vor allem Fauna maßgeblich und tiefgreifend verändert hat. Dies – so Hauman – lässt sich auch gerade in der neuen Welt und unlängst „zivilisierten" Regionen wie Argentinien beobachten. Für Hauman handelt es sich hier um eine glokale – um den im *spatial turn* der 1990er Jahre eingeführten Neologismus zu benutzen – Studie. Denn die

Transformationen in Argentinien geben Auskunft über den „allgemeinen Prozess der Transformation der Vegetation auf unserer Erde.“ (1928: 4) Um die „Veränderung der Flora eines großen Landes unter der Einwirkung des zivilisierten Menschen.“ (1928: 5) verstehen zu können, entwirft Hauman ein umfassendes Klassifikationsmodell menschengemachter Transformationen der Flora. Dabei unterscheidet er kategorisch die beabsichtigte und die unbeabsichtigte Einbringung von Neophyten. Jede dieser Kategorien wird dann noch hinsichtlich der geobotanischen Folgen differenziert. Dabei geht Hauman zunächst einmal wertfrei an die anthropogenen Eingriffe heran und wägt stets ab, welchen Beitrag diese Aktionen leisten oder welche Zerstörung sie hervorrufen.

In der Kategorie der „direkten Aktionen“ führt Hauman zunächst die Zerstörung der anstehenden Vegetation ohne neuen geobotanischen Beitrag (destrucction sans apports) auf, dessen Ergebnis er als „exploitation“ – Ausbeutung – begreift. Hierzu gehört beispielsweise die Entwaldung – sei es zur Ausbeutung des Holzes, sei es zur Rodung des Gebiets wie etwa durch Feuer. Zweitens sieht er menschliche Interventionen, die nicht mit Zerstörung einhergehen, sondern die in die Anpflanzung neuer Arten münden. Hierbei werden die autochthonen Pflanzen durch ortsfremde ersetzt. Drittens nennt der Botaniker menschliche Handlungen, die nach der Zerstörung der ursprünglichen Vegetation erfolgen. Hierunter versteht Hauman die eigentliche neue Kultivierung – sprich die agrar- und forstwirtschaftliche Nutzung von „urbargemachtem“ Land. Doch – so macht Hauman deutlich – sind diese direkten anthropogenen Interventionen nur von lokal begrenzter Reichweite. Stattdessen sind es die indirekten Faktoren – „weniger sichtbar und doch umso interessanter“ (1928: 9) – die äußerst einflussreich auf die Veränderung der Flora einwirken.

Entsprechend der Dialektik von Beitrag und Zerstörung sieht Hauman das Einbringen und die Etablierung neuer Pflanzen, sogenannter Adventivpflanzen, in ein ortsfremdes Habitat zunächst als emergentes Forschungsfeld der Geobotanik an. Dagegen sieht er den Floraverlust durch die Weideaktivitäten eingeführter domestizierter

Tiere – zu denken ist hier vor allem an die kontroverse Diskussion um Ziegen, die nicht nur den emersen Teil der Pflanzen verspeisen, sondern auch das Wurzelgeflecht zerstören – als Zerstörung der anstehenden Phytogeographie. Des Weiteren führt Hauman hier das phytogeographische Konzept der Translation ein, das er wie folgt definiert:

> das heisst der Transport von Arten, die indirekt durch menschliche Einwirkung verursacht werden; wenn der Mensch die Umwelt chemisch, physikalisch oder mechanisch verändert, schafft er neue Lebensräume, die Pflanzen unverzüglich kolonisieren und zwar durch ihre *ihnen eigenen Verbreitungsweisen*. (Hauman 1928: 9)

Wie der letzte, auch im Original kursiv gesetzte Teil dieser Definition verdeutlicht, sind die Pflanzen hier die eigentlichen Aktanten, indem sie sich verbreiten und ansiedeln. Dem Menschen weist Hauman hier eine nur wenig reflektierte, nicht intendiert handelnde Rolle zu. Er schafft *unbewusst* neue ökologische Habitate. Zu denken sind an Wegesränder, Mauern, gedüngte Böden, durch Beweidung geschaffene Magerwiesen. Die dortigen durch anthropogene Nutzung tief beeinflussten Pflanzengemeinschaften werden bereits in der zeitgenössischen Botanik auch als Ruderalvegetation bezeichnet. So sind auch die eingangs bereits genannten Lupinen im Nahuel Huapi laut Hauman zum Teil bewusst kultiviert und zum Teil versehentlich über Saatgut eingeschleppt worden. Dann konnte sich die Lupine an Wegesrändern verbreiten und neue Areale besiedeln. (Hauman 1928: 26) Des Weiteren nennt Hauman die gezielte Einbringung von Pflanzen, auch über die *jardin d'acclimation* als einen zentralen Faktor für die Veränderung der Geobotanik durch den Menschen. Dies trifft vor allem dann zu, wenn diese Pflanzen sich in den anstehenden Habitaten ansiedeln, etablieren oder gar selbständig verbreiten. Und so sieht Hauman zusammenfassend und gleichzeitig die gegenwärtige Debatte zum Anthropozän antizipierend den Menschen als einen der zentralen Akteure in der intentionalen und nicht-intentionalen Veränderung der Vegetation einer Region, die von ihm nutzbar gemacht und kolonisiert wird. (1928: 10)

Diese biologische Kolonisierung macht Hauman beispielsweise auch in Chile zwischen dem 37. und 42. Breitengrad aus. Die Rodung des Valdivianischen Regenwalds und dessen Ersetzung durch Weidegräser im Zuge der gezielten Agrarkolonisation ab der zweiten Hälfte des 19. Jahrhunderts „hat gewisse Regionen dieses schönen geobotanischen Areals in bemerkenswerter Weise ‚europäisiert'." (1913: 20) Besonders die deutsche Kolonisation dieser patagonischen Region ab den 1850er Jahren hat hier das Landschaftsbild des Valdivianischen Regenwalds in etwas mehr als 50 Jahren derart verändert, dass leicht der Eindruck entsteht „der abgelenkte Reisende könnte sich bei seiner Fahrt auf diesen Straßen leicht in einem mitteleuropäischen Land wähnen." (Hauman 1913: 274) Hier klingt die von Charles Mann fast hundert Jahre später formulierte Idee des Homogenozäns anschaulich an.

Das hier von Hauman vorgebrachte Argument, dass vor allem die deutschen Siedler die Geobotanik Patagoniens entscheidend verändert hatten, wird durch neueste geobotanische Studien untermauert. Wir hatten eingangs bereits auf die markante Rolle der Wein-Rose im gegenwärtigen Landschaftsbild des Nahuel Huapi-Nationalparks hingewiesen. Diese gilt – auch in anderen subtropischen Regionen des Siedlerkolonialismus wie in Australien – als invasive Pflanze. Hirsch et al. konnten anhand von Untersuchungen des Genmaterials widerlegen, dass die Rosa rubiginosa von spanischen Kolonisatoren über Buenos Aires in den Nahuel Huapi-Nationalpark in das Land gebracht wurde. Stattdessen, konnten sie belegen, dass sie um das Jahr 1900 von zentraleuropäischen Siedlern eingeführt wurde. Hier legen sie einerseits eine direkte Einführung über die italienischen, deutschen, österreichisch-ungarischen Siedler, die zwischen 1877 und 1897 nach Argentinien kamen, nahe und begründen andererseits eine wahrscheinliche Einfuhr der Rose nach Argentinien über die in Süd-Chile ab den 1850er Jahren etablierten Siedler. (Hirsch et al. 2011: 537)

Das Ergebnis bleibt das gleiche. Der westliche Kapitalismus macht sich die Welt nach seinem Angesicht: auch was die Ökosysteme betrifft. Hauman sieht hier – ganz in der fortschrittsgläubigen

Rhetorik des 19. Jahrhunderts – den zivilisierten Menschen als den zentralen Akteur:

> In Argentinien und wahrscheinlich auf der ganzen Welt hat sich der zivilisierte Mensch überall niedergelassen, und da der Zweck seiner Tätigkeit darin besteht, mehr zu produzieren, als er physiologisch benötigt, ist das Ergebnis, dass die zivilisierte Bevölkerung, so dünn sie auch sein mag, schnell und tief seinen Einfluss auch dort spürbar macht, wo es vor einem halben Jahrhundert und auch heute noch die indigenen Völker gab, die den Boden nicht kultivierten und die Natur nur aufforderten, ihre eigenen tierischen Bedürfnisse zu befriedigen, und die zweifellos nicht sinnvoll in ihre Transformation eingriffen. (Hauman 1928: 20-21)

Zwar bedeutet dies nicht, dass die indigenen Völker nun gar nicht die Geobotanik veränderten, so spekuliert Hauman an anderer Stelle darüber, dass die Mapuche möglicherweise für die Anpflanzung von Apfelbäumen in der heutigen Provinz Rio Negro verantwortlich sein könnten (1928: 24), doch die grundlegende anthropogene Transformation erfolgt durch die kapitalistisch-kolonisierenden Handlungen des „weißen Mannes“, den Hauman den Zivilisierten nennt.

Die geobotanische Transformation kann dabei fortschreiten bis zum vollständigen Ökozid. So ist mit der fortschreitenden Besiedlung in der Provinz Entre Rios zwischen den Flüssen Paraná und Rio Uruguai der dort anstehende Galeriewald – eine Übergangsvegetation zwischen der Mata Atlântica, dem atlantischen Regenwald Südbrasiliens, und der Pampa bereits Ende des 18. Jahrhunderts vollständig vernichtet worden. (Hauman 1927: 77)

Vor diesem Hintergrund sind es gerade die Botaniker aus dem Umfeld der Sociedad Argentina de Ciencias Naturales, die – wie soeben ausgeführt – auf das Phänomen der Neophyten eingehen und in den Nationalparks oder sonstigen Schutzgebieten eine Möglichkeit sehen, die rasant verschwindende und sich veränderte Vegetationsgeographie und die dazugehörige botanische Diversität zu erhalten.

Zwar sind weder bei Berg noch bei Hauman für Patagonien Hinweise auf die eingangs dieses Kapitels genannten Neophyten – Besenginster und Lupine – zu finden. Diese – nun das Landschaftsbild prägenden Pflanzen – müssen entsprechend erst später, nach den 1920er Jahren, in Patagonien ansässig geworden sein. Doch bedeutet dies nun auch nicht, dass die Areale der Nationalparks zu Beginn des 20. Jahrhunderts als Hort ursprünglicher Vegetation gelten konnten. Dabei sind dann im Nationalpark Nahuel Huapi als Neophyten noch der wohl über die in Chile ansässigen deutschen Siedler eingeführte Rote Fingerhut (Rubus ulmifolis) sowie der Apfelbaum (Pyrus malus) zu nennen. (Hauman 1928: 24)

Auch der deutschstämmige Botaniker Carl Curt Hosseus macht in seiner Broschüre zum Nationalpark *El Proyectado Parque Nacional del Sud*, die sich auf botanische Ergebnisse aus den Jahren 1913 und 1914 stützt, Neophyten im Nahuel Huapi aus und warnt:

> Für uns kommt es vor allem darauf an, festzustellen, dass in die Vegetation des Nahuel Huapí-Sees bereits absolut fremde Pflanzen eingedrungen sind, wie beispielsweise: *Madia sativa*, *Anthemis cotula* und *Potentilla anserino*. Es ist bekannt, dass sich am Rande von Buenos Aires und in der gleichnamigen Provinz so viele eindringende Pflanzen akklimatisiert haben, was dazu geführt hat, dass sie die Physiognomie der jeweiligen Floren verändert und die einheimische Vegetation des Landes zerstört haben. (Hosseus 1916: 13)

Die Präsenz von gebietsfremden Pflanzen war der Leitung des Nahuel Huapi Nationalparks damit durchaus bekannt. 1942 argumentiert ein nicht genau identifizierbarer Mitarbeiter in einem Brief an den Intendanten des Parks, Alexis Christensen, dass das US-amerikanische Modell von Wilderness, das aus dem Park im naturwissenschaftlichen Sinne eine „Super-Universität der Natur“ machen wolle, gerade wegen der bereits erfolgten, massiven anthropogenen Einflüsse in Nordpatagonien nicht zu realisieren sei. Dies macht der unbekannte Schreiber gerade an den Neophyten im Nationalpark fest:

> Es genügt herauszustreichen, dass nach Angaben von Botanikern 50% der Flora unseres Parks von Vertretern der europäischen krautigen Flora invadiert wurde, um es als schwierig und unmöglich zu sehen, den Park in einen „Ort“ der einheimischen Flora der Region

> zu verwandeln. (Brief an Christensen, 2.6.1942, AGN, Legajo Bustillo, Caja 3347)

Angesichts dieser Situation wird argumentiert, dass innerhalb des Nationalparks – analog zum Nationalparkgesetz, das zwischen reservas forestales und Ausbeutungsgebieten unterscheidet – verschiedene Nutzungszonen ausgewiesen werden müssen. Dieser nutzungsorientierten Argumentation stehen innerhalb der DPN jedoch diejenigen Experten entgegen, die – zum Teil auf Grund eigener Anschauung in den USA oder in Kanada – das US-amerikanische Modell von Preservation vertreten.

Letztlich geht es hier dann im Jahr 1945, nach dem Abtritt Exequiel Bustillos, auch um die ganz große politische Frage, ob die DPN aufgelöst und in eine – eher forstwirtschaftlich orientierte – División de Bosques Nacionales integriert werden soll. Jenseits dieser Debatte scheint das Thema der biologischen Kolonisation mit gebietsfremden Arten aber in der Hochphase der Institutionalisierung der Nationalparks ab Mitte der 1930er Jahre keine besondere Brisanz gehabt zu haben. Dies mag auch damit zusammenhängen, dass die Biologen und Vegetationsgeographen, die Mitte der 1910er Jahre bis in die 1920er Jahre an diesen Debatten ein hervorgehobenes naturwissenschaftliches Interesse hatten, in der Nationalparkbehörde unter der Leitung von Exequiel Bustillo ihren Einfluss verloren hatten.

Neophyten: Die gezielte Kolonisation der Vegetation

Die heutige übergreifende Vorstellung, dass Nationalparks dem Schutz der autochthonen Flora und Fauna dienen, wurde zwar auch von Naturwissenschaftlern der Zeit geteilt, war aber keineswegs Common Sense. Ganz im Gegenteil wurden die Nationalparks in Argentinien gerade auch als privilegierte Orte angesehen, an denen naturwissenschaftliche Forschungen zur Akklimatisierung gebietsfremder Arten durchgeführt werden. Naturwissenschaftliche Gesellschaften zur Akklimatisierung entstanden zuerst zu Beginn des 19. Jahrhunderts in Frankreich und waren darüber hinaus vor allem in England von hoher Bedeutung für die Kolonialisierung Afrikas und Asiens. Grundgedanke der Akklimatisierung ist die technische Kontrolle von Natur, letztlich vor allem mit dem Ziel der ökonomischen Entwicklung der Kolonien – aber auch vor allem in Europa der exotischen ästhetischen Erbauung in Gärten und zoologischen Anlagen. (Osborne 2000) Während sich die kolonialen Akklimatisierungsstationen auf Nordafrika – für Frankreich vor allem Algerien – sowie für das British Empire auf Indien und auch Australien und Neuseeland konzentrierten, stand Lateinamerika weniger im Fokus europäischer Akklimatisierungsfürsprecher.

Doch hat die Akklimatisierungsbewegung durchaus auch auf die Nationalparkgründungen in Argentinien Einfluss gehabt. In seinem Bericht zur Einrichtung des Nationalparks Iguazú aus dem Jahre 1912 schlägt Carlos Thays bereits die Einrichtung einer Escuela de Selvicultura, einer Quinta Agronómica Nacional und einer Zoologischen Station sowie von Versuchsfeldern innerhalb des Parkgebiets vor. Ziel dieser Einrichtungen ist – neben der Erforschung und der Nutzung der einheimischen Flora und Fauna – auch die Akklimatisierung gebietsfremder Arten. Besonders Zuckerrohr, Baumwolle und Ananas sind hier vorstellbar. Dabei weist Thays diesen Einrichtungen insofern einen exemplarischen Charakter zu, als dass die hier gewonnenen Ergebnisse auch für über Misiones hinausgehenden Provinzen Nordargentiniens wie Santa Fe, Entre Ríos und Tucumán anwendbar sind. Der Nationalpark wird hier also als agrarwissenschaftlich-technischer Entwicklungscluster für die subtropische Großregion Argentiniens konzipiert. Auch der langjährige Parkintendant in Iguazú, Julio Amarante, spricht sich 1935 aus ökonomischen Gründen für die Anpflanzung gebietsfremder Baumarten aus:

> Der Busch ist nicht viel wert, und ich glaube, dass er, wie ich bereits in meiner Mitteilung sagte, durch einen hohen, künstlichen Busch ersetzt werden sollte, in dem jeder Baum gesetzesmäßig einen zukünftigen Balken darstellt. (Brief Julio Amarante an Director Secretario DPN Víctor Pinto, 16.10.1935, AGN, Legajo Bustillo, Caja 3344)

Doch beschränken sich die Akklimatisierungsbemühungen in Argentinien nicht auf den subtropischen Nordwesten des Landes, vielmehr wird auch in dem patagonischen Nationalpark rund um den Nahuel Huapi-See eine Akklimatisierungsstation eingerichtet. Oder genauer – inmitten des Sees – auf der Insel Victoria. Der Ursprung dieser Station reicht auf die Aktivitäten des aristokratischen Großgrundbesitzers und Abenteurers Aarón de Anchorena zurück. Dieser besuchte 1902 zusammen mit einer Exkursionsgruppe, der auch der spätere Nationalparkintendant Emilio Frey angehörte, die Isla la Victoria. Er verlor sein Herz an diesen schönen Fleck Erde, so dass er eine staatliche Konzession zu deren Nutzung erwarb. Dabei pflanzte er erste gebietsfremde Arten an und führte exotische Tiere ein. 1911 gab Anchorena die Konzession – samt den Einrichtungen wie eine Forststation, eine Hacienda und ein Sägewerk – an den argentinischen Staat zurück. (Koutché 1942)

Kurz nach der Gründung des Nationalparks des Südens 1922 besuchte der Landwirtschaftsminister Tomás Le Bretón 1924 die Insel Victoria und beschloss, dort eine Baumschule einzurichten. Über die Forschung zur Akklimatisierung hinaus sollten mit der Baumschule gleich auch die Grundlagen für eine massive Verbreitung geeigneter exotischer Baumarten in der Region gelegt werden. Ein Jahr später nahm die Baumschule unter der Leitung von Pablo Gross ihre Arbeit auf, um Forst- und Obstbäume in Nordpatagonien anzusiedeln. In einem undatierten, kurz vor der Parkgründung erschienenen Zeitungsartikel wird berichtet, dass die Insel in eine *reserva fiscal* umgewandelt und als Nationalpark deklariert werden soll. Neben der Preisung der landschaftlichen Schönheit wird hier auch die lange Geschichte der Nationalparkidee von Francisco P. Moreno über Carlos Thays und Bailey Willis bis hin zu zeitgenössischen journalistischen Beiträgen sowie den Bemühungen von Carlos Ruiz Moreno herausgestrichen und in den Kontext der hemisphärischen Nationalparkbewegung mit deren Epizentrum in den USA und Kanada gestellt. In den daran anschließenden Zeilen wird dann aber – ganz im Sinne einer kapitalistisch-kolonialen Akklimatisierungslogik – auf die ökonomische Erschließung des Parks eingegangen. Dabei wird erneut die enge Ausrichtung an US-amerikanischen Beratern deutlich. So hatte der US-amerikanische Botschafter in Argentinien, Buchanan, die Einrichtung von Obstplantagen ebenso vorgeschlagen wie die Kultivierung von Hopfen. Zeitgleich wird auf die bereits bestehende Milch- und Käseproduktion mit europäischen Hochleistungskühen sowie auf die forstwirtschaftliche Bedeutung verwiesen. Zugleich wurde hier die Idee aufgebracht, die Insel für die Einrichtung eines Waisenheims zu nutzen. Glücklicherweise wurde diese Idee, die ganz in der Vorstellung der räumlichen Separation vermeintlich gefährlicher Elemente aus dem restlichen Gesellschaftskörper steht, nicht verwirklicht. (La isla Victoria. Reserva de esta tierra fiscal. O.J., MP, Colección Frey, Caja 7)

Nach der Verabschiedung des Nationalparkgesetzes von 1934 und der Einrichtung der Dirección Nacional de Parques Nacionales ging die Baumschule in die Hände dieser Institution über und wurde Teil des Nationalparks Nahuel Huapi. 1937 wird die Insel dann durch einen Zaun geteilt, so dass der Nordteil im Umfang von 2.200 Hektar für eine neugegründete Zoologische Station reserviert wurde, während der südliche Teil von 1.800 Hektar für die Forststation vorgesehen ist. Letztere besteht aus verschiedenen Arealen wie dem Arboretum mitsamt den Baumschulen, den Forstreservaten mit Naturwäldern, abgebrannten Gebieten, die aufgeforstet werden sollen, und Weiden. (Koutché 1942: 6-8) Das Ziel und die Hauptaufgabe der

Forststation wird wie folgt beschrieben: „der Anbau und die Aufbereitung von Material für Wald-, Land- und Stadtplantagen in der Region des Parks für wirtschaftliche und ästhetische Zwecke.“ (1942: 9) Mit diesen Kriterien liegt es auf der Hand, dass die Forststation auch massiv Neophyten verbreitet und zur biologischen Kolonisation beiträgt. Dies wird von dem Forstwirt der Station, Vsevolod Koutché, durchaus reflektiert:

> Da die einheimische Gebirgsflora nicht reich genug an Arten ist, deren Anbau Vorteile bietet und so unterschiedlichen Zwecken dienen kann, muss die Forststation aus einer Vielzahl von fremden Arten diejenigen suchen und auswählen, die sich den regionalen Gegebenheiten am besten anpassen. (Koutché 1942: 9)

Auf den Punkt gebracht heißt das:

> Studien und Experimente zur Akklimatisierung exotischer Arten ist die zweite Aufgabe der Station, untrennbar mit der ersten verbunden: der Pflanzenproduktion. (Koutché 1942: 10)

Und die Produktion der Baumschule ist durchaus nennenswert. Am Stichtag des 1. Januars 1941 verfügt die Baumschule über 474,505 Pflanzen, vor allem Bäume. Und allein im Jahr 1939 wurden 61.332 Pflanzen verkauft. Für 1939 lag die Nachfrage – die sich aus Verkauf, Schenkungen und Aufforstung zusammensetzt – bei 200.000 Bäumen. (1942: 22-23) Dabei kann seit 1925 von einer gezielten biologischen Kolonisation gesprochen werden, die schon von 1937 an in einigen Aufforstungsgebieten dauerhaften Charakter hat und sich nachhaltig auf der Insel Victoria und in der Region etablieren konnte. (1942: 51)

Wenn über die Forststation im Nationalpark Nahuel Huapi nun vor allem exotische Arten in der Region verteilt werden, so gibt es seitens der Forstwirte doch auch ein ausgeprägtes Bewusstsein über die Bedeutung der autochthonen Arten für die Pädagogik der Nation.

> Um die Besucher der Station mit der am weitesten verbreiteten und wichtigsten einheimischen Waldflora vertraut zu machen, wurde die

> Fläche von 5,2 Hektar innerhalb des Arboretums reserviert. (Koutché 1942: 50)

In den Dokumenten der Nationalparkverwaltung gibt es somit einerseits durchaus eine Skepsis gegenüber exotischen Pflanzen, wobei die einheimischen Bäume durchaus bevorzugt werden, andererseits werden über die Baumschule massiv Neophyten in der Region, auch im Nationalpark, verteilt, ohne dass es eine eingehende Reflektion über die phytogeographischen Folgen gibt. Die zuvor angeführten Arbeiten von Hauman oder Hosseus zur Adventivflora oder vergleichbare botanische Debatten zur Problematik der Verbreitung von exotischen Pflanzenarten und zur biologischen Kolonisation werden von den Forstwirten des Nahuel Huapi Nationalparks in den 1930er und 1940er Jahren hingegen nicht mehr aufgegriffen.

Stattdessen ist die Debatte praxisorientierter. In den 1930er Jahren entzündet sich anhand der Wiederaufforstungspolitik im Nationalpark des Südens eine intensive Debatte um den Einsatz gebietsfremder Baumarten, vor allem aus Nordamerika. Die Frage ist relativ einfach gestellt:

> mit welchen Arten sollen wir die gerodeten Flächen wieder aufforsten sollen: mit einheimischen oder exotischen Arten? (Lebedeff 1932: 14)

Und in seiner Studie zur Wiederaufforstung im Gebiet rund um den Nahuel Huapi-See zögert der Forstingenieur Nicolás Lebedeff auch nicht mit einer eindeutigen Antwort, die zugunsten der heimischen Arten ausfällt:

> Die indigenen Arten haben große Vorteile, und wenn sie geeignet sind, die verschiedenen Bedürfnisse des Holzmarktes zu befriedigen, ist es notwendig, ihnen den Vorzug zu geben. (Lebedeff 1932: 14)

Zudem begünstigen die bodenkundlichen Grundlagen – vornehmlich die starke Verbreitung von Vulkanasche – die heimischen Arten. Entsprechend eindeutig fällt die Schlussfolgerung des Forstwirts aus:

> Bei der künstlerischen Wiederaufforstung sollten einheimische Arten bevorzugt werden, die exotischen Arten sind in kleinerem Maßstab – nach Versuchen mit ihrem Anbau und an den günstigsten Standorten – zu verwenden. (Lebedeff 1942: 210)

In seiner Skepsis bezüglich der Akklimatisierung von Bäumen beruft Lebedeff sich auf die recht eingeschränkt positiven Erfahrungen aus Deutschland, wo nur wenige Arten letztlich kommerziell angebaut werden konnten. Entsprechend können auch die sechs bis sieben-jährigen Erfahrungen auf der Isla la Victoria nur erste Hinweise auf eine mögliche definitive Einführung neuer Arten geben. In noch intakten Wäldern lehnt der Forstwissenschaftler deshalb die Einführung neuer Arten vollständig ab, nur in komplett zerstörten Schneisen hält Lebedeff Experimente mit der Anpflanzung gebietsfremder Arten – vornehmlich aus Nordamerika – für sinnvoll. (1932: 16) Dies gilt beispielsweise für die Pinus insignis, die in der zweiten Hälfte des 20. Jahrhunderts in Chile und Argentinien – neben dem Eukalyptus – zu einer Leitpflanze der Forstindustrie werden sollte. Die gute Entwicklung der Testpflanzen auf der Isla Victoria verdeutlicht die Abbildung aus dem *Boletín Forestal* aus dem Jahre 1942.

Doch liefern nicht alle Pflanzungen in gleichem Maße forstwirtschaftliche Erkenntnisse. So kritisiert der Forstingenieur, dass die bisherige Arbeit der Station der Isla Victoria nicht wissenschaftlichen Standards entspräche:

> Es reicht nicht aus, einfach so viele tausend Bäume zu pflanzen und zu sehen, was dabei herauskommt, man muss wissen, warum. (Lebedeff 1942: 205)

Stattdessen fordert Lebedeff eine konsequente Ausrichtung der Baumschule und der Versuchsstation auf die Pinchot-geprägte US-amerikanischen Forstwirtschaft:

> Die Praxis der Forstplantagen im Nationalpark Nahuel Huapí sollte entsprechend der Praxis in den Vereinigten Staaten geändert werden. (Lebedeff 1942: 209)

Foto Nº 15 — Diferencia en el desarrollo de Pinus silvestris (en primer plano) y Pinus insignis (segundo plano) en la misma edad de 18 años (fracción 3)

Abb. Unterschiede bei der Entwicklung von Pinus silvestris (im Vordergrund) und Pinus insignis (im Hintergrund) im gleichen Alter von 18 Jahren. (Koutché 1942)

Eine ähnliche Skepsis gegenüber der massiven Einbringung von exotischen Bäumen haben Mitte der 1930er Jahre auch die Forstwirtschaftler im Nationalpark Iguazú im Norden des Landes. Franco A. Devoto und Máximo Rothkugel empfehlen für die Verschönerung der Landschaft rund um die urbanen Einrichtungen im Nationalpark Iguazú wie vor allem für die Hotels die autochthonen Pflanzen wie den schwarzen Lapacho, den Ceibo und den Florettseidenbaum. Andere Blüh- oder Zierpflanzen wie die Gelbe Trompetenblume, Tabebuia oder der Palisanderholzbaum werden nicht empfohlen, da diese Arten nicht in der Region vorkommen. (Devoto und Rothkugel 1936: 51) Dabei haben die Autoren ein sehr enges Verständnis ortsfremder Pflanzen, handelt es sich doch bei den genannten Arten allesamt um Pflanzen, die aus Südamerika und zum Großteil auch aus Nordargentinien stammen – nur eben nicht direkt in der Region rund um die Iguazú-Fälle vorkommen. Auf Neophyten aus anderen Weltregionen gehen die Autoren – abgesehen von der Möglichkeit des Tabakanbaus – nicht ein.

Hält man sich die Schlussfolgerungen dieser forstwirtschaftlichen Debatten der 1930er Jahre vor Augen, so entbehrt es nicht einer gewissen Ironie, dass gerade die forstwirtschaftlichen Experten der als Akklimatisierungsstationen gedachten Baumschulen und Versuchsfelder sich gegen eben diese Akklimatisierung gebietsfremder Arten aussprechen und die heimischen Arten bevorzugen. Während hier zugleich auch nationalistische Motive eine Rolle spielen mögen, so greifen die in den Schriften formulierten Begründungen jedoch gerade auch auf naturwissenschaftliche Erklärungsmuster zurück.

Dieser wissenschaftliche Zugriff impliziert dann aber auch die Möglichkeit, die Einstellung zu exotischen Pflanzen zu ändern. So stellt der Forstwissenschaftler Koutché bei seiner Inspektion der Pflanzungen der Baumschule auf der Halbinsel Limonao im Nationalpark Los Alerces zu seiner großen Überraschung folgendes fest:

> Wenn wir nun die Ergebnisse der Aussaat im letzten Frühjahr (August-September: die normale Zeit) analysieren, müssen wir die Ernten der einheimischen Arten als offen gesagt gescheitert und die der exotischen als sehr zufriedenstellend anerkennen. (Koutché,

Inspección de 1947 al Parque Nacional Los Alerces, Biblioteca Moreno – APN, Caja PN Los Alerces)

Da der Boden bei beiden Pflanzungen gleich behandelt wurde und die Saat unter gleichen Bedingungen erfolgte, führt Koutché dieses Ergebnis auf das verwendete Saatgut zurück, das bei den exotischen Arten von höherer Qualität gewesen sein muss. Dies führt er auch – mit einem Unterton des Misstrauens – auf die fehlende Erfahrung und das geringe Engagement des Personals bei den heimischen Pflanzen zurück. Mit diesen Erklärungen muss der Forstwirt nun seine Präferenz für heimische Arten nicht grundsätzlich revidieren.

Zur Gesamteinordnung der forst- und agrarwirtschaftlichen Stationen in den Nationalparks muss jedoch auch festgehalten werden, dass diese – gerade im Vergleich zu dem boomenden und protegierten Tourismussektor – ein Nischendasein führten. Vor dem Hintergrund, dass öffentliche oder interne Kritik an der Nationalparkbehörde und deren Leitung bis zum Abtritt Bustillos so gut wie gar nicht geäußert wurde, muss diese Passage des Forstwirts Koutché – wenngleich vorsichtig formuliert – als scharfe Kritik an dieser Schwerpunktsetzung der Parkpolitik gewertet werden:

> Ich habe weder die Absicht noch das Recht, die derzeitige Politik der Nationalparkdirektion zu kritisieren; ich möchte jedoch darauf hinweisen, dass sich der forstwirtschaftliche Aspekt des Nahuel Huapí Parks stark verzögert hat, insbesondere im Vergleich zu dem, was im Tourismusbereich getan wurde. (Koutché 1942: 210)

Auch wenn die Forstwirtschaft nicht im Zentrum der Bewirtschaftung des Nationalparks stand, war die Nachfrage nach Baumsetzlingen in der Region groß. Dementsprechend richtete die DPN 1940 eine weitere Baumschule in San Martín de los Andes im Nationalpark Lanín ein. (DPN 1940: 56)

Mit der engen institutionellen Anbindung der Forstwirtschaft an die Nationalparkleitung hat Argentinien einen anderen Weg eingeschlagen als das Nachbarland Chile, wo die Parkbewegung eng an dem deutschen Modell der nachhaltigen Forstwirtschaft ausgerichtet wurde. Entsprechend sind die Nationalparks dort auch heute noch an die nationale Forstbehörde CONAF angeschlossen, was nicht unerhebliche Interessenskonflikte zwischen Forstindustrie und Naturschutz innerhalb der Organisation mit sich bringt. Die Nachhaltigkeit der biologischen Kolonisierung und deren Eigendynamik durch die nicht mehr vom Menschen regulierte biologische Invasion der Pflanzen selbst ist noch nicht eindeutig und abschließend zu beurteilen. Die Invasionsbiologen Daniel Simberloff, María Andrea Relva und Martín Nuñez, die sich in ihren Forschungsarbeiten mit der Verbreitung von Neobiota auf der Insel Victoria – die quasi als Labor für biologische Invasionen gelten kann – beschäftigen, kommen in ihrer Studie zur Verbreitung nicht-heimischer Bäume zu folgendem vorläufigen Schluss: „Das auffällige Ergebnis auf der Isla Victoria ist das begrenzte Ausmaß, in dem eine ganze Reihe von angeblich invasiv eingeschleppten Baumarten in den Urwald eingedrungen ist." (2002: 42) Doch – so die Autoren – können diese Ergebnisse kaum verallgemeinert werden, zeigen sich in anderen Regionen Patagoniens durchaus negative Einflüsse fremder Baumarten auf die heimischen. Andererseits wird an diesem Beispiel der zentrale Einfluss des Menschen und der gezielten Einbringung von exotischen Pflanzen für die Veränderung der Landschaften und Ökosystem deutlich.

Von Bisons und Fasanen: Landschaften zur Jagd und zur Vergnügung

Trotz der Skepsis gegenüber der Einführung gebietsfremder Baumarten gab es keine generelle Nationalparkpolitik zu der Frage der Einführung oder Akklimatisierung von Neobiota. Denn zeitgleich zur ablehnenden Haltung der Forstexperten bei der Anpflanzung gebietsfremder Baumarten führte die Nationalparkleitung gezielt Neozoen in die Parks ein. Das ehrgeizigste Projekt zur gezielten Ansiedlung gebietsfremder Tierarten im Nationalpark Nahuel Huapi erfolgte im Jahr 1942. Unter der Leitung der Nationalparkbehörde sollen aus den kanadischen Nationalparks Bisons, Elche und Wapitis in den Nahuel Huapi-Park überführt werden. Der interamerikanische Austausch im Feld der Nationalparks beschränkt sich somit nicht allein auf die Zirkulation von Ideen, Wissen, Gesetzesregelungen und Experten, sondern erstreckt sich auch auf die geplante Verbreitung von Biota. Dieser biologische Transfer beruht vor allem auch auf der Identifikation ähnlicher ökosystemischer Voraussetzungen, die schon früh den Vergleich von Landschaften Kanadas oder den Gebirgszügen der nördlichen USA mit denen Patagoniens befeuert haben. Hauptmotivation aber auf der argentinischen Seite ist wohl die Bereitstellung touristischer Attraktionen, da es jenseits von Guanakos und Pumas in Patagonien kein autochthones Großwild gibt.

Die Auswahl geeigneter Tierarten für die mögliche Überführung nach Patagonien wird von kanadischen Experten begleitet, die zu folgendem Ergebnis kommen:

> die Säugetiere, die sich wahrscheinlich am ehesten akklimatisieren würden, wären der Bison und das Wapiti. Diese Exemplare sind leicht erhältlich und sollten die lange Reise überstehen. (Brief Robertson an Santos Muñoz, 28.4.1942, AGN, Legajo Bustillo, Caja 3347)

Im Juli konkretisiert sich die Auswahl der Tiere. So schreibt Exequiel Bustillo:

> wir möchten unsere Zoologische Station auf der Isla Victoria im Nahuel Huapi Nationalpark mit folgenden Arten bereichern: - zwei männliche und sechs weibliche Bisons sowie zwei männliche und sechs weibliche Wapitis. (Brief Bustillo an Santos Muñoz, 2.7.1942, AGN, Legajo Bustillo, Caja 3347)

Dazu wird die bereits erwähnte Station der Akklimatisierung auf der Isla Victoria im Nahuel Huapi See, auf der sich auch die Baumschule befindet, auf die exotischen Besucher vorbereitet:

> Die Tiere werden auf die Insel Victoria gebracht, wo es eine Zoo- und Akklimatisierungsstation gibt und künstliche Wiesen für die Weide- und Futterproduktion angelegt wurden. (Brief Bustillo an Santos Muñoz, 3.3.1942, AGN, Legajo Bustillo, Caja 3347)

Abb. „Die zoologische Station.“ Dirección de Parques Nacionales.1938. *Obra Pública, cultural y turística realizada en los Parques Nacionales*. Buenos Aires.

Diese Zoologische Station war unter der Nationalparkleitung Mitte der 1930er Jahre vor allem auch für die Zucht heimischer Arten, wie die kleinen Hirscharten Huemul und Pudú, Maras, Pumas und Kondore eingerichtet worden, sollte zugleich aber auch als touristische Attraktion dienen. (Municipio de San Carlos de Bariloche. o.J., DPN 1936: 11-12) Und so bewirbt die Nationalparkbehörde auch die Aufzucht von gebietsfremdem Rotwild in der Zoologischen Station in einer Selbstdarstellungsbroschüre aus dem Jahr 1938. Eine erste Kohorte von 109 Hirschen wurde dem Park von Aarón Anchorena geschenkt. Deren Transport in den Park und Akklimatisierung erfolgte problemlos. (DPN 1936: 12)

Auch im Nationalpark Lanín sind exotische Tiere gezielt, aber auch unbeabsichtigt eingeführt worden, wie bereits in einem Bericht über den Nationalpark aus dem Jahr 1980 detailliert aufgearbeitet wurde. So wurden die ersten Hirsche (Ciervo elaphus), die aus Österreich-Ungarn stammten, 1906 von dem Großgrundbesitzer Pedro Luro in der Provinz La Plata eingeführt und deren Nachkommen dann von Roberto Hohmann 1922 auf seine Hazienda in der Nähe von Junín de los Andes gebracht. Von dort aus verbreiteten sie sich – weitgehend ohne natürliche Feinde – in der Provinz Neuquén und damit auch im späteren Nationalpark Lanín. Hauptgrund der Einführung war die Jagd, gilt doch das Geweih als begehrte Jagdtrophäe. Das europäische Wildschwein wurde ebenfalls von Pedro Luro nach Argentinien gebracht, um die Jagden seiner Hacienda zu bevölkern. Von dort aus – so die Hypothese des unbekannten Autors der Nationalparkbroschüre – verbreiteten sich die anpassungsfähigen Wildschweine bis nach Neuquén. (El Parque Nacional Lanín, 1980: 35-36, BM – APN, Caja PN Lanín)

Die Einführung der gebietsfremden Arten beruht auf einer Vorstellung, die den Nahuel Huapi-Park als leeren, zu kolonisierenden Raum begreift. Dazu werden zwei komplementäre Argumente angeführt. Erstens wird auf die vorherige Extinktion von autochthoner Fauna im Nationalpark verwiesen:

> Was Nahuel Huapí betrifft, so ist es wichtig, die Tatsache hervorzuheben, dass die einheimischen Tierarten auf Grund einer Reihe von Faktoren, die hier nicht analysiert werden können, fast vollständig verschwunden sind. (DPN 1936: 11)

Vor diesem Hintergrund werden in der Zoologischen Station auch heimische Arten aufgezogen. Zweitens aber wird auch die autochthone Fauna als defizitär und artenarm beschrieben. Dies rechtfertigt in den Augen der Parkmanager die gezielte Einführung der Neozoen.

Ursprünglich beschränkten sich die Akklimatisierungsbestrebungen der DPN auf die Insel Victoria. Der Vergleich zur Jurassic-World-Insel liegt auf der Hand. Auch in Bezug auf die Ausbruchsicherheit. Denn bereits 1938 stellt die DPN fest:

> Die Hirsche, die im Laufe des Jahres 1936 freigelassen wurden, haben sich akklimatisiert und ihre Anwesenheit auf der Insel wurde in Gruppenstärke festgestellt, die in ihrer genauen Zusammensetzung schwanken, aber Grüppchen von zehn oder zwölf Individuen sind reichlich vorhanden. In letzter Zeit wurden diese Tiere in der Viehzucht Nr. 26 gesehen, weshalb man schließen kann, dass sie über den See schwimmen, möglicherweise an heißen Tagen, so dass es nicht verwunderlich ist, dass der Park mit der Zeit von dieser Art bevölkert wird. (DPN 1938: 121-122)

Dabei hat die Verbreitung von europäischem Rotwild durch Verbiss einen deutlich negativen Einfluss auf das Baumwachstum. In einer vierjährigen Langzeitstudie konnte das bereits erwähnte interamerikanische, invasionsbiologische Forscherteam Nuñez, Relva und Simberloff unlängst belegen, dass sowohl die heimischen Baumarten als auch die exotischen auf der Insel Victoria durch Wildverbiss negativ im Höhenwachstum beeinflusst werden. Dabei ist bei der heimischen Chilezeder (Austrocedrus chilensis) ein deutlich stärkerer negativer Einfluss festzustellen als bei der exotischen Douglasie (Pseudotsuga menziesii). Die Naturwissenschaftler deuten dies als ein Indiz, das die „invasive meltdown hypothesis“ bestätigen könnte. Grundüberlegung dieser Hypothese ist, dass nichteinheimische Arten sich gegenseitig bei der biologischen Invasion unterstützen und so ihre Überlebenswahrscheinlichkeit wechselseitig erhöhen, indem sie die anstehenden Ökosysteme zu ihren Gunsten verändern. In diesem Sinne hat sich im Umkehrschluss auch gezeigt, dass die gezielte Entfernung von europäischem Rotwild und die Wiederansiedlung heimischer Arten wie Pudú und Huemul die nativen Pflanzengemeinschaften wieder stärken. (Nuñez, Relva und Simberloff 2010)

Während die schöne neue Welt der biologischen Homogenisierung heutigen Naturschützern ein Dorn im Auge ist, scheint die von den Parkmachern anvisierte Attraktivitätssteigerung durch Neozoen bereits in den 1930er und 1940er Jahren ihre Früchte zu tragen. Die Bricolage von Rehen, exotisch anmutenden Arrayanes-Wäldern und westeuropäisch-geprägten Blockhütten produzierte einen weiteren Mythos des Nahuel Huapi-Parks. Eingeladen von Antonio Lynch, einem aristokratischen Mitglied der Parkkommission, reiste der US-amerikanische Regisseur Walt Disney 1942 nach Argentinien. Lynch war seinerzeit Eigentümer von Quetrihué, einer Halbinsel inmitten des Nahuel Huapi-Sees, die durch einen der letzten erhaltenen Arrayanes-Wald gekennzeichnet ist. 1972 wurde der besonders schützenswerte Charakter dieses Waldes betont, indem inmitten des Nahuel Huapi Nationalparks der Nationalpark Arrayanes errichtet wurde. Ein Nationalpark im Nationalpark. Der Arrayán-Baum, der bis in 15 Meter Höhe wächst, zeichnet sich durch die zimtfarbene bis ziegelrote Rinde aus, die dem Wald einen märchenhaften Charakter verleiht. Lynch besass in diesem Wald ein einfaches Blockhaus, in dem auch Disney verweilte. Die Spaziergänge und die Wanderungen haben Walt Disney für die künstlerische Umsetzung von „Bambi" inspiriert.

Doch zurück zu den kanadischen Elchen und Bisons. Die nordamerikanischen, neuen tierischen Bewohner der südamerikanischen Zoologischen Station sollen aus dem Elk Island National Park der kanadischen Provinz Alberta kommen und werden der argentinischen Regierung wohl kostenfrei überlassen. Allerdings muss diese die Kosten für die Verschiffung tragen. Auf Grund der Klimabedingungen wird eine Verschiffung erst für September vorgesehen. (Brief Robertson an Santos Muñoz, 28.4.1942, AGN, Legajo Bustillo, Caja

3347) Im Oktober erneuert dann auch Exequiel Bustillo das argentinische Interesse, „Elche oder jede andere Hirschart mit Ausnahme der Art ‚Wapiti', deren Einfuhr in das Land von der Generaldirektion Viehzucht verboten ist" (Brief Bustillo an Santos Muñoz, 9.10.1942, AGN, Legajo Bustillo, Caja 3347) in den Nahuel Huapi-Nationalpark zu bringen. Während Bustillo sich in Nationalparkfragen durchaus höchst enthusiastisch äußern kann, so scheint er für den Transfer der Tiere keine hohe Begeisterung aufzubringen. Stattdessen verweist er in dem Brief an den argentinischen Botschafter in Kanada, Dr. Pablo Santos Muñoz, wiederholt auf Aarón de Anchorena als den eigentlichen Initiator der Einbürgerung des nordamerikanischen Großwilds in Patagonien. Anchorena war in Argentinien bekannt für die Akklimatisierung neuer Tierarten, die einem aristokratischen Lebensstil der Zeit entsprechen. In seiner Residenz „Estancia Anchorena" an den Ufern des Rio de la Plata in Uruguay und des Rio San Juan – 1978 zum Parque Nacional Anchorena deklariert – führte Anchorena zu Beginn des 20. Jahrhunderts die indischen Axishirsche, australische Kängurus und Büffel ebenso ein wie europäisches Jagdwild wie Wildschweine, Hirsche und Fasane. (https://nomada.uy/guide/view/attractions/4227) Eben diese exotischen Tierarten hatte Anchorena, der die Insel Victoria bereits ab 1904 nutzte, auch in Patagonien eingeführt, neben Nutztieren wie Schafen, holländischen Rindern und Pferden. Anchorena musste die Nutzungsrechte an der Insel – nach Angriffen von Paul Groussac – 1916 wieder an das Landwirtschaftsministerium zurückgeben. Doch die Tiere blieben. Heute gelten der Rothirsch, das Wildschwein und der europäische Hase als im Nationalpark Nahuel Huapi etablierte gebietsfremde Arten.

Ziel der biologischen Kolonisierung des Nahuel Huapi Parks unter der von Bustillo geleiteten DPN war letztlich wohl die Transformation der wilden, indigenen Landschaft in eine aristokratische Parklandschaft europäischer – wohl letztlich auch spezifisch englischer – Prägung. In dieser Landschaft sollten Touristen eine spektakuläre Tierwelt erleben können und dem aristokratischen Abenteuer der Jagd nachgehen können. Ein weiteres Element der aristokratischen Europäisierung der Landschaft stellt auch die Einbringung von hochgeschätzten Vogelarten wie Fasanen zur Jagd, und Schwäne zur ästhetischen Erbauung dar. Fünfzig Schwäne wurden im Zuge einer von Exequiel Bustillo 1935 eingeworbenen Schenkung des Zoologischen Gartens, Buenos Aires, im Nahuel Huapi-See ausgesetzt. (DPN 1936: 123)

Auch im Nationalpark Iguazú nahm die touristische Inwertsetzung der Fauna Gestalt an. In der subtropischen Regenwaldlandschaft indes setzte die Parkverwaltung auf Exotismus. So wurde 1939 im Nationalpark ein Parque Zoológico etabliert, der wohl kaum wissenschaftlichen Anspruch hatte, sondern Tiere nur zur Schau stellen sollte. So ist die DPN in der Inventarisierung auch nicht um taxonomische Genauigkeit bemüht und führt beispielsweise in ihrer Bestandsliste schlicht einen Affen und zwei Schildkröten auf, ohne jeweils die genaue Art zu benennen. (DPN 1940: 34)

Biologische Kolonisation der Gewässer

Nicht nur das Land wird biologisch kolonisiert. Vor allem die Gewässer Patagoniens werden im Kontext der Erschließung der staatlichen Randgebiete durch Nationalparks massiv von neuen Arten bevölkert. Am Übergang vom 19. zum 20. Jahrhundert ist die Fischkultur in Binnengewässern eines der markantesten, transnational operierenden Projekte der biologischen Kolonisierung. In den ersten Jahren des 20. Jahrhunderts finden in den australen Weltregionen – von Chile über Argentinien bis hin zu Neuseeland – Experimente zur Akklimatisierung von Speisefischen, vor allem aus der Familie der Lachsartigen, statt. Dabei wird im großen Stile Fischlaich aus Nordamerika und Westeuropa – der nördlichen Halbkugel – in die Gewässer der südlichen Welthälfte eingeführt. Der patagonischen Region Argentiniens kommt hier eine Pionierrolle zu.

In Patagonien geht die Einführung gebietsfremder Fischarten in Patagonien auf eine Initiative von Francisco P. Moreno zurück. Damit erwies sich der Wissenschaftler und Entdecker – wie bereits in Hinblick auf die Nationalpark-Projekte – als visionär für die zukünftige Entwicklung der Region. 1892 lud Moreno den französischen Naturwissenschaftler Dr. Fernando Lahille nach Argentinien ein, um die ichthyologische Fauna der Region zu erfassen und die Akklimatisierung gebietsfremder Arten vorzubereiten. (Marini 1936: 9) Lahille wurde später Leiter des Museums de La Plata und Leiter der Abteilung für Jagd und Fischzucht des argentinischen Landwirtschaftsministeriums.

Die Hochphase der biologischen Kolonisation der patagonischen Gewässer durch Speisefische der Nordhalbkugel lag in der ersten Dekade des 20. Jahrhunderts. Sie war gekennzeichnet durch ein hohes Engagement staatlicher Instanzen, die proaktiv die Zusammenarbeit mit US-amerikanischen Experten der Aquakultur suchten. 1900 förderte der Landwirtschaftsminister Dr. M. García Merou die Akklimatisierung von Fischen und beauftragte den italienischen Naturwissenschaftler Felipe Silvestri mit der Verbreitung neuer Fischarten in Argentinien. Auf der Grundlage dieser Studien wurde die Idee der

Einführung gebietsfremder Fischarten, vor allem von Lachsartigen und Forellen, 1903 entscheidend weitergeführt. García Merou bekleidete nun das Amt des argentinischen Botschafters in Washington. Dort nahm er Kontakt mit den US-Behörden auf und beauftragte John W. Titcomb, seinerzeit Leiter der Abteilung für Fischkultur im United States Bureau of Fisheries, US-amerikanische Lachsartige nach Nordpatagonien zu bringen. (Marini 1936: 10) Dieser examinierte die Gewässer in Nordpatagonien und wählte die geeigneten gebietsfremden Fischarten zur Kolonisierung der patagonischen Gewässer aus.

Doch dann standen die Fischkultur-Experten vor einer weiteren Herausforderung: dem Transport des Fischlaichs. Dazu konnte nicht der direkte Transportweg von der US-amerikanischen Ostküste nach Buenos Aires gewählt werden, da die Schiffe, die Buenos Aires direkt ansteuerten, nicht über die notwendigen Kühlkammern verfügten. Bemerkenswerterweise waren es dann gerade die mit Kühlkammern ausgestatten Schiffe, die argentinisches Rindfleisch nach England brachten, die dann auf der Rückfahrt den heiklen Laich auf konstant 4 °C kühlen konnten. Laut Marini, in den 1930er Jahren Leiter der Abteilung für Fischzucht im argentinischen Landwirtschaftsministerium, war die 1903 organisierte Verschiffung von Fischlaich die erste, die über eine dermaßen lange Distanz erfolgte. Die Reise der Fischembryonen dauerte 50 Tage, wobei insgesamt in 30 Tagen zirka 16.600 km auf dem Seeweg und weitere beschwerliche 1.600 km auf dem Landweg von Buenos Aires an den Nahuel Huapi-See zurückgelegt werden mussten. Damit kommt die Reise des Fischlaichs durchaus den Strapazen von Phileas Fogg und seinem Diener Passepartout nahe, die in Jules Vernes bekanntem Roman die Welt in 80 Tagen umquerten.

Bei minutiöser Planung war der Erfolg dieser Aktion überwältigend. Begleitet von dem eigens dafür unter Vertrag genommenen US-Experten E.A. Tulian kamen 1904 sieben Containerboxen mit Fischlaich aus den USA in Patagonien an. Wobei die Verlustrate mit 10% des Laichs – gerade auch angesichts der strapaziösen Reise – äußerst gering war. Doch macht bereits der zweite Transport von Fischlaich unter der Leitung des US-Experten Ormsby aus dem Jahre

1904 deutlich, wie fragil die Fracht ist: Hier gingen 90 % des Laichs verloren, da die Fische vorzeitig vor der brasilianischen Küste schlüpften. (Tulian 1910)

In Patagonien richtete die argentinische Regierung eine Fischaufzuchtstation am Rio Limay ein, die den Fischlaich aufnahm, und die zunächst von den US-amerikanischen Experten geleitet wurde. Die zentralen Persönlichkeiten waren hier zuerst John W. Titcomb und dann E.A. Tulian, den die argentinische Regierung als Leiter der Abteilung für Fischkultur im Landwirtschaftsministerium unter Vertrag nahm. Tulian bekleidete dieses Amt bis zum Juni 1909. Als Pionier der Aquakultur in Patagonien wählte Titcomb einen Standort mit einer unterirdischen Quelle am Rio Limay, in der Nähe des Nahuel Huapi Sees aus, die regelmäßig konstant kühles Frischwasser hervorbrachte. Er übernahm auch die erste Leitung der Station, kehrte aber bereits im Folgejahr wieder in die USA zurück, um die weiteren Transporte zu organisieren. An seiner statt übernahmen dann andere US-Experten die Leitung der Station in Bariloche. Zunächst war dies Herr Ormsby; ihm folgte Herr Brosby, der die Aufzuchtabteilung in Patagonien für fast 20 Jahre leiten sollte. So ist der Aufbau der Aquakultur in Patagonien eng mit der Arbeit US-amerikanischer Experten verbunden, die die Vorbereitung des Terrains, die Auswahl der Fische, die Organisation des Transports und die Akklimatisierung der Fische übernahmen.

1909 konnte dann unter der Leitung von L. Valette ein erster Fischlaich-Transport ohne die Begleitung durch US-amerikanische Experten erfolgen. Valette übernahm dann auch nach dem Rücktritt Tulians die Leitung der Abteilung für Fischkultur im Landwirtschaftsministerium. Aber so ganz wollten die frisch ausgebildeten argentinischen Fischzüchter wohl doch nicht auf die US-amerikanische Expertise verzichten. Und so wurde der Fischzüchter H. Kelly eingestellt, unter anderem auch um eine weitere Lieferung von Fischlaich zu beaufsichtigen. (Marini 1936: 17)

Doch widmen wir uns nun den Aktanten der biologischen Invasion, den Fischen. Konkret setzte sich die erste delikate Fracht 1903 aus 1.000.000 Larven der Heringsmaräne (*Coregonus clupeaformis)* sowie mehrere Tausend Larven von Bachsaibling *(Salvelinus fontinalis)*, Amerikanischer Seeforelle (*Salvelinus namaycush)*, Atlantischem Lachs *(Salmo salar*) und dessen binnensee-gebundene Variante (*Salmo solar m. sebago*) zusammen. Die Heringsmaräne wurde nur im Nahuel Huapi-See ausgesetzt, die weiteren zudem in den Seen Traful, Espejo und Gutiérrez. (Marini 1936: 11), wobei die beiden letzteren über Flüsse mit dem Nahuel Huapi verbunden sind. In den Folgejahren bis 1910 wurden im Kontext der neuen Abteilung für Fischzucht und in Kooperation mit den US-Experten weitere Larven zu Jungfischen aufgezogen und in den Nahuel Huapi-See eingebracht.

Dabei ging es gezielt vor allem auch darum, neue Arten einzubringen. So wurde Tulian mehrfach beauftragt in Europa – namentlich in England, Frankreich, Belgien und Deutschland – neue Fischarten zu akquirieren. Dabei geht es vor allem um die Regenbogenforelle, deren Einführung sich bei den bisherigen Transporten als problematisch erwiesen hatte, und um die europäische Bachforelle (Salmo trutta fario). Captain Reed geht davon aus, dass bis 1930 ungefähr neun Millionen Eier oder Larven gebietsfremder Arten – vor allem Lachsartige – in argentinische Gewässer eingebracht wurden. (1949: 3-4) Tulian berichtet bei einem Vortrag 1908 folgende Erfolgsergebnisse der Akklimatisierung:

> Seeforellen wurden im Lago Traful und Lago Correntosa gefunden, und Landlachse im Lago Gutierrez, während Bachforellen in fast allen Flüssen und Bächen gefunden wurden. In vielen von ihnen sind die Bachforellen sehr zahlreich und nehmen rasant zu. Der Inspektor und Assistent der Fischzucht Nahuel Huapi entnahm, sowohl im letzten Jahr als auch in diesem, Tausende von Fingerlingen aus Bewässerungsgräben, die ihr Wasser aus diesen Bächen beziehen, und setzte sie in die Bäche wieder ein. 860 Fingerlinge der Bachforelle wurden erst im April letzten Jahres aus einem Bewässerungsgraben eines kleinen Gartens entnommen, der sich auf dem Weg zum ‚arroyo de Jones' befindet, und 2.300 aus einem anderen der in den ‚arroyo de Newbery' mündet. Dies waren zweifellos Fingerlinge, die im September oder Oktober 1907 geschlüpft waren. (Tulian 1910: 958)

Diese erfolgreiche Akklimatisierung nordamerikanischer Salmoniden wird auch von Bailey Willis während seiner Hydrologischen Mission in Patagonien konstatiert. Begeistert schreibt der US-amerikanische Geologe: „Die Fische haben sich so stark vermehrt, dass sie heute reichlich vorhanden sind und eine außergewöhnliche Größe erreicht haben." (Willis 1988: 290) Die Größe und Qualität der Fische ist – wie auch die Fischzuchtexperten betonen – höchst zufriedenstellend. Vor allem der Traful-See produziert herausragende Fische – so fingen Angestellte der Fischzuchtstation einen Lachs mit einem Gewicht von 15 ½ Kilogramm. (Reed 1949: 8-9)

Bei den Lachsen bestand noch die Sorge, wie sich die Wanderung in die Meere und die mögliche Rückkehr gestalten würde. Erfahrungen aus Neuseeland, wo nahezu zeitgleich zu Argentinien Lachse akklimatisiert wurden, zeigen aber, dass die eingebrachten Tiere in ihre Ausgangsbinnengewässer zurückwandern. (Marini 1936: 15). Einmal mehr zeigt sich hier die transnationale Dimension der zeitgenössischen Praxis der Aquakultur.

Schon bald machte sich die argentinische Fischzucht von den Laichimporten aus Nordamerika und Westeuropa unabhängig. 1907 produzierte die Fischzuchtstation am Nahuel Huapi-See die ersten eigenen Nachzuchten. Stolz berichtet Marini:

> Es fand zum ersten Mal in Südamerika Ablaiche eines ganzen Schwarms von Bachforellen statt, wobei 270.000 Eier gewonnen wurden, die sich unter perfekten Bedingungen entwickelten. (Marini 1936: 12)

Für die Saison 1908 / 1909 geht Tulian davon aus, dass in der Nahuel Huapi-Fischzuchtstation eine halbe Million Eier Bachsaibling-Laich und mehrere Tausend Lachseier geerntet werden können. (Tulian 1910: 959-960) Der Erfolg der argentinischen Fischzucht verbreitete sich schnell in der Region. Und so forderte die 1905 von Federico Albert eingerichtete chilenische Fischzuchtstation am Rio Blanco schon 1908 Fischlaich aus der Nahuel Huapi-Region an.

Aktuelle invasionsbiologische Arbeiten machen deutlich, dass von den zehn Salmoniden, die bis heute im argentinischen Teil Patagoniens eingeführt wurden, acht als etabliert gelten können. Dabei sind jedoch auch starke regionale Unterschiede und historische Variationen zu beachten. So galt zunächst der Bachsaibling als besonders stark invasive Art, die aber zunehmend von der Regenbogenforelle verdrängt wurde. (Macchi und Vigliano 2014)

Bei der gezielten biologischen Kolonisierung der Gewässer ist Marini, und damit auch der Nationalparkleitung, voll bewusst, dass sie die anstehenden Ökosysteme massiv verändern. In diesem Sinne formuliert Marini avant la lettre, die von Charles Mann entwickelte Idee des Homogenozäns: „Die Faunen, sowohl terrestrische als auch aquatische, gleichen sich im Laufe der Zeit aneinander an.“ (1936: 7) Die Gefahr für die heimischen vier bis fünf Fischarten spielt Marini herunter: „Es stellt sich heraus, dass es nicht alarmierend ist, dass einige Arten von Salmoniden in diese Umgebung eingeführt wurden, da die Zahl der einheimischen Fische immer sehr beschränkt war.“ (1936: 8) Doch spätere Studien zeigen, dass der heimische Puyen (*Galaxia maculatus*) eine bevorzugte Nahrungsquelle für die eingeführten Salmoniden darstellt:

> Es ist sehr verbreitet, im Mageninhalt der Salmoniden eine außergewöhnliche Menge an Puyen zu beobachten, die eine wahre Masse bildet, die den ganzen Magen einnimmt. (González 1945: 126)

Gleichzeitig gibt es bei Marini aber durchaus auch ein latentes Bewusstsein über die Gefahr, die die eingesetzten Fischarten für die heimischen darstellen könnten. Entsprechend differenziert Marini:

> Ich glaube, dass bei der Einführung neuer Fischimporte die Weißfische sehr ernst genommen werden sollten, denn es handelt sich um kleinmäulige Salmoniden, die andere Fische nicht fressen können, und ihre Akklimatisierung an Orten, an denen es den Pejerrey gibt, könnte die Entwicklung der einheimischen Arten niemals beeinträchtigen. (Marini 1936: 12)

Dies scheint von neuen Studien bestätigt zu werden, die die erfolgreiche Invasion der Regenbogenforelle gerade auf deren Fähigkeit als Räuber, der sich von den heimischen Galaxias maculatus ernährt, zurückführen. (Macchi, Pascual und Vigliano 2007) Sie haben damit einen Vorteil gegenüber anderen exotischen Arten, wie dem Bachsaibling, der nach einer ersten massiven Einführung vermutlich auf Grund von Konkurrenzdruck im Bestand zurückgegangen ist, wie auch die heimischen Arten (Kreolische Forelle, *Percichtys trucha*, und Perjerrey, *Odontesthes hatcheri*). Noch 1945 hatte der Biologe Tomás González Regalado eine sehr weitere Verbreitung beider heimischen Arten in den patagonischen Nationalparks Nahuel Huapi, Lanín und Los Alerces festgestellt. (González 1945: 121-126) Doch auf Grund der Konkurrenz bei der Nahrungssuche sowie durch die räuberische Ernährung der invasiven gebietsfremden Salmoniden gingen die Bestände der autochthonen Arten massiv zurück.

Die staatlichen Anstrengungen zur Etablierung der Aquakultur in Patagonien mit gebietsfremden Speisefischen waren von dem Gedanken der wirtschaftlichen Erschließung der abgelegenen Region getrieben. Die ersten Bemühungen waren insofern durchaus erfolgreich, als dass die gebietsfremden Arten die patagonischen Gewässer erfolgreich kolonisieren konnten. Doch offensichtlich krankte die weitere ökonomische Erschließung wohl an dem fehlenden Marktzugang, was auf die fehlende Infrastruktur, die fehlende regionale Nachfrage auf Grund der geringen Besiedlungsdichte sowie zudem auch auf die in Argentinien etablierten Ernährungsgewohnheiten zurückgeführt werden kann.

In diesem Sinne befand sich die noch junge argentinische Fischkultur in den 1930er Jahren in einer Pattsituation. Angesichts der massiven Bestrebungen der touristischen Erschließung Nordpatagoniens durch die DNP unter der Leitung von Exequiel Bustillo veränderten sich auch die Bedingungen für die Fischkultur. Bustillo fabrizierte rund um den Nahuel Huapi-See eine touristische Erlebnislandschaft, die den Bedürfnissen geldaristokratischer Urlauber entsprach.

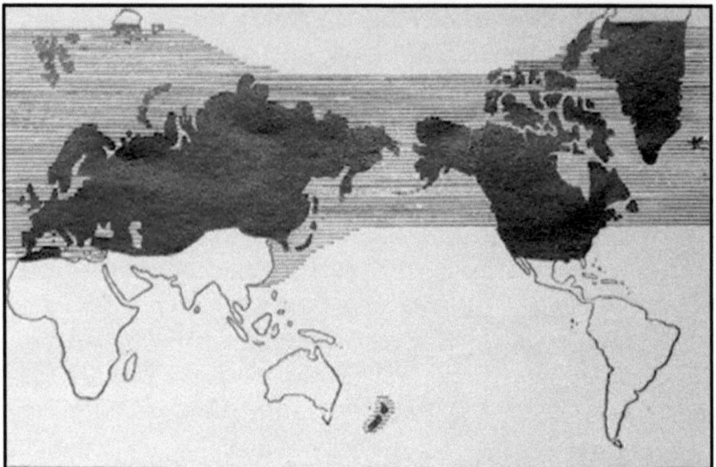

FIG. 1. — Planisferio que demuestra el área de dispersión de los salmónidos.

Abb. Verbreitung der Salmoniden. Marini (1936: 19)

FIG. 2. — Forma en que fueron transportados los primeros embriones de salmónidos introducidos desde Neuquen hasta San Carlos de Bariloche, penosa travesía que duraba alrededor de 20 días.

Abb. Transport von Fischlaich von Neuquén nach San Carlos de Bariloche. Marini (1936: 19)

Dazu gehörte auch die Promotion der Landschaft als Paradies für Sportangler. Diese Vision konnte in den 1930er Jahren eine solche Strahlkraft entfalten, dass sich auch der Leiter der Abteilung für Fischkultur im Landwirtschaftsministerium, Dr. Tomás Marini, dieser geopolitischen Imagination nicht entziehen konnte. Anlässlich einer von der *Sociedad Científica* am 8. November 1935 organisierten Konferenz betont er die touristische Bedeutung der aquatischen Neozoen:

> Das Lachsfischen in unserem Parque Nacional del Sud ist eine der Abwechslungen, die den Anfänger in diesem Sport überraschen und die Wünsche der Erfahrensten erfüllen wird. Auf jeden Fall wird sie eine solche Begeisterung wecken, dass die Touristen unfehlbar danach streben, die Orte wieder zu besuchen, an denen ein Sport praktiziert werden kann, der so intensive Emotionen hervorruft, die nur erklärt werden können, wenn man sie selbst erlebt hat. Aus diesem Grund ist und wird das Lachsfischen aus der Sicht des Sportanglers immer eine der größeren Attraktionen sein, die der Nahuel Huapi Park den Touristen bietet. (Marini 1936: 2)

Mit diesen Worten verknüpft Marini die Einbringung gebietsfremder Fischarten über den Knotenpunkt Tourismus mit der Einrichtung des Nationalparks. Hier wird deutlich, dass die Akklimatisierung exotischer Arten nicht trotz, sondern gerade wegen des Nationalparks boomt. Im Bereich der Fischkultur erweist sich der Nationalpark als Neozoenschleuder.

Doch macht Marini in seiner Rede auch einen weiteren wichtigen Punkt, der eine schwelende Kontroverse zum Ausdruck bringt. Für Marini ist die Sportangelei nur ein Nebenaspekt der Nutzung des Fischreichtums. Parallel dazu setzt er sich, als Vertreter des Landwirtschaftsministeriums, für die weitere kommerzielle Nutzung der eingeführten Salmoniden ein. Diese wirtschaftliche Erschließung setzt zunächst an der Versorgung der umliegenden Hotels und der lokalen Bevölkerung an, um dann in weiterreichende Pläne zum Export von Fisch zu münden. Damit soll das wirtschaftliche Potential der Fischzucht voll genutzt werden. (Marini 1936: 8) Dazu müssen dann auch die weiteren Gewässer in Nordpatagonien genutzt werden.

> All diese Gewässer, und viele andere mehr, die man lange aufzählen müsste, warten, wie gesagt, ungeduldig auf unsere Arbeit, um uns dann großzügig hundert auf einen eingebrachten Fisch zurückzugeben. Und es besteht kein Zweifel daran, dass in all den genannten Gewässern, zusätzlich zu den Seen des Nationalparks, die verschiedenen Arten von Salmoniden eine außerordentliche Bedeutung erlangen werden. (Marini 1936: 4).

Die Parkleitung indes setzt allein auf das Sportangeln und verbietet in dem Reglamento de Pesca del Parque Nacional de Nahuel Huapi vom 28. Juli 1935 den Fischfang mit dem Netz oder mit Dynamit sowie darüber hinaus jedwede kommerzielle Fischerei. (DPN 1936: 103, Bustillo 1997: 349) Zur Ausarbeitung dieses Erlasses nahm Exequiel Bustillo Kontakt mit einem Kollegen aus den USA auf, der ihm die Jagd- und Fischereiverordnung des Staates New York zukommen lässt.

Offensichtlich ist die Fischfarm des Landwirtschaftsministeriums mit dieser Regelung nicht einverstanden. 1939 erlaubt schließlich ein ministerialer Erlass der Fischfarm im Nationalpark am Nahuel Huapi den Verkauf von Fisch an die im Nationalpark angesiedelten Hotels. Damit sollten die Kosten der Station teilweise getragen werden. An diesem Punkt entzündet sich in der Folge ein länger schwelender Konflikt zwischen dem Leiter der Abteilung für Fischkultur im Landwirtschaftsministerium, Marini, und der Leitung der DPN in Person von Exequiel Bustillo. Bustillo wirft der Fischzuchtstation vor, dass die Kommerzialisierung zur Zerstörung des „patrimonio ictícolo“ führen würde. Entsprechend spricht er sich 1942 in einem Brief an den Landwirtschaftsminister vehement gegen diese Regelung aus. Die kommerzielle Nutzung, so der Nationalparkchef,

> schadet ernsthaft den Fischbeständen der Seenplatte, was nicht nur die Möglichkeiten für die Sportfischerei einschränkt, die eine der Hauptattraktionen für den Tourismus ist. (Brief Bustillo und Antonio Lynch an Dr. Daniel Amadeo y Videla, Landwirtschaftsminister, 4.3.1942, AGN, Legajo Bustillo, Caja 3347)

Und er scheut sich auch nicht, diese Debatte über die Presse in die Öffentlichkeit zu tragen. Als Referenz für seine Position führt Bustillo den berühmten Sportangler Sir Neville Henderson an, seines Zeichens Botschafter Großbritanniens in Argentinien und später in Deutschland. (Bustillo 1997: 353-355)

Dieser Konflikt hat auch eine institutionelle Dimension. Im konkreten Fall handelt es sich um einen Kompetenzkonflikt um die Leitung der Fischkultur im Nahuel Huapi-Nationalpark. Bustillo strebt danach, die Fischzuchtstation in die Nationalparkbehörde zu integrieren, während Marini die Station als integralen Bestandteil der Abteilung Fischzucht des Landwirtschaftsministeriums betrachtet. (Bustillo 1997: 350-352) Letztlich scheint Bustillo darauf abzuzielen, die DPN als einzig relevante staatliche Instanz in den Territorien der Nationalparks zu etablieren. In diesem Sinne war Marini letztlich kaum glücklich mit der 1932 erfolgten Umsiedlung der ersten, rudimentären Fischaufzuchtstation am Rio Limay an die neugebaute und größere „Piscicultura Bariloche", da es hier – so der Fischzüchter – ungünstigere Wasserbedingungen gab. Und – so lässt sich vermuten – auch die Nähe zur nach Dominanz strebenden DPN größer war. 1971 wurde diese Station dann in das „Centro de Salmonicultura Bariloche" transformiert, das seinerseits 1994 endgültig geschlossen wurde. (Macchi und Vigiliano 2014: 167)

Für Bustillo ist die Förderung des Sportangelns ein zentrales Element in der übergreifenden Strategie der europäisch-aristokratischen Kolonialisierung der Landschaft durch Tourismus. Dabei sind die Bedeutung und der Status des Angelns in den Kreisen der kosmopolitischen (Geld-)Aristokratie nicht zu unterschätzen. (Kinsey 2008: 17-27) Gerade anglophone Gentlemen aus dem Adel oder der militärischen Elite widmen sich diesem Genre und haben es über die Amerikas verbreitet, so dass die Nationalparkbehörde in den 1940er Jahren auch einen eigenen englischsprachigen Angel-Führer herausgibt.

Abb. „Angeln am Nahuel Huapi“. (Reed 1949: Titelbild).

In seiner Grundstruktur gleicht dieser Konflikt zwischen Fischkultur und Sportangelei dem schwelenden Konflikt zwischen Forstwirtschaft und Parklandschaft. Während Techniker aus dem Kontext des Landwirtschaftsministeriums die wirtschaftliche Erschließung der Naturressourcen im Blick haben, steht für Exequiel Bustillo die Erschließung der Region durch den Tourismus an erster Stelle. Genuine Fragen des Naturschutzes sind indes für beide Positionen von nur äußerst randständiger Bedeutung.

„Was ist ein Nationalpark?“

„Was ist ein Nationalpark?“ fragt sich der US-amerikanische Geologe Bailey Willis in einer Broschüre von 1913, in der er ein umfassendes Programm für die Einrichtung des Nationalparks des Südens entwirft. Um diese Frage zu beantworten, greift Willis auf das wissenschaftliche Instrument der Definition zurück. Und er hält fest:

> Ein Nationalpark ist ein Bereich, der vom Staat für die Muße und das Wohlbefinden der gesamten Bevölkerung reserviert ist. Es ist so eingerichtet, dass keine Einzelperson andere daran hindern kann, ihn zu genießen und alles, was dem menschlichen Gebrauch entspricht, in seinem natürlichen Zustand zu erhalten. (Willis 1913)

Dabei geht es Willis nicht nur darum, den Sachverhalt nachvollziehbar für andere festzuhalten, vielmehr zielt die Definition auch darauf ab, das Wesen des Nationalparks universal zu bestimmen – unabhängig von Zeit und Raum. Für die in diesem Buch aufgeworfene Fragestellung der Verortung von Nationalparks in einem transnationalen Verflechtungsraum und der Ausrichtung der Parks im Spannungsfeld von Naturschutz und Kolonialisierung erweist sich die Bestimmung eines universellen, wahren Wesens von Nationalpark als zu begrenzt. Deshalb möchte ich an dieser Stelle nicht nach dem inneren Wesen eines Nationalparks fragen, sondern die Frage anders stellen: Wie operiert der Nationalpark?

Mit dieser veränderten Fragestellung rückt ein ganzes Arsenal von Diskursen und Konzepten, Praktiken und Regulierungen, Effekten und Materialisierungen in den Blick. Diese Aspekte – von der transnationalen Zirkulation von Umweltwissen, naturwissenschaftlichen Experten, Touristen und Neobiota über biopolitische Praktiken der Regulierung des Verhältnisses von Bevölkerung und Territorium im Park bis hin zu Materialisierungen wie den Bau von Planstädten und Hütten für Parkranger – sind in diesem Buch ausgiebig analysiert und diskutiert worden. Darüber hinaus ist herausgearbeitet worden, wie die Verflechtung einzelner Praktiken und Diskurse zur Produktion von übergreifenden, zum Teil heterogenen gesellschaftlichen

Imaginarien führt, die ihrerseits – wie das Imaginarium Patagoniens als Schweiz Argentiniens oder das der zivilisierten aristokratischen Parklandschaft – über die mediale Verbreitung im transnationalen Verflechtungsraum zirkulieren.

Dennoch stellt sich die Frage, ob die Funktionsweise des Nationalparks in Argentinien zwischen 1903 und 1943 nicht doch noch enger gefasst werden kann. Kurz, es geht mir hier darum, eine treffende Konzeptualisierung zu finden, die weder die ontologische Enge einer universalistischen wesensbestimmenden Definition hat, noch die heuristische Offenheit eines Spiels der unterschiedlichsten Praktiken, Diskurse und Materialisierungen.

Aus Foucaultscher Perspektive könnte der Nationalpark möglicherweise als Dispositiv begriffen werden. Foucault versteht das Dispositiv als

> ein entschieden heterogenes Ensemble, das Diskurse, Institutionen, architektonische Einrichtungen, reglementierende Entscheidungen, Gesetze, administrative Maßnahmen, wissenschaftliche Aussagen, philosophische, moralische oder philanthropische Lehrsätze, kurz: Gesagtes sowohl wie Ungesagtes umfasst. Soweit die Elemente des Dispositivs. Das Dispositiv ist das Netz, das zwischen diesen Elementen geknüpft ist. (Foucault 1978: 119f.)

In diesem Sinne kann der Nationalpark durchaus als Dispositiv begriffen werden, wurden doch in der bisherigen Analyse eben diese von Foucault benannten Elemente berücksichtigt. Zudem verbindet Foucault die Entstehung von Dispositiven mit Krisensituationen, die auch in dem Fall der argentinischen Nationalparks in Hinblick auf eine beginnende ökologische Krise und vor allem in Hinblick auf die Krise des Regierens der peripheren Regionen gegeben ist. Allerdings ist das Dispositiv bei Foucault als Machtensemble konzipiert, das sämtliche gesellschaftliche Bereiche durchzieht und damit eben Macht dezentral und nicht von einer zentralen Instanz wie dem Staat denkt.

Der Nationalpark hingegen ist ohne den Nationalstaat kaum zu denken. Dies wurde in der umwelthistorischen Debatte unlängst auch mit dem Konzept des „nature state“ (Hardenberg, Kelly, Leal und Wakild 2017: 1-16) unterstrichen. Trotz der Bedeutung von Staatlichkeit ist jedoch auch Vorsicht geboten, das von Staat selbst produzierte Imaginarium einer kohärenten, alle gesellschaftlichen Bereiche durchdringenden Staatlichkeit zu reproduzieren und damit dem Staat als Fetisch aufzusitzen. Insofern kann der Nationalpark auf Grund der weitreichenden Verflechtung in zivilgesellschaftliche Bereiche, in andere Gemeinschaften und in das akademische Feld sowie auf Grund der Eigenlogik von Natur nicht als Staatsapparat konzeptualisiert werden.

Eine Besonderheit der Nationalparks ist die spezifische Territorialität. Sie sind gekennzeichnet durch eine räumlich scharf durch die Parkgrenzen markierte Differenz von Innen und Außen. Damit wäre es verführerisch, die Nationalparks als heterotopische Enklaven zu begreifen. Doch würde auch eine solche enklavische Konzeptualisierung den Nationalparks kaum gerecht, da so die gerade in diesem Buch herausgearbeitete, transnationale Zirkulation von Wissen, Objekten und Biota vernachlässigt werden würde.

Angesichts der hier aufgeworfenen unbefriedigenden Versuche der Konzeptualisierung der argentinischen Nationalparks in der ersten Hälfte des 20. Jahrhunderts möchte ich nun vorschlagen, den Nationalpark als Brückenkopf zu begreifen. Das Konzept Brückenkopf geht auf die dependenztheoretische Diskussion der 1970er Jahre zurück. Es reagiert auf eine zu einfache, dualistische Gegenüberstellung von Zentrum oder Metropole und Peripherie und wird damit der strukturellen Heterogenität im Globalen Süden gerecht. Mit dem Brückenkopf wird argumentiert, dass Interessen des Zentrums auch innerhalb der Peripherie vertreten werden. Gemeint ist damit vor allem die gesellschaftliche Elite in den Ländern der Peripherie, die nicht die Interessen der dortigen Bevölkerungsmehrheit, sondern die Interessen des Zentrums vertritt. Hier ist nun nicht der Ort für eine ausführliche kritische Diskussion dieses Konzepts. Stattdessen möchte ich auf vier Aspekte eingehen, die deutlich machen, wie dieses Konzept fruchtbar für das Verständnis der Funktionsweise der argentinischen Nationalparks eingesetzt werden kann.

Erstens ist die – auch in der dependenztheoretischen Bestimmung des Brückenkopfs angelegte – Tendenz der Kolonialisierung zu nennen. Das Konzept des Brückenkopfs ist aus der militärischen Sprache entlehnt und bezeichnet eine Art Vorhut oder Andockpunkt für weitere militärische Aktionen, die der Expansion und Eroberung dienen. Dieses proaktive Element der Eroberung bislang nicht kontrollierter Gebiete ist bereits in den 1902 und 1903 skizzierten Nationalparks im Norden und Süden angelegt, wird dann aber vor allem von Exequiel Bustillo in Anschluss an die Arbeiten von Bailey Willis ab 1934 auf den Punkt gebracht, wenn der Nationalpark zu einem „wahren Instrument der Kolonialisierung“ wird. Insofern ist der Brückenkopf nicht statisch zu denken, vielmehr ist er durch die Tendenz der Expansion, der Kolonialisierung und der Landnahme gekennzeichnet.

Zweitens ist im Brückenkopf ein Machtgefälle zwischen Zentrum und Peripherie angelegt. Damit kann die enge Verbindung von Nationalpark und Staat konzeptualisiert werden. Dabei ist der Staat allerdings keineswegs als festumgrenztes Objekt oder gar Subjekt zu begreifen. Vielmehr wird hier von einem dynamischen Staatsverständnis ausgegangen, wonach die unterschiedlichen Staatsapparate selbst beständig umkämpft und ausgehandelt werden, womit sich der Staat selbst eher als Effekt der verschiedenen Kämpfe und Regierungstechniken begreifen lässt. In diesem Sinne kontrolliert der Staat auch nicht flächendeckend das beanspruchte nationale Territorium. Vielmehr muss er sich sichtbar machen und in Szene setzen. Dies gilt umso mehr für die staatlichen Randbereiche, in denen sich gerade auch Naturschutzgebiete befinden. An diese Überlegungen anschließend kann der Nationalpark als ein Instrument begriffen werden, das Staatlichkeit in den peripheren Gebieten überhaupt erst herstellt. Über die verschiedensten Techniken der Regulierung, der Grenzziehung, der Statistik, der Bildzirkulation wird somit über die Nationalparks die Imagination von Nationalstaatlichkeit produziert.

Drittens impliziert das Konzept Brückenkopf eine heterogene räumliche Dimension. Diese ist in zweierlei Hinsicht relevant. Zum einen handelt es sich um eine Erweiterung des Zentrums, die räumlich unterbrochen, aber durch Kommunikationswege aufrechterhalten wird. Letztere gewährleisten die permanente Zirkulation von Ideen, Personen, Artefakten, Ressourcen. Damit sind die Nationalparks trotz ihrer peripheren Lage prominent in transnationale Verflechtungsräume eingebunden. Diese Verflechtungen betreffen die politisch-naturwissenschaftliche Dimension von globalem Naturschutz ebenso wie den Ausbau des internationalen Tourismus. Diese räumliche Konfiguration wird durch die verschiedensten Akteure immer wieder zum Ausdruck gebracht, wenn die schwere Erreichbarkeit der Parks und somit die fragile Anbindung an das Zentrum – vor allem an Buenos Aires – thematisiert wird. Zum anderen sind die Parks durch eine räumliche Differenz von Innen und Außen, die letztlich durch die Parkgrenzen bestimmt wird, gekennzeichnet. Das Innere des Parks fungiert als privilegiertes Interventionsfeld, in dem gerade in der hier analysierten Formationsperiode der Nationalparks Regierungspraktiken ebenso getestet werden wie räumliche Materialisierung in Form von Städten, Verkehrsinfrastruktur und Baumschulen angelegt werden, während gleichzeitig Naturschutzregeln erlassen werden. Dabei bleibt ein markanter Unterschied zum Außen des Parks bestehen. Doch sind die Grenzen nicht fix. Vielmehr können sie als Membrane begriffen werden, die die Durchlässigkeit regeln. So hat der Park beispielsweise großen Einfluss auf die touristische Entwicklung der umliegenden Region.

Viertens reguliert der Nationalpark auf der Grundlage der räumlichen Differenz das Verhältnis von Natur und Gesellschaft. Um besondere Naturlandschaften und einzigartige Naturdenkmäler spannt sich ein ganzes Netz von spezifischen Regierungstechniken, gesetzlichen Regelungen und architektonischen Einrichtungen. Dabei ist die Anlage von Nationalparks eine höchst paradoxe Operation. Sie basiert auf der im westlichen Denken angelegten Trennung von Natur und Kultur, Wildnis und Zivilisation. Gleichzeitig schreibt sich Natur über die Nationalparks in den Staat ein. Allein schon der Begriff Park macht die paradoxe Operationslogik deutlich. „Wilde Natur“ soll als kultivierter Park unter staatlicher Kontrolle zivilisiert werden. Die

Logik der Kolonialisierung von Natur ist somit im Brückenkopf Nationalpark eingeschrieben.

Die Nationalparks können in der ersten Hälfte des 20. Jahrhunderts als Brückenköpfe einer neuen Biopolitik begriffen werden, bei der neue Regierungstechniken, inklusive deren Verräumlichungen, in Hinblick auf Natur entstehen. Dabei wird Natur reglementiert, kontrolliert, parzelliert und diszipliniert, aber auch neues Wissen und neue Vorstellungsbilder bis hin zu einer neuen Imagination der Nation produziert. Mit diesen Techniken führen die Nationalparks das im letzten Drittel des 19. Jahrhunderts beschleunigte Projekt der Kolonialisierung peripherer Regionen zu Ende. Die Nationalparks treiben die Urbanisierung, infrastrukturelle Erschließung und wirtschaftliche Nutzung peripherer Regionen voran. Dazu gehört vor allem die Ausweisung dieser Gebiete als Hotspots eines neuen Tourismus-Regimes, während das ab Mitte des 19. Jahrhunderts protegierte Modell der Agrarkolonisation zu Ende geht. Die Nationalparks betreiben eine aktive Bevölkerungsregulierung, die sich gegen indigene Gruppen – in Nordpatagonien vor allem gegen die chilenischen Mapuche – richtet, und die dann zunehmend ab den 1960er Jahren das Leitbild des „Nationalparks ohne Menschen“ verfolgt. Spiegelbildlich dazu steigt die Präsenz von nationalen und internationalen Touristen in den Parks jedoch an. Menschenleer sind nur kleine spezifisch ausgewiesene Schutzzonen. Im Nationalpark-Brückenkopf werden zahlreiche Instrumente und Gesetze zur Regulierung von Natur erlassen. Neben Regelungen zum Schutz von Naturressourcen gehört dazu aber auch die aktive Förderung der biologischen Kolonisierung. Besonders relevant ist die Verbreitung von Salmoniden und Forstbäumen, die weit über die Grenzen der Parks in die Region hinausreichen.

Wenn hier somit die enge Verbindung von Nationalparks und Kolonialisierung herausgearbeitet wurde, so soll dies nun keineswegs heißen, dass diese Verbindung ein Wesensbestandteil der Parks wäre. Vielmehr können sie als – um mit Foucault zu sprechen - entschieden heterogenes Ensemble unterschiedlicher, zum Teil widerstreitender Praktiken und Techniken begriffen werden. In diesem Sinne ist die

Genealogie der argentinischen Nationalparks durch eine transnationale Bricolage gekennzeichnet. Gerade um das Jahr 1913 bis in die 1920er Jahre hinein gab es durchaus unterschiedliche Angebote zur Konzeptualisierung der Nationalparks – zu denken ist insbesondere an die Vorschläge von Lucién Hauman und Carl Curt Hosseus –, die alternative Regierungstechniken vorgeschlagen hatten. Trotz dieser Heterogenität bewegten sich auch diese nicht außerhalb der Vorstellung des Nationalparks als Brückenkopf. Allerdings wurde die Biopolitik der Natur anders konzipiert.

Die heutigen Nationalparks in Argentinien sind ein Palimpsest dieser Nationalpark-Brückenköpfe. Die räumlich-territoriale Struktur der Parks ist – auch in Hinblick zur Beziehung zu den Zentren – weitgehend erhalten geblieben. Das geopolitische Imaginarium der Kolonialisierung ist im heutigen Nationalparkdiskurs nicht mehr relevant. Doch scheinen die Spuren der expliziten Kolonialisierungsstrategie auch heute noch durch. Neobiota, die über gezielte Programme der biologischen Kolonisierung eingeführt wurden, haben sich im Park etabliert und sind Gegenstand heftiger Debatten um den Verlust von Biodiversität. Die enteignete und beraubte indigene Bevölkerung macht Landrechte und territoriale Ansprüche in den Parks deutlich. Die Parkleitungen reagieren bisher dagegen noch sehr zögerlich auf die Begleichung der „historischen Schuld“ und führen bislang nur recht begrenzte Modelle des *co-manejo* ein.

Auch die ästhetisch-symbolische Kolonialisierung von Landschaft ist weiterhin sichtbar in Form von Monumenten und Architektur. Graffitis in Puerto Iguazú oder auf die Pflaster des zentralen Platzes im Centro Cívico in Bariloche aufgemalte Mapuche-Symbole mögen diese nur geringfügig korrigieren, während die an der Strandpromenade in Bariloche aufgestellten Rewe wohl eher einen exotisierenden und damit neokolonisierenden Charakter haben. In Hinblick auf Naturschutz, mit den Dimensionen Landschaft, Naturdenkmal, Flora und Fauna, können die Nationalparks hingegen durchaus Erfolge vorweisen. Im Inneren der Parks griffen die Naturschutzmaßnahmen, während das Umland eine weitere ökologische Degradation erlitt.

Angesichts der zeitgenössischen, multiplen ökologischen Krise im Zeitalter des Anthropozäns stellt sich nun die Frage, ob die Nationalparks auch als Brückenköpfe einer neuen ökologischen Rückeroberung dienen könnten. Ließen sich von den Nationalparks aus Regulierungtechniken, gesetzliche Regelungen, Produktion von Umweltwissen, Konzepte und architektonische Materialisierungen denken, die Ansätze zur Bewältigung der multiplen ökologischen Krise liefern?

Verschiedene Biologen haben unlängst unter dem Motto „the frontiers of Wilderness“ in diese Richtung argumentiert und den absoluten Schutz der letzten verbliebenen Gebiete der Wildnis gefordert. Exequiel Bustillo hatte die Positionen, die sich am US-amerikanischen Modell von Wilderness orientieren, noch als orthodox gebrandmarkt und deutlich abgelehnt. Auch in der gegenwärtigen umwelthistorischen Debatte ist das Konzept von Wilderness auf Grund der kolonialen Implikationen und der konzeptuellen Trennung von Natur und Kultur scharf kritisiert und zurückgewiesen worden. Umso erstaunlicher ist, dass es im aktuellen Anthropozän eine neue, unerwartete Konjunktur erfährt. Gerade gesetzliche Regelungen – wie die in Nationalparks und anderen Schutzgebieten – haben sich jedoch – laut den Verfechtern der neuen Wilderness-Bewegung – als höchst effektiv für den Naturschutz erwiesen. Besonders wichtig ist in diesem Zusammenhang auch, von der insulären Struktur der Schutzgebiete abzurücken und breite ökologische Korridore zwischen den Parks – auch grenzübergreifend – einzurichten, die die Zirkulation von Biota gewährleisten. Entgegen der von Bailey Willis noch formulierten, utilitaristisch-anthropozentrischen Begründung von Nationalparks zum Wohl der nationalen Bevölkerung wird in diesen Naturschutzdebatten die planetare Bedeutung der Parks für die lebensnotwendige Stabilität von Ökosystemen, unter anderem auch in Hinblick auf den Klimawandel, hervorgehoben. Folgerichtig spricht sich ein Teil der naturwissenschaftlichen Community im gegenwärtigen Anthropozän gegen jedwede Nutzung, inklusive der touristischen, dieser letzten planetaren Wildnisgebiete aus. (Watson, Allen, et al. 2018)

Während hier die Vorstellung von menschenleeren Parks unterstützt wird, weisen andere ökosystembiologische Arbeiten auf die Bedeutung von indigenen Völkern bei der Bewahrung von Biodiversität hin. Demnach ist in indigenen Gebieten in Kanada, Australien und Brasilien ein ebenso hoher oder gar ein höherer Anteil von Wirbeltieren festzustellen wie in Schutzgebieten. (Schuster et al. 2018) Dieser Befund ist ein deutlicher Hinweis darauf, dass nicht der Mensch an sich das Problem der ökologischen Degradation hervorruft, sondern die Art der Nutzung. Dies gilt es auch bei der Anthropozän-Debatte im Auge zu behalten. Auch hier ist es nicht der Mensch an sich, der die Erde über die planetarischen Grenzen hinaus übernutzt und vermüllt. Vielmehr ist das Anthropozän ursächlich mit der kolonialen Expansion und der Ausbildung eines kapitalistischen Weltsystems verbunden, das auf die fortschreitende Akkumulation von Reichtum – der zudem in historischer Einzigartigkeit ungleich verteilt ist – ausgerichtet ist. Mit der Tendenz, alle Bereiche des Lebens zu kommodifizieren, wird auch Natur instrumentell als auszubeutende Ressource begriffen.

Gerade in Lateinamerika ist dabei nach dem Platzen der Finanzspekulationblase eine immer weiter zunehmende, rücksichtslose Ausbeutung von Naturressourcen und ein *land-grabbing* festzustellen, die an koloniale Muster anschließen. (Svampa 2019) Angesichts dieser Situation ist jede Maßnahme zu begrüßen, die Landschaften und Naturareale dieser Logik der kapitalistischen Akkumulation und Landnahme entzieht. Nationalparks sind dabei sicherlich kein universales Rezept zur Lösung der multiplen ökologischen Krise, die bis hin zum Ökozid reicht. Aber sie sind durchaus ein wahres Instrument gegen die koloniale Landnahme.

In historischer Perspektivierung stehen die Nationalparks zudem in der Pflicht, ihre koloniale Schuld aufzuarbeiten und auch zu begleichen. Gleichzeitig aber haben sich in den Nationalparks Regeln, Praktiken, Institutionen, Wissensproduktionen, Normen und Ethiken etabliert, die an Leitbildern wie Pflege und Reparation orientiert sind und der maßlosen Ausbeutung und Kolonialisierung von Natur Grenzen setzen.

Literaturverzeichnis

Archive

Archivo General de la Nación, Buenos Aires (AGN)

Legajo Exequiel Bustillo Biblioteca Nacional, Buenos Aires (BN)

Biblioteca – Jardín Botánico Carlos Thays, Buenos Aires

Biblioteca Central y Centro de Documentación Perito Francisco Pascasio Moreno, Administración de Parques Nacionales, Buenos Aires (BM-APN)

Archivo, Administración de Parques Nacionales, Buenos Aires (APN)

Archivo Histórico de Arquitectura. Sociedad Central de Arquitectos, Buenos Aires

Biblioteca Perito Moreno, Museo de la Patagonia Francisco Pascasio Moreno, Bariloche (MP)

- Colección Emilio Frey (Colección Frey)
- Colección Francisco P. Moreno (Colección Moreno)

Ibero-Amerikanisches Archiv, Berlin (IAK)

State Archives of North Carolina

- Frank W. Bicknell Photograph Collection, 1905-1920 https://www.flickr.com/photos/north-carolina-state-archives/albums/72157606611483034 (Bicknell, PC)

Biodiversity Heritage Library, https://www.biodiversitylibrary.org/

Primärquellen

Ambrosetti, Juan B. 1903. *Colonias militares en Misiones*. Buenos Aires: Imprenta Martín Biedma.

Artayeta, Enrique Amadeo. 1945. *Biografía del perito Dr. Francisco P. Moreno*. Buenos Aires: Administración General de Parques Nacionales y Turismo.

Autran, Eugène. 1907. „Les Parcs Nationaux Argentins." *Boletín del Ministerio de Agricultura*, VII, no. 1-2.

Berg, Carlos. „Enumeración de las plantas européas que se hallan como silvestres en la provincia de Buenos Aires y en patagonia." *Sociedad científica argentina* Vol. III, 1877: 182-206.

Berjman, Sonia. Hg. 2002. *Carlos Thays: sus escritos sobre jardines y paisajes*. Buenos Aires: Editorial Ciudad Argentina.

Bernárdez, Manuel. 1901. *De Buenos Aires al Iguazú*. Buenos Aires: La Nación.

Burmeister, Carlos. 1899. *Memoria sobre el territorio de Misiones*. Buenos Aires: Ministerio de Agricultura.

Bustillo, Exequiel. „Discurco pronunciado por el Dr. D. Exequiel Bustillo, el 20 de enero de 1937, con motive de la inauguración de la red de caminos en el Parque Nacional Nahuel Huapi." 20.1.1937.

———. 1965. „El problema de nuestra frontera patagónica. Conferencia en el ateneo de estudios de la Federación de Partidos de Centro." 21.12.1965.

———. 1972. *Huellas de un largo quehacer. Discursos, conferencias, artículos y publicaciones diversas.* Buenos Aires: Ediciones Depalma.

Bustillo, Exequiel. 1997 [1968]. *El despertar de Bariloche*. Buenos Aires: Editorial Sudamericana.

Cámara de diputados de la nación. 1934. *Diario de sessiones. Sessiones ordinarias.* Buenos Aires: 1321-1337.

Cámara de senadores de la nación. 1934. *Diario de sessiones.* Buenos Aires: 298-309; 631-643.

Cayuqueo, Pedro. 2018. „¿Los mapuche invasores chilenos?". *La Tercera*, 11.6.2018.

Conwentz, Hugo. 1904. *Die Gefährdung der Naturdenkmäler und Vorschläge zu ihrer Erhaltung. Denkschrift, dem Herrn Minister der geistlichen, Unterrichts- und Medizinal-Angelegenheiten überreicht.* Berlin.

———. 1915. „Naturschutzgebiete in Deutschland, Österreich und einigen anderen Ländern." *Zeitschrift der Gesellschaft für Erdkunde zu Berlin*: 29–51.

Devoto, Franco und Máximo Rothkugel. 1936. *Informe sobre los bosques del Parque nacional del Iguazú.* Buenos Aires: Ministerio de Agricultura.

Dirección de Parques Nacionales. 1936-1937. *Parque Nacional de Nahuel-Huapi.* Buenos Aires: Dirección de Parques Nacionales.

Dirección de Parques Nacionales. 1937. *Parque Nacional del Iguazú.* Buenos Aires: Dirección de Parques Nacionales.

Dirección de Parques Nacionales. 1938. Obra Pública, cultural y turística realizada en los Parques Nacionales. Buenos Aires.

Dirección de Parques Nacionales. 1938. *Parque Nacional de Nahuel-Huapi*. Historia, tradiciones y etnología. Buenos Aires

Dirección de Parques Nacionales. 1936. *Memoria correspondiente al año 1935.* Buenos Aires.

Dirección de Parques Nacionales. 1937. *Memoria correspondiente al año 1936.* Buenos Aires.

Dirección de Parques Nacionales. 1938. *Memoria correspondiente al año 1937.* Buenos Aires.

Dirección de Parques Nacionales. 1939. *Memoria correspondiente al año 1938*. Buenos Aires.

Dirección de Parques Nacionales. 1940. *Memoria correspondiente al año 1939*. Buenos Aires.

Dirección de Parques Nacionales. 1941. *Memoria correspondiente al año 1940*. Buenos Aires.

Dirección de Parques Nacionales. 1942. *Memoria correspondiente al año 1941*. Buenos Aires.

Dirección de Parques Nacionales. 1943. *Memoria correspondiente al año 1942*. Buenos Aires.

Doello Jurado, Martín. 1923. *Los proyectos de Parques Naturales en la región del Plata: Iniciativas para su realización*. Editor Soc. Argentina de Ciencias Naturales, 25.

———. 1913. „Conveniencia de establecer un parque natural en los alrededores de Buenos Aires.“ *Physis* 1 (4): 200-206.

———. 1943. „Algo más sobre protección a la naturaleza.“ *Physis* 19 (53): 402-407.

FF.CC. 1928. *Parque Nacional del Sud. Lagos selvas, montañas*. Buenos Aires.

FF.CC. 1929. *Lagos andinos: Parque Nacional del Sud: Montañas, bosques, cascadas. Buenos Aires.*

Gambier, Marina. 2007. „Alejandro Bustillo.“ *La Nación*, 14.11.2007 (https://www.lanacion.com.ar/arquitectura/alejandro-bustillo-nid961887)

Gandia, Enrique de. 1945. „La ciudad de los Césares.“ *Anales del Museo de la Patagonia*, I: 101-120.

Gil, Martin. 1911. *Los árboles*. Buenos Aires: Consejo Nacional de Educación.

González Regalado, Tomás. 1945. „Peces de los Parques Nacionales Nahuel Huapi, Lanín y los Alerces.“ *Anales del Museo de la Patagonia*, I: 121-138.

Groussac, Paul. 1920. El viaje intellectual. Impresiones de naturaleza y arte. Buenos Aires: Jesús Ménéndez.

Hauman, Lucién. 1916. *La Forêt Valdivienne et ses Limites. Notes de Geographique Botanique*. Trabajos del Instituto de Botanica y Farmacologia. Buenos Aires.

———. 1922. „Para la protección de la naturaleza en la República Argentina.“ *Physis* VI: 283-301.

———. 1928. Les modifications de la flore argentine sous l‘action de la civilisation. Essai de géobotanique humaine. Bruxelles: M. Hayez, Imprimeur de l'Académie Royale de Belgique.

Hauman, Lucién und Alberto Castellanos. 1927. *Bibliografía botánica argentina. Especialmente para los años 1922-1926*. Buenos Aires: Imprenta y Casa Editora Coni.

Herman, Gonzalo. 2018. „Parques Nacionales: el motor del turismo argentino.“ *La Clarín*, 5.11.2018.

Hosseus, Carl Curt. 1915. *La vegetación del Lago Nahuel Huaps y sus montañas*. Instituto de Botánica y Farmacología: Buenos Aires.

———. 1916. *El proyectado Parque Nacional del Sud*. Buenos Aires: Dirección General de Agricultura y Defensa Agrícola.

———. 1926. „Recomendar la sanción de una ley o por expedición un decreto de poder ejecutivo de la nación, para crear un parque nacional central en la sierra de Córdoba.“ *Boletín de la Universidad Nacional de La Plata*, X, no.7: 557-559.

———. 1928. „Ein neuer Naturschutzpark in Argentinien.“ *Naturschutz und Naturparke*. 5: 92-43.

———. 2004. „Notas autobiográficas.“ *Miscelanea* No. 100, Academia Nacional de Ciencias: Córdoba.

International Office for the Protection of Nature. 1931. *The International Office for the Protection of Nature. Its origin, its programme, its organisation.* Bruxelles: IOPN.

Kirchhoff, Herbert. 1945. *Los Parques Nacionales Argentinios*. Buenos Aires: Editorial Guillermo Kraft.

Koutché, Vsevolod. 1942. „Estación Forestal de Puerto Anchorena, Isla Victoria. Su Organización y trabajos." *Boletín Forestal*, correspondiente al año 1941. Buenos Aires: Ministerio de agricultura, Direccion de Parques Nacionales.

La Prensa. 1935. „Fueron dictados dos decretos relacionados con la administración y vigilancia de los bosques fiscales." 21.11.1935.

Lebedeff, Nicolás. 1932. *Apuntes sobre reforestación de los terrenos desarbolados de la zona del lago Nahuel Huapi*. Ministerio de Agricultura, Dirección general de tierras: Buenos Aires.

———. 1942. „Informe preliminar sobre los estudios de los bosques de la reserva „Lanín"." 7-52

———. 1942. „Estudio de algunos bosques de la reserva „Lanín".": 53-124.

———. 1942. „Apuntes sobre la reforestación artificial en la isla Victoria".: 205-219.

Ley No. 6721, 29.9.1909.

Ley, ohne Nummer, 8.4. 1922.

Ley de Parques Nacionales, No. 12103, 9.10.1934.

López Mañán, Julio. 1971 [1916]. *Tucumán antigüo. Anotaciones y documentos*. Buenos Aires: Universidad Nacional de Tucumán.

Marini, Tomás L. 1936. Los salmónidos en nuestro Parque Nacional de Nahuel Huapi. Comentarios a los trabajos de Piscicultura realizados en nuestro país. Buenos Aires: Ministerio de Agricultura – División Piscicultura.

Massart, Jean. 1912. Pour la conservation de la nature en Belgique. Bruxelles: Lamertin.

Moreno, Francisco P. 1917. „Tierras y colonias.“ *La Unión*, 12.5.1917.

Ministro del Interior. 1896. *Memoria del Ministro del Interior ante el Congreso Nacional*, 1895. Tomo III. Buenos Aires.

Morales, Emilio B. 1929. *Iguazú. Cataratas y ruinas*. Buenos Aires: Talleres gráficos Argentinos.

Physis. Revista de la Sociedad Argentina de Ciencies Naturales. Verschiedene Bände: 1915-1922.

Polgar, Estebán. 1964. „El ingeniero Emilio E. Frey, colaborador y amigo del perito Francisco P. Moreno.“ *Diario Rio Negro*. 27.6.1964.

Pusso, Santiago. 1912. *Viajes por mi tierra, Al Iguazú – a Nahuel Huapi – por las costas del sur*. Barcelona: Casa Editorial Maucci.

Ramos Mexía, Ezequiel. 1936. *Mis Memorias 1853-1935*. Buenos Aires, Librería y Editorial La Facultad.

———. 1921. *La colonización official y la distribución de las tierra públicas*. Buenos Aires: Ferrari.

Reclus, Elisée. 1894. *Nouvelle Géographie Universelle. Vol. 19. Amérique du Sud.* Paris: Hachette.

Reed, Captain. 1949. *Fishing in Nahuel Huapi*. Buenos Aires: Administración General de Parques Nacionales y Turismo.

Roosevelt, Theodore. 1914a. „Mi viaje a Sud América.“ *La Prensa*, 1.6.1914.

———. 1914b. „Mi viaje a Sud América.“ *La Prensa*, 2.6.1914.

———. 1916. *A Book-Lover's Holidays in the Open*. New York: Charles Scribner's Sons.

Ruíz Moreno, Isidoro. 1933. *En el Nahuel Huapi, en el año 1913 con el ex presidente de los Estados Unidos de Norte América, Don Teododo Roosevelt. Breve Crónica de la visita de Teododo Roosevelt a la región del Nahuel Huapi*. Buenos Aires.

Sarasin, Paul. 1914. *Ueber die Aufgaben des Weltnaturschutzes*. Denkschrift gelesen an der Delegiertenversammlung zur Weltnaturschutzkommission in Bern am 18. November 1913. Basel: Verlag von Helbig & Lichtenbahn.

Tercer Congreso Científico Pan-Americano. 1924. *Constitución y Programas*. Lima.

Tercer Congreso Científico Pan-Americano. 1938. *Acta final*. Lima.

Thays, Carlos (Sohn). 1918. *Consideraciones sobre la Formación del Parque Nacional del Sud Nahuel – Huapi*. Tesis Facultad de Agronomía y Veterenaria, Universidad de Buenos Aires.

Thays, Carlos. 1902. „La excursion del M. Thays. al Iguazú. Crónica de su viaje. " *Caras y Caretas*. 31.5.1902: 42-45.

———. 1912. *El Parque Nacional Iguazú*. Buenos Aires (unveröffentlicht). Wiederabgedruckt in Berjman (2002: 323-337).

———. 1913. *Les Fôrets naturelles de la République Argentine*. Touring Club de France. París. Wiederabgedruckt in Berjman (2002: 339-363).

———. 2002. (Siehe Berjman 2002)

Tobal, Miguel Angel. 1912. *Anales de la Sociedad Forestal Argentina*. [S.I.]: Sociedad Forestal Argentina.

Tobal, Miguel Angel. 1923. *El problema del árbol: memoria de la obra realizada por la Sociedad Forestal Argentina*. Buenos Aires: Talleres Grafícos Argentinos L.J. Rosso.

Tulian E. A. 1910. „Acclimatization of American Fishes in Argentina." *Bulletin of the Bureau of Fisheries*, 28. Washington, D.C.: U.S. Government Printing Office, 1910: 957–965.

Willis, Bailey. 1913. *El Parque Nacional del Sud. Dirección General de Agricultura y Defensa Agrícula*. Buenos Aires.

———. *El norte de la Patagonia. Historia de la comisión de estudios hidrológicos del Ministerio de Obras Públicas – 1911-1914. Buenos Aires: Dirección de Parques Nacionales.*

———. 1947. *A Yanqui in Patagonia*. Stanford: Stanford University Press.

———. 1988. „*El norte de la Patagonia.*“ *Comisión de estudios hidrológicos*. Buenos Aires. Eudeba.

Sekundärliteratur

Allan, J. R. et al. „Temporally inter-comparable maps of terrestrial wilderness and the Last of the Wild.“ *Scientific Data* 4:170-187.

Bandieri, Susana. 2009. „Pensar una Patagonia con dos océanos. El proyecto de desarrollo de Ezequiel Ramos Mejía.“ *Quinto Sol* 13, Universidad Nacional de La Pampa.

Barcina, Florencia. Hg. 2007. *Ernesto Estrada: el arquitecto frente al paisaje*. Buenos Aires: CEDODAL.

Berjman, Sonia. 2009. *Carlos Thays. Un jardinero francés en Buenos Aires.* Embajada de Francia: Buenos Aires.

Berjman, Sonia und Ramón Gutiérrez. 1988. *Patrimonio cultural y patrimonio natural: La arquitectura en los Parques Nacionales Nahuel Huapi e Iguazú.* Buenos Aires: Editorial del Instituto Argentino de Investigaciones de Historia de la Arquitectura y del Urbanismo.

Bessera, Eduardo Miguel. 2008. *Políticas de Estado en la Norpatagonia Andina. Parques Nacionales, desarrollo turístico y consolidación de la frontera. El caso de San Carlos de Bariloche. (1934 - 1955)*. Tesis de Licenciatura. Universidad Nacional de Comahue.

Biedma, Juan M. 2013. *Crónica histórica del lago Nahuel Huapí.* Bariloche: Ediciones Caleuche.

Blanc, Jacob und Federico Freitas. Hg. 2018. *Big Water. The Making oft he Borderlands between Brazil, Argentina, and Paraguay.* Tucson: The University of Arizona Press

Brinkley, Douglas. 2010. The Wilderness Warrior. Theodore Roosevelt and the Crusade for America. New York: Harper Perennial.

Briones, Claudia. 2000. „Contemporary Criticisms of the Received Wilderness Idea.“ In *USDA Forest Service Proceedings* RMRS-P-15-VOL-1, Hg. J. Baird Callicott: 24-31.

Carreras Doallo, Ximena A.. 2015. „El Parque Nacional Iguazú en clave soberana: el rol de Thays en la imagen de la Argentina.“ *Anuario del Centro de Estudios Históricos „Prof. Carlos S. A. Segreti" Córdoba (Argentina)*, año 15, n° 15: 167-184.

Crosby, Alfred W. 2004. *Ecological Imperialism. The Biological Expansion of Europe, 900-1000*. 2. Aufl., New York: Cambridge UP.

———. *The Columbian Exchange: Biological and Social Consequences of 1492. Santa Barbara: Greenwood, 1972.*

Davis, Mark A. 2006. „Invasion biology 1958-2005: The pursuit of science and conservation." *Conceptual ecology and invasions biology: reciprocal approaches to nature,* Hg. Marc William Cadotte, Sean. M. McMahon und Tadashi Fukami. Springer 2006: 35-64.

Ferrero, Brián und Luz Pyke. 2017. „Un Parque en la frontera: El rol del Parque Nacional Iguazú en la constitución de la frontera internacional entre Argentina y Brasil." In *Faces da fronteira: Desafios e Perspectivas de Regiões Lindeiras.* Band II. Hg. I. Cavlak, J. L. Rebelo Porto und A. E Noronha. UNIFAP: Macapá: 99-126.

Ferrero, Brian und Luz Pyke. 2016. „Naturaleza y Frontera. El Parque Nacional Iguazú y el proceso de consolidación del Estado argentino en la frontera argentino-brasileña (1880-1934)." *Sociedad y Discurso*, (28): 135 – 167.

Freitas, Federico. 2014. „A Park for the Borderlands: The Creation of the Iguaçu National Park in Southern Brazil, 1880-1940." *Revista de Historia Iberoamericana* Vol. 7, 2.

———. 2018. „Argentinizing the Border. Conservation and Colonization in the Iguazú National Park." *Big Water. The Making oft he Borderlands between Brazil, Argentina, and Paraguay*. Hg. Jacob Blanc und Federico Freitas. Tucson: The University of Arizona Press: 105-130.

Frondizi, Arturo. 1964. *Breve historia de un yanqui que proyectó industrializar la Patagonia.* Buenos Aires: Ediciones Cen.

Foucault, Michel. 1978. *Dispositive der Macht. Über Sexualität, Wissen und Wahrheit.* Berlin: Merve.

Hardenberg, Wilko Graf von; Matthew Kelly, Claudia Leal und Emily Wakild. 2017. „Introduction". In: *The Nature State. Rethinking the History of Conservation.* Hg. Wilko Graf von Hardenberg, Matthew Kelly, Claudia Leal und Emily Wakild. New York: Routledge: 1-16.

Illies, Florian. 2012. *1913. Der Sommer des Jahrhunderts*. Frankfurt a.M.: Fischer.

Kaltmeier, Olaf. 2004. *¡Marichiweu! - Zehnmal werden wir siegen! Eine Rekonstruktion der aktuellen Mapuche-Bewegung in Chile aus der Dialektik von Herrschaft und Widerstand seit der Conquista.* Münster: Edition ITP-Kompass.

———. 2019. „Invidious Comparison and the New Global Leisure Class: On the Refeudalization of Consumption in the Old and New Gilded Age." *Fiar–Forum for inter-American Reseach* 12.1: 29-42.

Karpinski, Cezar. *A construção de uma „Maravilha": Brasil e Argentina e as disputas pela paisagem das Cataratas do Iguaçu* (1880-1914)

Keiter, Robert B. 2013. *To Conserve Unimpaired: The Evolution of the National Park Idea*. Washington D.C.: Island Press.

Kinsey, Darin. 2006. „Seeding the Water as the Earth': The Epicenter and Peripheries of a Western Aquacultural Revolution." *Environmental History* Vol. 11, Nr. 3 (Jul., 2006): 527-566.

———. 2008. *Fashioning a Freshwater Eden. Elite anglers, fish culture, and state development of Québec's sport fishery*. Dissertation, Université du Québec à Trois-Rivières.

Levisman, Martha. 2010. *Bustillo en Patagonia*. Buenos Aires: Arca.

Losada, Leandro. 2017. „La alta sociedad y la política en la Buenos Aires del novecientos: la sociabilidad distinguida durante el orden conservador (1880-1916)." *Entrepasados* 31: 81-96.

Macchi, Patricio und Pablo Vigliano. 2014. „Salmonid introduction in Patagonia: the ghost of past, present and future management.“ *Ecología Austral* 24: 162-172.

Macchi, Patricio, Miguel Pascual und Pablo Vigliano. 2007. „Differential piscivory of the native Percichthys trucha and exotic salmonids upon the native forage fish Galaxias maculatus in Patagonian Andean lakes.“ *Limnologica* 37: 76–87.

Mann, Charles C. 2011. *1493: Uncovering the New World Columbus created.* New York: Vintage.

———. 2019. „Columbian Exchange“ In: *The Routledge Handbook to the History and Society of the Americas*. Hg. Olaf Kaltmeier, Josef Raab, Mike Foley, Mario Rufer, Stefan Rinke und Alice Nash. New York: Routledge: 67-74.

Matossian, Brenda. 2012. „Modelos de desarrollo, poblamiento y frontera El caso del Parque Nacional Nahuel Huapi.“ *Estudios sociales Contemporáneos* 5/6: 67-84.

Morgenfeld, Leandro Ariel. 2007. „Argentina frente a Estados Unidos en las conferencias panamericanas de los años 30“ *Ciclos*. Año XVII, Vol. XVI, ~ 31/32.

Mosena, Alexander, Wolfram Beyschlag und Tom Steinlein. 2018. „Reconstructing the historical spread of non-native plants in the North American West from herbarium specimens.“ *Flora - Morphology Distribution Functional Ecology of Plants*: 242.

Municipio de San Carlos de Bariloche. o.J. *Isla Victoria. Datos históricos*. http://www.bariloche.gov.ar/upload/SECRETARIA%20DE%20TURISMO/371_Isla%20Victoria.pdf.

Navarro Floria, Pedro. 2011. „Las viejas fronteras revisitadas: problematizando la formación territorial de los bordes de los Estados-nación latinoamericanos a través del caso de la Norpatagonia Argentina.“ *Antíteses*, v. 4, n. 8: 427-454.

———. 2010. „Procesos de resignificación, desarrollos locales y formación territorial en los territories nacionales. El caso de la

„Suiza argentina“ entre los siglos XIX y XX.“ *Anuario IEHS* 25: 45-71.

Navarro Floria, Pedro und Laila Veljsbert. 2009. „El proyecto turístico barilochense antes de Bustillo. Entre la prehistoria del Parque Nacional Nahuel Huapi y el desarrollo local.“ *Estudios y Perspectivas en Turismo 18*: 414 – 433.

Navarro Floria, Pedro und Laila Veljsbert. 2010. „El tourismo. Entre la actividad económica y el derecho social. El Parque Nacional Nahuel Huapi, Argentina, 1934 – 1955.“ *Estudios y Perspectivas en Turismo* -Volumen 19: 930 – 945.

Nuñez, Martín Andrés, Maria Andrea Relva und Daniel Simberloff. 2010. „Introduced deer affect native plant communities and facilitate non-native tree species in a temperate forests in Patagonia, Argentina.“ *Biological Invasions* 12: 303-311.

Ortemberg, Pablo. 2017. „Panamericanismo, hispanoamericanismo y nacionalismo en los festejos identitarios de América Latina, 1880-1920.“ *Anuario IEHS* 32 (1): 99-110.

Osterhammel, Jürgen. 2009. *Die Verwandlung der Welt. Eine Geschichte des 19. Jahrhunderts*. München: C.H. Beck.

Piglia, Melissa. 2014. *Autos, rutas y turismo. El Automóvil Club Argentino y el estado*. Buenos Aires: Siglo XXI.

Potapov, Peter, Matthew C. Hansen, Lars Laestadius, Svetlana Turubanova, Alexey Yaroshenko, Christoph Thies, Wynet Smith, Ilona Zhuravleva, Anna Komarova, Susan Minnemeyer und Elena Esipova. 2017. „The last frontiers of wilderness: Tracking loss of intact forest landscapes from 2000 to 2013.“ *Science Advances* 13.

Prat, Adela. 2017. „La CSJN Declara Inconstitucionales Dos Leyes Provinciales. En Cuanto Disponen La Creación Del “Parque Provincial Del Río Iguazú” Sobre un Establecimiento De Utilidad Nacional: El “Parque Nacional Iguazú” Sometido a Jurisdicción Del Estado Nacional.“ Blog Legal de la Doctora Adela M. Prat.

. https://www.adelaprat.com/2017/08/la-csjn-declara-inconstitucionales-dos-leyes-provinciales-en-cuanto-disponen-la-creacion-del-parque-provincial-del-rio-iguazu-sobre-un-establecimiento-de-utilidad-nacional-el-parque-nacional-i/

Rinke, Stefan. 2015. *Im Sog der Katastrophe. Lateinamerika und der Erste Weltkrieg.* Frankfurt a.M.: Campus.

Runte, Alfred. 1979. *National Parks. The American Experience.* Lincoln: University of Nebraska Press.

Scarzanella, Eugenia. 2002. „Las bellezas naturales y la nación: Los parques nacionales en Argentina en la primera mitad del siglo XX." *Revista Europea de Estudios Latinoamericanos y del Caribe* 73: 5-21.

Schreuder, F.-G. 1969. „Zur Klassifizierung der Anthropochoren." *Vegetatio*, 16, 5/6: 225-238.

Sellars, Richard West. 2009. *Preserving Nature in the National Parks. A History with a New Preface and Epilogue.* New Haven: Yale University Press.

Sennett, Richard. 1991. *The Conscience of the Eye. The Design and Social Life of Cities.* New York: Faber and Faber.

Sheinin, David. 1998. „Wilderness and Pan American Preservation, 1910-1948." *Latin American Studies Association*, XXI International Congress, Chicago, Illinois, 24-26 September 1998.

Silvestri, Graciela. 2011. *El lugar común. Una historia de las figuras de paisaje del Río de la Plata.* Buenos Aires: Edhasa.

Staropoli, Laura Liliana. 2010. *Los documentos históricos de los pobaldores y comunidades vinculados a los Parques Nacionales en el archive de la APN.* Buenos Aires: APN.

Steffen, Will, Wendy Broadgate, Lisa Deutsch, Owen Gaffney und Cornelia Ludwig. 2015. „The trajectory of the Anthropocene: The Great Acceleration." *The Anthropocene Review* 2015, Vol. 2(1): 81-98.

Svampa, Maristella. 2019. *Las fronteras del neo-extractivismo.* Bielefeld, Guadalajara: BiUP, UdeG.

Symoens, Jean-Jacques. 1998. „Un botánico belga en Argentina: Lucien Hauman." In: *En los deltas de la memoria: Bélgica y Argentina en los siglos XIX y XX.* Hg. Bart de Groof. Leuven.

Trentini, Florencia. 2015. *Pueblos indígenas y áreas protegidas: Procesos de construcción de identidades y territorialidades en el co-manejo del Parque Nacional Nahuel Huapi.* Doktorarbeit. Universidad de Buenos Aires.

Trentini, Florencia. 2011. „Entre la conservación y la legitimidad: El caso de la comunidad Maliqueo y el Parque Nacional Nahuel Huapi." *Kula Antropólogos del Atlántico Sur*, 4: 61-75.

Tyrell, Ian. 2015. *Crisis of the Wastefull Nacion. Empire and Conservation in Theodore Roosevelt's America.* Chicago: The University of Chicago Press.

Vallejos, Jorge Emanuel und Alejandra Beatriz González. 2014. *Selva, tierra y agua. 80 años del parque nacional iguazú.* Buenos Aires: APN

Valvere, Sebastián. 2011. „Demandas territoriales del pueblo mapuche en área Parques Nacionales." *Avá – Revista de Antropología*, 17: 69-83.

Watson James E.M., Oscar Venter, Jasmine Lee, Kendall R. Jones, John G. Robinson, Hugh P. Possingham, James R. Allan. „Protect the last of the wild." *Nature* 563: 27-30.

Wilde, Guillermo. 2007. „De la depredación a la conservación. Génesis y evolución del discurso hegemónico sobre la selva misionera y sus habitantes." *Ambiente & Sociedade Campinas v. X*, n. 1: 87-106.

Williams, Michael. *2006. Deforesting the Earth: From Prehistory to Global Crisis, An Abridgment.* Chicago: University of Chicago Press.

Zarrilli, Adrián. 2008. „Bosques y agricultura: Una mirada a los límites históricos de sustentabilidad de los bosques argentinos en un context de la explotación capitalista en el siglo XX." *Revista Luna Azul*, 26: 87-106.

Zimmermann, Christiane M. Ritz, Volker Wissemann, Henrik von Wehrden, Daniel Renison, Karsten Wesche, Erik Welk und Isabell Hensen. 2011. „Tracking the Origin of Invasive Rosa rubiginosa Populations in Argentina." *International Journal of Plant Sciences,* Vol. 172, Nr. 4: 530-540.

Zusman, Perla. 2009. „Panamericanismo y Nacionalismo en torno alviaje de Teodoro Roosevelt al norte de la Patagonia (1913)." *XII Jornadas Interescuelas/Departamentos de Historia. Departamento de Historia*, Facultad de Humanidades y Centro Regional Universitario Bariloche. Universidad Nacional del Comahue, San Carlos de Bariloche.